蘭臺出版社

中國文化研究叢書第一輯 4

總編纂 黨明放

中國古代郡望研究

丁宗桐題

韋明鏵 著

中國學術研究叢書系列

總編纂　党明放

中國文化研究叢書第一輯

党明放　　鄭茂良、陳　濱　肖愛玲　韋明鏵　許友根

艾永明　　傅紹良　　王　勇　李憲堂　雷　戈

《中國學術研究叢書》出版總序

党明放

　　國學，初指國立學校，明置中都國子學，掌國學諸生訓導政令。後改稱中都國子監，國子監設禮、樂、律、射、御、書、數等教學科目。

　　國學，廣義指中國歷代的文化傳承和學術記載，狹義指以儒學為主的中國傳統學說，根據文獻內容屬性，國學分經、史、子、集四類，各有義理之學、考據之學及辭章之學。

　　國學是以先秦經典及諸子百家為根基，涵蓋了兩漢經學、魏晉玄學、隋唐佛學、宋明理學、明清實學和同時期的先秦詩賦、漢賦、六朝駢文、唐詩宋詞元曲與明清小說等一脈特有而完整的文化學術體系，並存各派學說。

　　學術，指系統而專門的學問，是對客觀事物及其規律的學科化。學問，學識和問難，《周易》：「君子學以聚之，問以辯之。」而自成系統的觀點、主張和理論，即為學說，章炳麟《文略》：「學說以啟人思，文辭以增人感。」無論是學術、學問、學說，皆建立在以文化為主體之上。

　　「文化」一詞源於拉丁文 Colere，本義開發、開化。最早將其作為專門術語加以運用的是英國文化人類學創始人愛德華・泰勒（Edward. B. Tylor 1832—1917），他在《原始文化》書中寫道：「文化或文明是一個複雜的總體，它包括知識、信仰、藝術、道德、法律、風俗以及作為一個社會成員的個人通過學習獲得的任何其他的能力和習慣。」

　　人類社會可劃分為政治部分、文化部分和經濟部分。一個國家，有其政治制度、文化面貌和經濟結構；一個民族，有其政治關係、文化傳統和經濟生活。在人類社會發展進程中，文化是「源」，文明是「流」。文化存異，文明求同。

　　文化是產生於人類自身的一種社會現象。《周易》云：「觀乎天文，以察時變。觀乎人文，以化成天下。」東漢史學家荀悅《申鑒》云：「宣文教以章其化，立武備以秉其威。」南齊文學家王融〈曲水詩序〉云：「設神理以景俗，敷文化以柔遠。」

　　文化是人類的內在精神和這種內在精神的外在表現。文化具有多方的資源、特質、滯距，以及不同的選擇、衝突和創新。

　　文化分為物質文化、精神文化和制度文化。文化不僅在人類學、民族學、社會學、考古學，以及心理學中作為重要內涵，而且在政治學、歷史學、藝術學、經濟學、倫理學、教育學，以及文學、哲學、法學等領域的核心價值。

　　文化資源包括各種文化成果和形態。比如語言、文字、圖畫、概念、遺存、精神，以及組織、習俗等。其特性主要體現在文化資源的精神性、多樣性、層次性、區域性、集群性、共享性、變異性、稀缺性、潛在性以及遞增性。

　　歷史文化資源作為人類文化傳統和精神成就的載體，構成了一個獨立的文化主體，並具有獨特的個性和價值，可分為自然文化資源和社會文化資源，自然文化資源依靠文化提升品味，依靠時間形成魅力；社會文化資源包括人文景觀、歷史文化和民俗風情等。

　　民族文化資源具有獨特性、融合性和創新性，包括有形的文化資源和無形的精神文化資源，諸如：民俗節慶、遊藝文化、生活文化、禮儀文化、制度文化、工藝文化以及信仰文化等。

　　我國是一個多種宗教並存的國家，諸如佛教、道教、基督教、天主教以及伊斯蘭教等，在漫長的歷史發展進程中，各類宗教和宗教派別形成了寶貴的宗教文化資源。宗教文化具有很大的包容性，幾乎囊括了從哲學、思想、文學、藝術到建築、繪畫、雕塑等方面的所有內容，並且具有很大的旅遊需求和開發價值。

　　文化資源具有社會功能和產業功能。社會功能具有明顯的時代性、可變性、

擴張性、商品性、潛在性，以及滯後性，主要體現在促進文化傳播、加強文化積累、展現國民風貌、振奮民族精神、鼓舞民眾士氣和推動文明建設等方面。

文化是一個國家和民族的凝聚力、生命力和影響力的集中體現。人類文化的交往，一種是垂直式的，稱之為文化傳遞；一種是水平式的，稱之為文化傳播。垂直式的文化交往屬於文化積累，或稱文化擴散，能引發「量」的變化；水平式的文化交往屬於文化融合，或稱文化采借，能引發「質」的變化。一切文化最終將積澱為社會人群的內涵與價值觀，群體價值觀建築在利它，厚生，良善上，這族群的意識模式便影響了行為模式，有了利它，厚生為基礎的思維模式，文化出路便往利它，厚生，豐盛溫潤社會便因之形成。這個群體因有了優質文化而有了安定繁盛的社會，生活在其中的人們可以快樂幸福。

東漢王符《潛夫論》云：「天地之所貴者，人也；聖人之所尚者，義也；德義之所成者，智也；明智之所求者，學問也。」歷代學人為了文化進程，著手文獻整理，進行編纂，輯佚，審校，註釋，專研等，「存亡繼絕」整校出版文化傳承工作。

蘭臺出版社擬踵繼前人步伐，為推動時代文化巨輪貢獻禺人之力，對中國傳統文化略盡固本培元，守正創新，傳佈當代學界學人，對構建中國傳統文化研究的成果，將之整理各類叢書出版，除冀望將之藏諸名山，傳諸百代之外，也將為學人努力成果傳佈，影響更多人，建立更好的優質文化內涵。並將此整校編纂出版的重責大任，視其為出版者的神聖使命，期盼學界學人共襄盛舉！

蘭臺出版社社長盧瑞琴君致力於中國文化文獻著作的整理出版，首部擬策劃出版《中國學術研究叢書》，接續按研究主題分類，舉凡國家制度、歷史研究、經濟研究、文學研究、典籍史論，文獻輯佚、文體文論、地理資源、書法繪畫、哲學思想，倫理禮俗，律令監督，以及版本學、考古學、雕塑學、敦煌學、軍事學等領域，將分門別類，逐一出版。邀稿對象多為國內知名大學教授、社科機構研究員，以及相關研究領域裡的專家和學者的專業研究成果為主，或國家社會科學、文化部、教育部，以及省級社科基金項目的代表性科研成果，諸位教授主持國家社科基金重大招標項目，以及擔任部省級哲學、社會科學重大攻關項目首席專家，並且獲得不同層次、不同級別、不同等級的成果獎項為出版目標。

　　中國文化研究首部《中國學術研究叢書》的出版，將以此重要的研究成果，全新的文化視野，深邃厚重的歷史文化積澱和異彩紛呈的傳統文化脈絡為出版稿約。

　　清人張潮《幽夢影》云：「著得一部新書，便是千秋大業；注得一部古書，允為萬世宏功。」人類著述之根本在於人文關懷。叢書所邀作者皆清遠其行，浩博其學；學以辯疑，文以決滯；所邀書稿皆宏富博大，窮源竟委；張弛有度，機辯有序。

　　文搜百代遺漏，嘉惠四方至學。《中國學術研究叢書》開啟宏觀視覺，追溯本紀之源，呈現豐贍有趣的文化圖景。雖非字字典要，然殊多博辯，堪為文軌，必將為世所寶。

　　瑞琴君問序於余，鄙人不才，輒就所知，手此一記，罔顧辭飾淺陋，可資通人借鑒焉。

王寅端月識於問字庵

作者係文化學者、蘭臺出版社駐北京總編輯、中國學術研究叢書總編纂

序

　　小時候看見家裡用的白油紙燈籠上，貼著三個扁扁的老宋體紅字「京兆堂」，我當時完全不解其意，後來才漸漸明白，京兆堂是韋氏的郡望。郡望是誰都有的，無論富貴貧賤。魯迅在《阿Q正傳》中談到阿Q的郡望時寫道：「倘他姓趙，則據現在好稱郡望的老例，可以照《郡名百家姓》上的注解，說是『隴西天水人也』。」阿Q尚且有郡望，遑論他人。

　　郡望一詞，由「郡」加上「望」構成。郡是行政建制，望是名門大族。郡望的意思，簡而言之，就是指某個地方的大戶人家。中國的每個姓氏，按理都有郡望。郡望，就是姓氏的發祥之地或中興之地，總之是對於本姓氏具有特殊意義的地方。一姓之人看到自己的郡望，便知道自己的祖先來自何方，從而不忘來處。

　　郡望概念的出現，約在魏晉間。那時的顯貴家族，往往為天下所仰望，各自也以居住地相標榜，如太原王氏、范陽盧氏、滎陽鄭氏等。郡望的出現具有家族利益訴求的作用，因而越是貴族越是願意炫耀自己的郡望。在皇室的權威減弱之時，取而代之的是家族主義和地方主義，由此形成了士族門閥。而當皇權穩固之後，郡望便不再是家族的護身符，於是逐漸淡化為後人對祖先的遙遠記憶。隨著家族人員的四處播遷，郡望到後來只是辨識和維繫共同姓氏的象徵性紐帶了。

　　郡是中國古代的行政區劃，相當於現在的省、市或縣。秦初置三十六郡，

漢代增至四十六郡。隋朝廢郡，以縣隸州，唐朝又改州為郡。宋代以後郡的行政區劃廢除，但宋人仍以郡望標榜。例如劉攽的書名題作《彭城集》、《中山詩話》，其實劉攽是江西新餘人，彭城和中山只是古代劉氏的郡望罷了。

郡望是一郡之望族，這些人家常常聚族而居，門第高貴，家世顯赫，冠蓋連雲。清人王士禎《池北偶談》云：「唐人好稱族望，如王則太原，鄭則滎陽，李則隴西、贊皇，杜則京兆，梁則安定，張則河東、清河，崔則博陵之類，雖傳誌之文亦然。」不過，郡望只是一個約定俗成的名詞，有些郡如延陵郡、江浙郡等，在歷史上並不一定真的存在。延陵郡是指古代延陵，江浙郡是指江浙地區，郡望中的「郡」可能只是泛指某一地方。儘管郡是一個虛虛實實的地理概念，但對古人卻能夠帶來實際的利益。正如錢大昕《十駕齋養新錄·郡望》所云：「自魏晉以門第取士，單寒之家，屏棄不齒，而士大夫始以郡望自矜。」

與郡望相聯繫的堂號，也是家族文化的重要組成部分。族人為了祭祀先祖，往往在宗祠或家廟的匾額上題寫堂名。堂號是一個家族的世系、族屬、支派的徽記，是弘揚祖德、敦宗睦族的標誌，也是尋根意識、祖先崇拜的符號。

在狹義上，堂號本是祠堂的名稱。祠堂是國人供奉祖先神位和商議宗族事務的場所。堂號往往有深刻的含義，一是表明本系的來歷，二是彰顯前人的德行，銘刻著鮮明的鄉土觀和榮譽感。中國人在族譜封面、客廳題名、店鋪名稱上，多寫堂名。甚至在生活器具如升斗、包袱、錢袋、農具上，也書寫某某堂記。有些少數民族因受漢文化影響，也有自己的堂號，如匈奴的呼延氏太原堂、回紇族的愛氏西河堂、柔然的苟氏河內堂等。

堂號的得名，有源於血緣的，有源於地域的，有源於先世的嘉言懿行的，有源於祖宗的功業勳績的，也有源於某種祥瑞吉兆的。我們常看到王姓家族的牆上嵌有「三槐堂」石碑，因為宋人王祐曾手植三槐於庭，認為子孫必有位居三公者，後來兒子果然位列宰相，王氏堂號「三槐堂」名稱即來源於此。明人寸慶曾夢見一地山明水秀，池中荷花競開，天上彩雲飄逸，紫光照射在荷塘之上，以為吉兆，後來家族中果然人才輩出，寸氏便將「紫照堂」作為本族堂號。

堂號的名字都有典故或者出處，而且往往對後人有啟發作用。如劉氏蒲編堂，因三國劉備幼年喪父，貧苦無依，依靠編織草鞋為生，後人遂以蒲編為堂名，也含有告誡子孫艱苦創業之意。東漢楊震清廉自守，有人深夜求見，以黃

金十斤賄賂楊震，並稱無人得知，楊震說此事天知、神知、我知、你知，怎能說無人知曉，故楊氏以四知堂為號。西晉孫康自幼好學，但家境貧寒，無錢買燭，冬夜利用白雪反光刻苦研讀，終於官拜御史大夫，故孫氏有映雪堂，旨在激勵子孫發奮讀書。唐人崔顥遊黃鶴樓，在樓上題詩，後來李白到此，見到崔顥的詩不敢再題，故崔氏號稱嘆李堂。宋人范仲淹遣子至姑蘇運麥，船至丹陽時，遇石曼卿無資葬親，其子即以麥船相贈，此舉深得范仲淹嘉許，故其後世以麥舟作為堂號。近代名人的居住地址也常稱某某堂，如袁世凱居所稱「樹德堂袁」，黎元洪居所稱「大德堂黎」，徐世昌居所稱「寶墨堂徐」。這樣做，一則賡續了家族的聲望，二則隱藏了個人的行蹤。

我們在探討姓氏來源的時候，有一個奇怪的發現，就是絕大多數姓氏的起源都與黃帝或炎帝有關。哪怕是遠離中原的那些少數民族，他們也往往自稱是黃帝或炎帝的子孫，或者至少與漢族文化有某種淵源。例如拓跋氏，民族是鮮卑，相傳他們也是黃帝的後裔。據說黃帝娶妻嫘祖，生子昌意，然後繁衍出拓跋氏。又如耶律氏，民族是契丹，他們在漢化後常用姓氏是劉和蕭。據說遼朝統治者敬仰漢高祖劉邦和相國蕭何，所以其皇族稱為劉氏，皇后稱為蕭氏。這種現象，說明中華民族有逐漸趨同的傾向，一方面是主觀的努力，另一方面是客觀的需要。

姓氏起源的趨同，並不掩蓋族群與族群之間的差別化。郡望和堂號都與門閥制度有關，與名門望族相對的是所謂「寒門」、「庶族」。寒門庶族難得有出人頭地的機會，縱能入仕，地位也與豪族無法相比。銓選官吏的九品中正制是根據門閥家世、才行品德進行推選的，但門閥士族壟斷了薦舉權，結果是只論門閥，不論人品。衣冠子弟即便無才無德，也會優先入仕；寒門子弟縱然才德超群，也被列為下品。東漢民謠云：「舉秀才，不知書。舉孝廉，父別居。寒素清白濁如泥，高第良將怯如雞。」「直如弦，死道邊。曲如鉤，反封侯。」這些民謠就是對門閥制度的辛辣諷刺。

等級觀念的流風所及，使本來只是符號的姓氏有了貴賤之分。典型的例子是宋人編的《百家姓》，其中的前八姓是「趙錢孫李，周吳鄭王」，第一姓趙是國姓，故居榜首；錢為吳越王之姓，其餘六姓為皇后外戚之姓。甚至同一姓氏中，不同郡望、堂號也有了尊卑之別。為了維護這種尊卑等級，譜牒之學應運而生且盛行不衰。南宋鄭樵《通志》云：「隋唐而上，官有簿狀，家有譜系。

官之選舉必由於簿狀，家之婚姻必由於譜系。」由姓氏而郡望而堂號而譜牒，形成了儼然有序而又紛繁複雜的中國姓氏文化。

　　郡望的實用價值，似乎已經成為歷史。如今談論郡望的故事，一是增加對於中國歷史文化的瞭解，從而熱愛傳統文化；二是也能為離家的遊子們，提供尋根問祖的基本線索。就這兩點而言，郡望的價值就不可低估，其作用也永遠不會過時。

　　又，此書雖說是郡望研究，不過是從眾多姓氏中擇其要者，略加董理而已，掛一漏萬，以偏概全，在所難免，謹供讀者一哂，並望方家不吝指教。

韋明鏵

2021 年 5 月於江蘇揚州

目　錄

一　清河張氏

「張家長，李家短。」這句諺語的意思，是說那些雞毛蒜皮的鄰里小事，不值得我們過於費心。儘管我的太太也姓張，但我對張氏的來歷很少關注。原因之一是張姓太常見，常見的東西往往被人忽視。民間有「張王李趙遍地劉」之說，據統計，全世界姓張的人口可能超過一億。還有人統計過，在司馬遷的《史記》、班固的《漢書》裡，張氏有傳者達十人左右。而民間最為熟知的，應是八仙之一的張果老。

張姓的郡望，一般認為是位於河北的清河。清河張氏在隋唐時就是名門大族。張姓清河郡望的形成，學者傾向於張氏起源於清河。據唐人《元和姓纂》等記載，張氏是黃帝第五子青陽氏之後，職能和專長是製造弓箭。《新唐書·宰相世系表》記載：「黃帝子少昊青陽氏第五子揮為弓正，始制弓矢，子孫賜姓張氏。」意思是張氏源於黃帝，始祖的名字叫「揮」，「揮」發明了弓箭，故賜其姓為「張」。「張」是開弓射箭之意。

張姓的郡望除了清河郡之外，還有范陽郡、太原郡、京兆郡、南陽郡、敦煌郡、安定郡、襄陽郡、洛陽郡、河東郡、始興郡、馮翊郡、平原郡、河間郡、中山郡、武威郡、犍為郡、河內郡、高平郡、上谷郡、沛郡、梁郡、汲郡、魏郡、吳郡、蜀郡等。以上郡望的情況大致如下：

清河郡，漢時所置，治所在清陽（今河北清河東南）。其地包括今河北清河、棗強、南宮各一部分，今山東臨清、夏津、武城各一部分。

范陽郡，三國魏時改涿郡置范陽郡，治所在涿縣（今河北涿州）。其地相當今河北內長城以東，永清以西，以及北京房山以南。

太原郡，戰國秦時所置，治所在秦時晉陽（今山西太原南），包括今陽曲、交城、平遙、和順間的晉中地區。

京兆郡，漢時置京兆尹，為三輔之一，三國魏時改稱京兆郡。治所在長安（今陝西西安西北）。其地相當於今秦嶺以北、西安以東、渭河以南一帶。

南陽郡，秦時所置，治所在宛縣（今河南南陽）。包括今河南熊耳山以南，湖北大洪山以北一帶。

敦煌郡，漢時所置，治所在敦煌，其地在今甘肅疏勒河以西、以南地區。

安定郡，西漢所置，治所在高平（今寧夏固原），相當於今甘肅景泰、靖遠、會寧、平涼，寧夏中寧、中衛、同心、固原等地。東晉時移治安定即今甘肅涇川北。

襄陽郡，東漢所置，治所在襄陽，相當於今湖北襄陽、南漳、宜城、當陽、遠安等地。

洛陽郡，北朝東魏改河南尹置，治所在洛陽縣（今河南洛陽市東北）。漢時故城在今洛陽白馬寺東洛水北岸，隋唐時故城在漢城之西。

河東郡，秦時所置，治所在安邑即今山西夏縣西北，其地相當於今山西沁水以西、霍山以南。東晉移治蒲阪即今山西永濟市蒲州鎮。

始興郡，三國時所置，治所在曲江即今廣東韶關南，其地在今廣東連江、瀚江流域以北。

馮翊郡，三國魏時置郡，治所在臨晉即今陝西大荔，其地在今陝西韓城、黃龍以南，白水、蒲城以東，以及渭河以北。

平原郡，西漢所置郡，治所在平原即今山東平原南，包括今山東平原、陵縣、禹城、齊河、臨邑、商河、惠民、陽信等地。

河間郡，漢時所置，治所在樂城即今河北獻縣，其地在今河北獻縣、交河、東光、阜城、武強等地。

中山郡，漢時所置，治所在盧奴即今河北定縣，相當於今河北狼牙山以南，

保定、安國以西，唐縣、新樂以東等地。

武威郡，漢時所置，治所在武威，相當於今甘肅黃河以西，武威以東。

犍為郡，西漢所置，治所在鼈邑即今貴州遵義西，相當於今四川簡陽以南，貴州綏陽以西，岷江、大渡河和金沙江下游。

河內郡，楚漢時所置，治所在懷縣即今河南武陟西南，相當於今河南黃河以北，京漢鐵路以西。

高平郡，晉時所置，治所在昌邑即今山東巨野南，相當今山東獨山湖、金鄉、巨野、鄒縣之間地區。

上谷郡，戰國燕所置，秦代治所在沮陽（今河北懷來東南），地在今河北張家口、小五臺山以東，北京延慶以西。

吳郡，楚漢時所置，治所在吳縣（今江蘇蘇州），相當於今江蘇、上海、浙江部分地區。

魏郡，漢初所置，治所在鄴縣（今河北臨漳西南），地在今河北大名、磁縣、武安，河南滑縣、浚縣、內黃等地。

蜀郡，戰國秦所置，治所在成都，相當於今四川松潘以南，洪雅以西，石棉以北，大渡河以東一帶。

沛郡，西漢所置，治所在相縣（今安徽濉溪西北），地在今安徽淮河以北、西淝河以東，以及河南夏邑、江蘇沛縣等地。

梁郡，漢時所置，治所在睢陽（今河南商丘南），相當於今河南商丘、虞城、民權和安徽碭山等地。

汲郡，晉時所置，治所在汲縣（今河南汲縣西南），包括今河南新鄉、汲縣、輝縣、獲嘉、修武等地。

張氏除了郡望，還有堂號。張氏的堂號，有清河堂、金鑒堂、孝友堂、親睦堂、冠英堂、燕貽堂、敦睦堂、宗嶽堂、敬誼堂、源流堂等。其中，以百忍堂尤為著名。唐朝時候，有張公藝九世同堂，天下羨慕。高宗親到張家，詢問九世和睦相處的原因。張公藝拿起筆來，一連寫了一百個「忍」字，呈給高宗。高宗看到一百個「忍」字，很是佩服，獎勵張公藝一百尺綢緞。百事要忍，這

是張氏九世同居的根本原因，也是百忍堂的來歷。

清河張氏人才輩出，在中國是數得上的顯赫望族。如十六國時的張幸，曾任東牟太守、青州刺史等，子孫幾代都在朝中做官。又如唐代的張文瓘，曾任宰相，四個兒子都官居三品以上，更有張錫兩次出任宰相，人稱一門三相。

歷史上張氏名人輩出，不但有張三丰那樣的半人半仙式的人物，而且真實的名人也很多。

戰國時政治家張儀，先後任秦相、魏相，首創連橫外交策略。秦王封張儀為相後，張儀遊說各國，以橫破縱，使各國紛紛由合縱抗秦變為連橫親秦，張儀因此被秦王封為武信君。

漢初謀略家張良，本是韓國公子，韓為秦所滅，張良發誓報仇，派人擊始皇於博浪沙，失敗後隱身下邳，而受太公兵法。後為劉邦第一謀士，封為留侯。

西漢探險家張騫，鑿通西域，開拓絲綢之路。曾出使烏孫，分遣副使至大宛、康居、大夏等國，自此西北諸國與漢交通，並引進葡萄、苜蓿和優良馬種等進入中原內地。

東漢科學家張衡，於天文、機械、地震等無所不通。相傳發明渾天儀、地動儀、指南車。國際天文學特將月球上的一座環形山和小行星命名為「張衡環形山」、「張衡小行星」。

道教創始人張道陵，亦稱張天師，擅長符水禁咒法，從其學者須出五斗米，故其教派又被稱為五斗米教。

醫學家張仲景，被譽為醫聖。他廣泛收集醫方撰成的巨著《傷寒雜病論》，記載了大量行之有效的中草藥方劑。

蜀漢名將張飛，與劉備、關羽桃園結義，號稱「萬人敵」，封西鄉侯，謚號桓侯。

西晉文學家張華，搜豔獵奇，博聞強記，著有《博物志》。

南朝陳後主的妃子張麗華，以豔麗聰慧聞名。國亡，與後主俱入井，後被奉為「芙蓉花神」。

唐代高僧張遂即僧一行，精通天文曆法，是世界上第一位測量子午線的人。

名將張巡，安史之亂時死守睢陽，在內無糧草、外無援兵的情況下，殺傷敵軍十二萬。

書法家張旭，有「草聖」之稱。其草書與李白歌詩、裴旻劍舞，並稱唐代三絕。相傳，他往往大醉後一邊呼喊狂走，一邊揮毫落筆，世稱「張顛」。

北宋哲學家張載，理學創始人之一，程顥、程頤的表叔，與周敦頤、邵雍、程頤、程顥，合稱「北宋五子」。

畫家張擇端，所繪〈清明上河圖〉本是進獻給宋徽宗的貢品，畫中描寫北宋都城市民的生活狀況，是研究宋代城市經濟與社會生活的形象資料。

明代政治家張居正，歷史上優秀內閣首輔之一，諡號文忠。

清代政治家張廷玉，在朝輔政五十年，主撰《明史》、《清會典》、《康熙字典》、《雍正實錄》，死後配享太廟。

近代實業家張謇，先後創辦復旦公學、南通博物館、吳淞水產學校、軍山氣象臺等。

在張姓名人中，最讓人感佩的是留下「豺狼當路，安問狐狸」美談的東漢廣陵太守張綱。張綱是漢留侯張良的七世孫，也是蜀漢將軍張翼的曾祖父。張綱一生的主要成就是彈劾權貴，收服盜寇，治理南州。《後漢書》記載，張綱年輕時通曉經學，雖然是官宦家庭的公子，卻磨礪布衣的節操，被舉薦孝廉後他不赴命，後來被司徒任命為侍御史。當時順帝縱容宦官，有識之士非常擔心，張綱慨然感歎：「穢惡滿朝，不能奮身出命埽國家之難，雖生吾不願也。」

朝廷選派八位使者巡視各地民情，使者多是年高德劭的儒者和名士，有的擔任過朝廷要職，只有張綱年紀最輕，官位最低。張綱離京出巡到近郊洛陽都亭時，將車輪卸掉，埋在地下，憤然宣稱：「豺狼當道，安問狐狸！」意思是，真正的貪官就在京師，何必還要遠求？從此以後，「張綱埋輪」的故事和「豺狼當道，安問狐狸」兩句成了有名的典故。「張綱埋輪」用來比喻不畏權貴，直言正諫，敢於彈劾當權者，出自《後漢書・張綱傳》。

南朝梁沈約《奏彈王源》云：「雖埋輪之志，無屈權右；而狐鼠微物，亦蠹大猷。」北魏楊衒之《洛陽伽藍記》云：「牧民之官，浮虎慕其清塵；執法之吏，埋輪謝其梗直。」都是用的「張綱埋輪」的典故。「豺狼當道，安問狐狸」

的意思，是豺狼正在大路中央，為何去捕捉狐狸呢？比喻巨盜梟首在位，卻只敢拿宵小之徒試刀。

張綱所說的「豺狼」究竟指誰呢？是指東漢大將軍梁冀家族。唐人李賀有〈東洛梁家謠〉長詩，描寫梁家的奢靡和驕橫，其中有兩句是「繡段千尋貼皂隸，黃金百鎰貺家臣」。梁氏一族本來也是忠孝傳家，到漢順帝時因梁家有兩個女兒被選進宮，長女為皇后，次女為貴人，梁家就成了皇親國戚。梁冀長得鳶肩豺目，酗酒、賭錢、射箭、彈棋、六博、踢球、駕鷹、放狗、跑馬、鬥雞等無所不能，同時他還大肆屠戮仇家。張綱眼中的「豺狼」就是梁冀。張綱埋其車輪於洛陽都亭，慨然說「豺狼當道，安問狐狸」，就是決心扳倒梁冀。張綱列舉了梁冀貪汙受賄、陷害忠良等大罪，一時震動京師。順帝派大臣巡視天下，本來也是想整頓綱紀的，但梁冀畢竟是皇親，怎麼捨得動他？後來事情終於有了轉機。

延熹元年發生日食，這種正常的天文現象，在當時被認為是上蒼對皇帝發出警告。太史令陳授解釋說，之所以有這一次日食發生，是因為大將軍梁冀作惡太多的緣故。梁冀得知此事，設法殺了陳授，此事使得桓帝決心除掉梁冀。結果，桓帝借太監之手，除掉了奸臣梁冀，而且將梁家三族男女老少全都抓到鬧市砍頭，無一倖免。接著，又殺掉與梁冀親善的大臣數十人，罷免梁家故吏、門人幾百人，朝廷為之一空。同時沒收梁家財產，搗毀他的宮苑園林。《資治通鑑》說，梁冀被誅後，「官府市里鼎沸，數日乃定，百姓莫不稱慶。收冀財貨，縣官斥賣，合三十餘萬萬，以充王府用，減天下稅租之半，散其苑囿，以業窮民」。這就是「豺狼」梁冀的下場。

「豺狼當道，安問狐狸」兩句話的影響極大，臺靜農寫過一副集句四言聯：

且食蛤蜊；

安問狐狸。

「且食蛤蜊」典出《南史‧王弘傳》。王融在酒席上與沈昭略談話時，沈昭略說：「不知許事，且食蛤蜊。」意為不用說了。小說《孽海花》有「請君且食蛤蜊，今夕只談風月」之句，也用此典。沈昭略在王僧祐家遇到王融，因不認識，就問主人這位是誰。王融對此大為不滿，自吹說天下人誰不識自己，

沈昭略卻說：「我聽都沒聽過，還是先吃蛤蜊吧！」民國名士方地山對國家大勢深感悲觀，作對聯貼在門上：「如此江山，多少豪傑？且食蛤蜊，莫問狐狸。」他感慨自己在亂世中無法報國，只得明哲保身但求無過。

張綱做廣陵太守，與梁冀有關。張綱向朝廷舉報了梁冀，梁冀對張綱恨之入骨。這時正好廣陵張嬰聚眾作亂，梁冀就趁機舉薦張綱為廣陵太守，想借張嬰之手殺掉張綱。原來，那時廣陵郡有個叫張嬰的人，聚集數萬人在揚州和徐州之間反叛作亂，他們殺刺史，滅太守，已經有十多年之久，朝廷卻一直不能降服他們。張綱與先前被派去任刺史的官員不同，他並沒有帶去大量護兵赴任，而是一個人單車赴職。一到廣陵，他就帶著州府從事直接趕到張嬰的營壘門前。由於事出意料，張嬰大驚，趕忙關閉營門，遠遠跑掉。張綱把州府官員打發走，只留近侍十幾人，在門前遞入書信，請張嬰出來相見。張嬰見太守如此真心實意，也被感動，就打開營壘大門，拜見張綱。張綱沒有一點官架子，他請張嬰上座，慢慢勸導說：「以前的地方官，確實非常貪暴，這才使得你們相聚造反。但地方官固然有罪，你們這樣做從道義上也講不過去。當今皇上仁慈，只想用恩德降服亂民，所以派我到此地來，想以爵祿招安諸公，不想以刑殺相威脅。現在變禍為福、轉危為安的機會來了，如果不抓住機會歸順朝廷，待天子震怒，附近三州大軍一齊殺到，我想到那時諸位全軍覆沒，誰也跑不掉。要歸順還是要造反，請你們大家仔細想想。」張嬰等人聽了，不禁涕淚俱下，說：「我們這些草民，只是因為忍受不了地方官的逼迫，又不能向朝廷訴冤，才聚眾鬧事。就像魚兒游在熱鍋內，我們也知道這樣下去不是長久之計。現在明公的一席話，讓我們看到生路了。」於是，張嬰隔日帶領部下一萬多人連同家屬，到張綱府前負荊請罪。張綱單身走進張嬰帶來的人馬中，設置酒宴，與他們飲酒談笑，好像對待朋友一般。

張綱在廣陵還做了一件為後人懷念的事——興修水利。當時揚州東部一帶連年乾旱，顆粒無收，百姓苦不堪言。張綱輕車簡從，親臨現場，勘察地形，測量水位，又組織數萬民工築壩攔水，圍堤造田，開渠引水，灌溉農田，人皆稱便。揚州人為了紀念他，把他修築的水渠稱為張綱溝或張公渠，把溝渠兩岸形成的集鎮稱為張綱鎮，還在鎮上修了張綱廟、張綱橋。

張綱老街原以石頭鋪成，以橋為界，東頭全是方石，西頭全是條石。街上店鋪林立，草行、木行、糧行等無所不有。古鎮倚河而居，一條鮮活的張綱溝

為古鎮帶來生氣。現在張綱廟沒有了，但老街仍叫太守路，還有一座以張綱命名的橋。

民間流傳著「張綱溝的驢子──兩頭趕」的歇後語，反映了張綱古鎮的商貿繁榮興旺景象。張綱的驢子是運糧的牲口，訓練有素，它能自行往返於仙女廟與張綱鎮之間，不需要主人跟隨，人皆稱奇。

民間還流傳著「張綱溝的菩薩──爛臉」的歇後語，反映了張綱廟裡張綱神像多次被修繕的史實。張綱廟的神像臉上貼有金箔，不久金箔被人刮去，修補之後又被破壞，因屢壞屢修，故有此諺。

宋人楊萬里有〈過張王廟〉詩云：

> 地迥人煙寂，山盤水勢回。
> 怪松欹岸出，古廟背河開。
> 晚色催征棹，斜陽戀去桅。
> 丹徒誰道遠，一眺正悠哉。

很多地方都有張王廟，但楊萬里的〈過張王廟〉中有「丹徒誰道遠，一眺正悠哉」之句，人們認為就是指江都張綱廟。「古廟背河開」的河，就是張綱為揚州人造福的張綱溝。

張綱在廣陵郡守位上只待了一年，三十六歲就病逝了。揚州百姓老幼相扶，到張綱府邸弔唁，人多得無法計數。張嬰等五百多人穿著喪服，為張綱操辦喪事，背負泥土為他壘築墳墓，直到安葬完畢才揮淚而去。

張姓名人中，還有一位以「孤篇蓋全唐」的唐代詩人張若虛。張若虛生活於初唐，與賀知章、張旭、包融並稱為「吳中四士」。他的詩僅存二首，收在《全唐詩》中，而以〈春江花月夜〉最著名。〈春江花月夜〉沿用樂府舊題，抒寫出真摯動人和富有哲理的人生況味。全詩澄澈空明，清麗自然：

> 春江潮水連海平，海上明月共潮生。
> 灩灩隨波千萬里，何處春江無月明。
> 江流宛轉繞芳甸，月照花林皆似霰。
> 空裏流霜不覺飛，汀上白沙看不見。

江天一色無纖塵，皎皎空中孤月輪。

江畔何人初見月？江月何年初照人？

人生代代無窮已，江月年年祇相似。

不知江月待何人，但見長江送流水。

白雲一片去悠悠，青楓浦上不勝愁。

誰家今夜扁舟子？何處相思明月樓？

可憐樓上月裴回，應照離人妝鏡臺。

玉戶簾中卷不去，搗衣砧上拂還來。

此時相望不相聞，願逐月華流照君。

鴻雁長飛光不度，魚龍潛躍水成文。

昨夜閒潭夢落花，可憐春半不還家。

江水流春去欲盡，江潭落月復西斜。

斜月沉沉藏海霧，碣石瀟湘無限路。

不知乘月幾人歸，落月搖情滿江樹。

張若虛的這首〈春江花月夜〉，被清末學者王闓運譽為「孤篇橫絕，竟為大家」，被聞一多讚為「這是詩中的詩，頂峰上的頂峰」。

除了才子張若虛，又有美人張麗華，史稱絕色。宋代詩人蘇軾有〈虢國夫人夜遊圖〉詩：

人間俯仰成今古，吳公臺下雷塘路。

當時亦笑張麗華，不知門外韓擒虎。

張麗華是南朝陳後主陳叔寶的寵妃，隋滅陳時，張麗華藏身於胭脂井中，被隋將韓擒虎俘獲，隨後被殺。〈虢國夫人夜遊圖〉是唐代流傳下來的一幅名畫，一說為張萱所繪，一說是出自周昉之手，先後被珍藏在南唐宮廷、晏殊府第。蘇東坡在汴京任職中書舍人時曾看到此圖，作了這首七言古詩。詩人在觀圖感歎之後，對歷史上一些舊事產生了深沉的感慨。詩中說，因為歷史上的隋煬帝曾嘲笑過陳叔寶、張麗華一味享樂、不問國事，豈料韓擒虎已經帶領隋兵迫近宮門。可是楊廣後來也步陳叔寶的後塵，落得國破家亡的下場。

　　張氏也真是富於傳奇。我看過一冊清代唱本，唱詞以灶王爺的口氣自白，頭一句竟然是：「說起灶王，叫個老張。」用民間的眼光看，天上人間沒有什麼不同，據說玉皇爺和閻王爺都姓張。

　　在我熟悉的張姓人中，辦事果斷、處世通融的真不少。有一位張嵐，本是農村女子，但襄助丈夫在江河湖海行船數十年，風裡浪裡，毫無懼色，讓人感到不可思議。還有一位張詠，看上去似嬌弱少女，獨自來到城市創業，在商海裡跌打滾爬，屢敗屢戰，絕無退縮心理。又有一位張閏，以小學教師的身分去考研究生，且熱衷於《紅樓夢》的研究，她似乎總是生活在自己的世界裡。還有一位張瑾，喜愛書畫，朝夕揮毫，樂此不疲，令人欽歎。在這些嬌柔的女性身上，似乎有一種與她們的容貌身軀相反的能夠與張飛相比的強大基因。

　　知名剪紙藝術家張慕莉是與本人交往最多的張姓名人。她出身於剪紙之家，上輩幾代人都從事剪紙這一看起來很輕鬆的職業。但是她的成就超過了她的前輩。她出版《春華秋實——張慕莉剪紙藝術》的時候，我給她寫了序。我說：「在這部全面介紹、賞析和總結揚州剪紙著名藝術家張慕莉的藝術成就的大作出版前夕，執筆者管世俊先生與主人公張慕莉女士希望由我來寫一篇序，我覺得非常之榮耀。我和慕莉是多年的朋友，她的隨和的個性、善良的人品和率真的秉賦給我留下了樸素而賢淑的印象。在很長一段時間裡，我們曾經在政協共事，一同討論傳統工藝的危機，一同探索民族藝術的出路，對許多問題的見解我們都不謀而合，互相支持。慕莉是用剪刀說話的人，但她平時並不快人快語，相反在公眾場合還有些靦腆。不過只要談起工藝美術的傳承與創新、癥結與藥方，她常有獨到的見解，而且適時發表自己的意見。她的發言總是簡明扼要，又切合實際。」

　　說起來，我和張慕莉也是世交。她的父親張永壽先生和我的父親韋人先生都是揚州文藝界的知名人士，雖然一在工藝系統，一在文化系統，但交情頗深。1959年底，揚州人民出版社出版了由郭沫若作詩、張永壽剪紙的名作《百花齊放剪紙》，我父親很快得到此書，並向我們弟兄介紹了張老先生的藝術。從那時起，張永壽的名字就深深記在我的心間。數十年後，我在揚州冷攤上重新獲見久違的初版本《百花齊放剪紙》，毫不猶豫地將它買下。前些年，因為想研究一下近百年來揚州的文化世家，張氏剪紙世家也在我的研究視野之內，我便與慕莉有了更多的交往。慕莉告訴我，《百花齊放剪紙》並不是他父親最早的

書，更早的應是 1954 年江蘇人民出版社出版的《張永壽剪紙集》。她還特地將
這本書複製送我，讓我對張氏剪紙有了更多的瞭解。另外，我的岳父張成鑑先
生是一位老派的中裝裁縫師傅，他和張永壽先生也是老朋友。岳父和我多次談
過他印象中的張永壽。印象最深的一件事是，有一天張永壽先生挎著剪紙的籃
子沿街叫賣，走到我岳父的裁縫店門前。岳父遞給他一支香菸，請他剪一隻和
平鴿。張永壽一支菸沒吸完，一隻生動玲瓏的和平鴿就剪好了。岳父很高興，
就把它貼在裁縫店的玻璃窗上。

　　這些年來，張慕莉對於揚州剪紙在形式與內涵兩方面銳意創新，取得了令
人矚目的成就。我驚訝地看到，她剪下的題材，不再是常見的折枝花朵，而是
構圖嚴謹、線條精美的國畫。除了傳統的花鳥之外，她又在人物、鞍馬的塑造
上讓人刮目相看。她的〈禪意〉、〈古瓶〉、〈百駿圖〉等系列作品的藝術造詣，
我認為已經超越了她的父親。慕莉很隨和，也很執著。她對於那些前來學習剪
紙的小朋友和藹可親，對自己的要求卻近乎嚴苛。因為幾十年的堅守和行進，
用心血與智慧澆灌剪紙這朵藝術奇葩，她終於成為一名傑出的剪紙藝術家。

韋明鏵與揚州剪紙藝術家張慕莉

　　在《三國演義》的人物中，給人印象最深的莫過於黑臉張飛──他不但忠，而且勇。劉備在長阪坡敗退時，張飛僅率二十騎斷後，曹軍無人敢逼近，劉備因此得以倖免於難。「據水斷橋」的成語由此而來。《三國志》的記載是：「飛據水斷橋，瞋目橫矛曰：『身是張益德也，可來共決死！』敵皆無敢近者，故遂得免。」對於「據水斷橋」的典故，有人認為是張飛依靠河水來沖毀橋梁，有人理解為張飛喝斷長阪橋使河水倒流。究竟長阪橋是被喝斷的還是沖毀的呢？我更希望它是被張飛喝斷的。大丈夫身處困境，應該有據水斷橋的氣魄。

二　南陽仇氏

有些字作為姓氏時的讀音，和平時的讀音不一樣。

例如「仇」字，不作姓氏的時候讀「愁」，作姓氏的時候讀「球」。印象中江蘇如皋一帶，姓仇的很多，那裡的企業有仇氏酒業、仇氏農莊等。很多年前我在南京工作時，認識一位熱情漂亮的女護士仇愛嬅，她就來自如皋。我在下關住院，得到她的精心護理才提前痊癒。我因此對仇氏有好感。

仇氏的始祖仇牧，相傳是宋國國君宋哀公的裔孫，宋哀公第九子吾的長孫。《左傳》說，仇牧是春秋時宋湣公的大夫，後來南宮萬要殺湣公，仇牧前往救主，可惜已遲，湣公已被南宮萬殺死。仇牧在宮門口正遇南宮萬，手持長劍撲殺弒君的國賊，可惜寡不敵眾，慘遭殺害。仇牧死後，他的兒子仇仲逃到宋國的附屬國蕭國，蕭國國君留他當大夫。仇仲婉言謝絕，隱居林下，他的子孫後來都姓仇。姓仇的人都自認為源於河南南陽，然後逐漸繁衍各地。仇牧可以說是忠義的楷模。據《元和姓纂》載，仇牧是在蒙澤即今河南商丘東北被殺的。因為望出南陽，故稱南陽仇氏。

仇氏的由來，也有其他說法。有一種說法是仇氏出自九姓。夏時有諸侯九吾氏，商代稱九侯。商朝末年，紂王誅殺九侯，其族人逃亡各地，為躲避厄運而將「九」字加上「人」旁，成為仇姓。也有仇氏之後改為裘氏、求氏的，所以九氏、仇氏、裘氏、求氏本是一家人。

還有一說，仇氏出自侯姓。南北朝北魏時，有中山人侯洛齊，本是侯姓，

後成為仇氏養子，故改仇姓。太武帝時他因平定涼州立功做了高官，漸成望族，成為中原仇姓一支。這支仇氏望族居平陽郡，今山西臨汾西南。

另有一說，仇氏出自後仇池國。前秦滅亡後，苻堅的女婿楊定率部眾返回隴右，自稱龍驤將軍、仇池公。後占領天水、隴城、冀城等地，自號隴西王。仇池國後為北魏太武帝拓跋燾擊破，部眾取故國名，稱仇池氏，簡稱仇氏。

仇姓分布很廣，人口亦眾，主要集中於陝西、山東、河南、甘肅、四川、江西、浙江、江蘇等地。

據古人所記，仇氏的郡望出南陽，即今河南南陽一帶。南陽郡是秦代始置，漢承秦制，仍設南陽郡，治所仍在今河南南陽。

仇氏的堂號，有南陽堂、方正堂、德化堂等。南陽堂典出仇牧，仇氏宗祠的對聯「系承仇牧，望出南陽」，就是堂號的由來。方正堂、德化堂兩個堂號均源自東漢的仇覽。仇覽是漢桓帝時河南人，因有高德懿行，受到後世景仰。仇覽當蒲亭長的時候，村中有個年輕人陳元，與母親同住。有一天，陳母來見仇覽，控告她的兒子陳元不孝。仇覽驚訝地說：「我不久前經過你們家，看到陳元把房子整理得乾淨整齊，田地也能按時耕耘，想必他是個勤勞的人。我覺得他不會是惡人，一定是因為沒有人教育他，他才不孝的。你辛苦撫養他，又常年守寡，現在你年老了，正要依靠兒子贍養，怎能為一時動氣而置你兒子於不孝的境地呢？」陳母聽了，感動得淚流滿面。不久，仇覽親自到陳家，與其母子一起吃飯，告訴陳元如何行孝，說明不孝乃是過錯，孝順必有福報，陳元後來成為一個孝子。以是，朝廷征仇覽做方正，這也是仇家的一段佳話。

各地仇氏的排行，用字多有不同。例如：

山東兗州仇氏的排行是：「振林學科同衍尚，漢洪保士如天廣。庭開兆恆唐爭望，文武興家邦更長。」

江蘇連雲港仇氏的排行是：「瑛尚廉璣，仁緒晉基。景雲庚從，力如衛賢。儀來舜時，賦憲子美。」

湖北襄樊仇氏的排行是：「復立恆華達，興德振國邦。漢錦傳世遠，榮昌兆吉祥。」

安徽繁昌仇氏的排行是：「正國德鴻士，為良孝敬先。家其傳厚裕，治民

達全賢。」

北京懷柔仇氏的排行是：「萬國思永志，佐德可積世。」

廣西靈山仇氏的排行是：「厚開基遠，詩書繼世。」

浙江杭州仇氏的排行是：「大兆士英範，庭釗正學昌。瑞朝登聖選，萬世佐安邦。」

江西上高仇氏的排行是：「敏必通新，常守定樂。」

歷史上仇氏名人不少。如：

東漢末年百濟王仇台，因篤行仁信，人多歸附。仇台居於東海之濱，以「百家濟海」之故，建國百濟，為百濟國王。在他治理下，百濟一度成為東方強國。

宋代才子仇博，聰穎博學，十三歲作〈至樂堂記〉，得到文壇領袖蘇東坡的稱讚，稱他「後生可畏」。

元代文學家仇遠，人稱山村先生，工書法，曾任溧陽儒學教授。仇遠生性雅澹，喜遊歷名山大川，每寄情於詩。詩名與白珽並稱於兩浙，人稱「仇白」。著有《金淵集》。

明初武將仇成，早年投奔朱元璋，參與攻克采石、太平之戰，又隨大將徐達攻克溧水、溧陽。每次作戰都勇冠三軍，因功勞顯著，死後追封為皖國公。

孝子仇養蒙，當饑荒之年，以粟奉親，而與妻同食糟糠。年已八十，猶親至父母墓前哭泣，狀如孺子。

宿州吏目仇時濟，五世同居，歡樂無間。曾與弟時茂作《仇氏家範》，以為家規。

清代名士仇兆鰲，自號章溪老叟。以二十多年工夫著成《杜詩詳註》，其網羅之廣，徵引之博，幾乎包括之前的所有著作。

在仇氏名人中，影響最大的一文一武，都是明朝人。

文的是仇英。凡是略懂書畫的，不會不知道仇英。仇英字實父，號十洲，蘇州人，與沈周、唐寅、文徵明並稱「吳門四家」。他最喜歡畫人物，尤工仕女。《紅樓夢》裡說，賈探春房裡掛著一幅米襄陽的〈煙雨圖〉，秦可卿屋裡掛著一幅唐伯虎的〈海棠春睡圖〉，賈老太太屋裡掛著一幅仇十洲的〈雙豔圖〉

—— 仇十洲就是仇英。仇英出身寒門，幼年失學，曾做過漆工，通過勤奮努力而成為大家。仇英的畫技，主要來自對宋畫的臨摹，自己也參以新意。早期作品用筆細膩，剛中帶柔；後期作品用筆剛直，自然流暢。存世的畫作，有〈赤壁圖〉、〈劍閣圖〉、〈桃花源圖〉、〈漢宮春曉圖〉、〈桃園仙境圖〉、〈玉洞仙源圖〉、〈桃村草堂圖〉、〈松溪論畫圖〉、〈仙山樓閣圖〉、〈蓮溪漁隱圖〉、〈桐陰清話軸〉、〈秋江待渡圖〉等。在香港拍賣會上，仇英的〈文姬歸漢圖〉成交價過億元。在北京拍賣會上，仇英的〈浮巒暖翠圖〉以七億元成交。在紐約拍賣會上，仇英的〈西園雅集圖〉以九億美元成交，刷新了仇英畫作拍賣的世界紀錄。

晚清以來，仇英忽然走紅，當時報刊多以表現女性與都市為時尚，所以仇英的〈楊妃出浴圖〉風行一時。「出浴」一詞隱含的對象，當然是女性。白居易〈長恨歌〉描寫的「春寒賜浴華清池，溫泉水滑洗凝脂」，成為歷代畫家躍躍欲試的題材。據說 1910 年 1 月《小說時報》刊登的仇英〈楊妃出浴圖〉，是「出浴」這一畫題進入上海時尚雜誌的嚆矢。1911 年的《國風報》刊有堯生的〈仇英出浴圖詩〉曰：「春痕玉一池，照影避人窺。衣桁花前亮，香雲露雪肌。翠涵湘女怨，紅顏洛妃辭。小立羞明鏡，芳情心自知。」詩雖無不雅，但是浮動著香豔的氣息。1913 年汪石庵的《香豔集》內有樊增祥詩云：「解裙量度小腰圍，猶著輕兜一色緋。記得華清池上見，一生心折畫楊妃。」這些豔詩，都源自仇英的美人圖。

武的是仇維禎。明朝末年，江山危亡，但滿朝文武罕有盡節者。仇維禎先後任戶部、禮部、刑部、兵部四部尚書。因為他不屈於權奸魏忠賢一黨，所以被派往薊北駐守邊疆。仇維禎帶兵期間，天災無收，民不聊生，軍不足餉，仇維禎散盡財資，施捨糧米。李自成軍攻占北京後，崇禎帝自縊，仇維禎聞訊即棄官攜印回鄉務農。順治時，仇維禎年老病危，自知不久於人世，召集子孫立下遺囑：「吾為官二十餘年，資財散盡，囊空如洗，唯存聖書滿箱。望爾等熟讀聖書，忠義莫忘，此乃維禎一生之念。」又說：「一生愚忠，不事二朝。清人入關，我朝亡故，我仇氏子孫，忠義為先，打馬回頭，定不做滿官。為告子孫後代，石馬回頭為鑒。」

「仇尚書打馬回頭」從此成為仇維禎家鄉的美談。淄川城東北有一個東官莊，原名東莊，因為仇維禎的緣故，人稱東官莊。東官莊南面有石雕，其中兩

匹石馬不是昂首向前，而是勒韁回首，這就是傳說中的「仇尚書打馬回頭」。因為仇維禎遺囑中有「仇氏子孫，忠義為先，打馬回頭，定不做滿官」之語，故仇氏子孫立此石馬，回頭為鑒。仇維禎死後，經山東巡撫表奏，清順治帝下旨諭葬，並御書碑文「贈資政大夫、南京戶部尚書、北京兵部大司馬仇公維禎之墓」。

　　姓仇的人數雖多，我周邊姓仇的朋友卻不多。現在和定居北京的仇愛嬅護士偶有聯繫，她的爽朗和細心都是令我難忘的。想不到病人與護士之間的感情，能夠延續數十年之久。

三　博陵崔氏

　　博陵崔氏是漢唐時代的北方望族。看過《三國演義》的人可能記得博陵這個地名，博陵有個崔州平。劉備三顧茅廬時，偶遇博陵崔州平。司馬徽向劉皇叔舉薦賢士，提到諸葛亮有四個密友，就是博陵崔州平、潁川石廣元、汝南孟公威和徐庶徐元直。博陵之所以有名，當然並非只為崔州平，而是博陵有一個歷久不衰的名門望族——博陵崔氏。博陵崔氏自漢至宋，先後出了若干位宰相，至於將軍、詩人不勝枚舉。

　　崔氏源於姜姓，封地本是崔邑，故以邑為氏。崔氏的始祖應是崔季子。《新唐書·宰相世系表》載：「齊丁公伋嫡子季子讓國叔乙，食采於崔，遂為崔氏。」意思是說，姜太公姜尚的兒子丁公伋，是西周時齊國第二代國君。他的嫡子名季子，本應按禮制繼承君位，但季子讓位於姜得，自己採食於封地崔邑。姜季子的後裔以先祖的封邑為姓氏，遂為崔氏。

　　崔姓世代在齊國擔任重職，是當時的公卿世家之一。如季子八世孫崔杼是齊國權臣，獨攬朝政大權多年。秦朝時崔意如被封為東萊侯，入漢後崔意如的長子崔業襲封爵位，定居於清河，其弟崔仲牟定居於博陵。兩人的後代在漢魏隋唐間形成了強宗大族，史稱清河崔氏和博陵崔氏。由於崔氏人口繁衍眾多，又進一步分衍出鄭州崔氏、鄢陵崔氏、南祖房崔氏、青州房崔氏、清河大房崔氏、清河小房崔氏、博陵安平房崔氏、博陵大房崔氏、博陵二房崔氏、博陵三房崔氏等等分支。有人統計，在唐朝，博陵崔氏一共誕生了十多位宰相。

少數民族也有崔姓。據《新唐書》載，在唐朝的時候，朝鮮半島新羅國有崔氏。據《清朝通志》載，蒙古族的崔珠克氏後來簡化為漢姓崔氏。另外，京族、彝族、回族、土族等民族均有崔氏，多為唐、宋、元、明、清推行羈縻政策與改土歸流時所改。崔姓在南北朝與隋唐時達到極盛，今山東、河南、河北、遼寧、江蘇、黑龍江等省崔姓最多，海外則以朝鮮和越南為多。

崔氏最重要的郡望，是博陵和清河。

博陵郡，初為陵名，後成郡名，時在東漢。《後漢書・桓帝紀》載：「葬孝崇皇后于博陵。」後來置博陵郡，治所在蠡吾，即今河北蠡縣。漢桓帝時，博陵郡徙治安平，今河北安平。漢獻帝時廢博陵郡，歸安平縣。西晉置博陵國，治所仍在安平。魏復博陵郡，隸屬於定州。隋廢博陵郡，唐以博陵之名專屬定州。博陵郡在歷史上幾經存廢、遷移，所轄的區域大體仍在今河北安平、饒陽、深州、蠡縣、博野、定州一帶，故史書多稱博陵崔氏為「博陵安平人」。現在安平境內，仍有許多崔氏家族的墓群。如安平縣東黃城村有東漢崔寔墓，崔寔墓東有北魏崔敬邑墓，又有清人崔成軒墓等。東黃城墓群現為河北省級重點文物保護單位。

清河郡，西漢所置，因境內有清河而得名，治在清陽，今河北邢臺清河，轄境相當於今河北清河、故城、棗強與山東臨清、夏津、武城一帶。

崔氏的堂號很多，各有含意。

噤李堂出自唐代崔顥的故事。「噤李」意為讓李白不能開口吟詩。據記載，唐尚書員外郎崔顥遊黃鶴樓，興來題詩，文情俱佳。後來李白來遊，見崔顥之詩，為之折服，愧不敢言，只道是：「眼前有景道不得，崔顥題詩在上頭。」崔氏族人以此自豪，故以噤李堂為堂號。

三戟堂源自唐代「三戟崔家」的歷史典故。唐人崔神基為唐代宰相，五個兒子琳、珪、球、瑤、琨均做高官。崔琳為太子少保，崔珪官至太子詹事，崔球為鄆州刺史，崔瑤官至光祿卿，崔琨為石州刺史。其中琳、珪、瑤兄弟三人居洛陽興寧里，門前俱列戟，時稱「三戟崔家」。今蘇、魯、豫、皖的崔姓，均號稱博陵郡三戟堂。

三相堂緣於唐代崔氏三相出諸一門。崔鉉為唐武宗、宣宗時宰相，後封魏國公。崔鉉的叔父崔元式亦是唐宣宗時宰相。崔鉉之子崔沆為戶部侍郎中書門

下平章事，唐僖宗時為宰相。三相均出諸崔氏一門，崔氏後人遂將堂號定為三相堂。

世德堂是博陵郡蘇州閶門分支堂號，取祖輩德行代代相承之意。元末義軍風起雲湧，虎墩崔氏始祖元三公參加義軍，後為明宮廷羽林左衛軍，在攻打慶陽時陣亡。後人屢有建樹，自號世德堂。

德聚堂是河北霸州崔氏堂名，為博陵郡大房分支。明永樂年間，崔敬先率家從山西興縣遷居霸州，是為博陵郡大房分支霸州崔氏始祖。這支崔氏家族在霸州繁衍生息，並移居天津、北京、上海、烏魯木齊等地。在清代，霸州崔氏考中舉人的有三十多人。

樂善堂是安徽鳳陽懷遠崔氏堂號，始祖為崔仲祥。據崔氏家譜載，崔仲祥之後在明朝官封左軍都督僉事，在平息反叛中壯烈犧牲。宣德帝賜建忠義祠，賜號樂善，故以此為堂號。

鐵嶺堂是廣州光塔路崔氏堂號。光塔街崔氏始祖在滿清入主中原前居住遼寧鐵嶺，為漢軍正白旗。康熙時有福公奉調駐防廣州，將其父靈骸與碑石都遷往廣州。子孫不忘先祖原籍，故以鐵嶺堂為號。

另外，各地崔氏還有不同的堂號，如山東德州崔氏德星堂，浙江蘭溪崔氏餘慶堂，安徽黃山仙源崔氏敦本堂，江蘇宜興蘭右崔氏德星堂，湖南寧鄉博陵崔氏三戟堂，廣東南海沙頭崔氏永思堂等。

崔氏的排行，各地用字不同。如：

貴州、重慶、四川、廣西、陝西、新疆崔氏用字：「啟文萬宣顯，崇元廣慶承。統正洪光照，道德永忠貞。」

安徽阜陽崔氏用字：「子富奇景玉，殿文鎮國家。光裕業榮大，永昌萬世華。」

江蘇海安崔氏用字：「重大伯叔永，子朝道秉紹。克士之爾我，德隆昌宗廣。」

河南修武崔氏用字：「勳功萬載垂，業績百世名。朝泰安民樂，福德善興隆。」

山東利津崔氏用字：「化芳承傳吉，世業永安長。」

遼寧錦西崔氏用字：「封文顯德，克永康祥。」

上海崔氏用字：「國正天星順，官清民自安。」

崔氏的名人很多，如：

春秋時齊國大夫崔杼，又稱崔子、崔武子，齊惠公時為正卿，以弱冠之年有寵於惠公。惠公死後被逐，出奔衛國。後返齊國，曾率軍伐鄭、秦、魯、莒等國。後為右相。

漢初隱士崔廣，號夏黃公。與東園公、綺里季、用里先生三人一同隱居商山，在今陝西商洛。四人鬚眉皆白，故稱「商山四皓」。

東漢文史學家崔駰，少與班固、傅毅齊名，曾為府掾，後改主簿。《文心雕龍》稱：「傅毅崔駰，光采比肩。」

漢代書法家崔瑗，善草書，師法杜度，時稱「崔杜」，是漢代草書之集大成者，後世評價甚高。

三國隱士崔州平，與諸葛亮等人常有來往。

曹魏大臣崔林，曾任御史中丞。後進封安陽鄉侯，諡孝侯，其家族即清河崔氏。

南北朝清官崔挺，曾任光州刺史，大行開化之風，累官本州大中正、北海王司馬。為官清廉，有人曾贈以玉璧，被崔挺推卻，曰：「昔無楊震之金，今豈有崔挺之璧？」

北魏大臣崔浩，清河崔氏名流，在北魏統一北方過程中曾出謀劃策，治政經商，後拜太常卿，封東郡公。

唐代詩人崔顥，早年多作閨情詩歌，晚期詩風慷慨。傳說李白登黃鶴樓時，正欲題詩留念，忽見樓上崔顥〈黃鶴樓〉詩云：「昔人已乘黃鶴去，此地空餘黃鶴樓。黃鶴一去不復返，白雲千載空悠悠。晴川歷歷漢陽樹，芳草萋萋鸚鵡洲。日暮鄉關何處是，煙波江上使人愁。」李白擲筆作罷。

詩人崔護，也是博陵安平人，官至嶺南節度使。其詩以〈題都城南莊〉之「人面桃花相映紅」千古傳誦。

名臣崔玄暐，封博陵郡王。其弟崔升官至尚書左丞，其子崔琚官至禮部侍郎，其孫崔渙官至御史人大，其曾孫崔郢官至監察御史，後人稱為「五龍」。

崔宗之，歷左司郎中、侍御史，謫官金陵。與賀知章、李適之、李璡、李白、

蘇晉、張旭、焦遂為並稱「飲中八仙」。

　　唐末名相崔胤，與朱溫相勾結。先後四拜宰相，時號「崔四入」。宋人王禹偁〈送趙令公西京留守〉詩云：「永佐千年運，重頒九錫弓。不同崔四入，正在亂離中。」

　　高麗文人崔致遠，韓國歷史上第一位留下個人文集的學者，被韓國學術界尊為「東國儒宗」。著有《桂苑筆耕集》。

　　南宋名臣崔與之，曾主管淮東安撫司公事，廉潔奉公，政聲卓著，以觀文殿大學士、提舉洞霄宮致仕。所治儒家「菊坡學派」被認為是嶺南第一個學術流派。著有《崔清獻公集》。

　　清代才子崔旭，曾任山西蒲縣知縣，後兼理大寧縣事，政聲卓著，鄉民擁戴。著有《念堂詩話》、《念堂詩草》、《津門百詠》、《津門雜記》等。與梅成棟、姚元之皆出自乾嘉詩人張問陶門下，合稱「張門三才子」。

　　學者崔述，乾隆舉人，曾任福建羅源、上杭知縣，興利除弊，為人稱道。考據群經注疏，辨別真偽，開近代史學界疑古風氣。著有《考信錄》。

　　崔氏的宗祠，是崔氏家族祭祀祖先和先賢的場所，各地都有。宗祠的對聯往往文義俱佳，突出了崔氏先人的德行。如：

　　「世推三虎；人羨五龍。」上聯指唐代中書舍人崔琳、太子詹事崔珪、光祿卿崔瑤三弟兄，因官階都在三品以上，時號「三虎」，又稱「三戟崔家」。下聯指唐代博陵郡公崔玄暐與其弟尚書右丞崔昇，及子孫共五人均居高位，人稱「五龍」。

　　「一門孝友；三禮義宗。」上聯言唐朝崔邠，以耿直知名，三代同灶，和睦相處，宣宗稱其一門孝友，可為士族典範。下聯言南朝崔靈恩，讀遍五經，尤其精通《周禮》、《儀禮》、《禮記》，著有《周禮集注》、《三禮義宗》等。

　　「五原賢守；四皓齊名。」上聯謂東漢崔寔為五原太守。下聯謂崔廣為「商山四皓」之一。

　　「覆甌待相；卻璧鳴廉。」上聯說唐人崔琳受玄宗器重，玄宗寫下他的名字用金甌覆蓋。下聯說北魏人崔挺，曾官光州刺史，為官廉潔，有人送他玉璧，他拒不收受。

　　「八行稱於眾口；三相出諸一門。」上聯指宋人崔貢，端莊有學識，人尊為「八行先生」。下聯指唐人魏國公崔鉉，一門三相。

　　姓崔的名人，對於一般讀者而言，《西廂記》裡的崔鶯鶯也許最耳熟能詳。在王實甫的《西廂記》裡，崔鶯鶯是一位相國小姐，既有外在的穩重，又有內在的激情。家庭的禮法雖然嚴苛，並沒有扼殺崔鶯鶯內心的青春覺醒。崔鶯鶯對張生一見傾心，月下隔牆吟詩，大膽吐露心聲，深深陷入情網。她一方面想對張生以身相許，另一方面也未免猶豫不決，體現出她想愛又不敢、不愛又不甘的兩難心理。

　　在四大古典名劇《西廂記》、《牡丹亭》、《桃花扇》、《長生殿》中，《西廂記》最為有名，古代許多少男少女因為看了它情竇初開。《西廂記》之所以撩人心弦，主要是寫了一個「情」字。《西廂記》雜劇第五本第四折中說：「永老無別離，萬古常完聚，願普天下有情的都成了眷屬。」這是作者「至情論」的充分表白。有人認為，崔鶯鶯是由情到性的代表，杜麗娘是由性到情的代表，其區別在此。《西廂記》中的崔鶯鶯在佛殿初次邂逅張生，就為張生的風流俊雅所吸引。她明知一個陌生男子在注視自己，反應卻是「嚲著香肩，只將花笑撚」。紅娘催她趕快回避，她仍然「回顧覷末」，由此可見她被青年男子深深吸引的眷戀之情。後來在紅娘的幫助下，鶯鶯終於衝破羈絆，達成心願。

　　但並不是姓崔的女子都像鶯鶯那般情意綿綿。我在南京認識一個崔姓女子，北方人，質樸無文，粗魯任性。她也敢於大膽示愛，但是絕少小鳥依人。她喜歡學男人那樣口無遮攔，一旦喜歡什麼也能不顧一切。她好像荒原上一朵帶刺的野花，妖豔然而傷人。和她的前輩崔鶯鶯小姐相比，她是屬於另一種類型。我在揚州認識的另一個崔姓女子，別具一種風格，宛若行雲，來去無蹤。她對生活中的油鹽柴米、衣食住行等家常瑣事尤為上心，致力於各種「小妙招」、「小秘方」、「小竅門」的搜集整理。凡是感冒、牙疼、失眠之類的小病小痛，她有各種方法對付。她也有情有義，但如同春風掠過園林一般，不留痕跡。與她的前輩崔鶯鶯小姐相比，在一見鍾情方面有幾分相似。

　　我的岳母也姓崔，是名副其實的崔氏老夫人，長壽至九十歲，無疾而終。我覺得崔氏有長壽的基因。她自幼出生於一個中醫之家，本人並未學醫，但懂得保健。她年輕的時候，有一回腹痛，父親讓她服食「白麵」，大約就是鴉片

之類，一劑而癒。她從此愛上鴉片。可是鴉片是禁物，平時無從得到，她就轉而吸食香菸。岳母吸菸的歷史，一直延續到她晚年。她是九十歲才去世的，就是說她吸了七八十年香菸，然而並無咳嗽哮喘的毛病。岳母一生大約生了十胎，存活七個。因為岳父靠裁縫為生，所以她的一生是很艱辛的。奇怪的是，她極少生病，所以我認為她的體質得益於崔氏的基因。

有消息說，吉林有個女壽星崔氏，一生清貧，天性樂觀，活到一百五十來歲。她的信條是不煩惱，不憂慮，不生氣。飲食上愛吃肉，愛吃魚，愛喝茶。平時喜歡閒聊、聽戲、打麻將。這些習慣，都和我的岳母相近。

四　彭城劉氏

　　我的外婆姓劉。外婆一生艱苦勞作，性格堅韌樂觀，故得長壽，享年近九十。我們蘇北有好多劉家莊。因為劉家莊太多，就稱做大劉莊、小劉莊、前劉莊、後劉莊等。小時候聽過一首民謠，現在還記得第一段歌詞是：「大劉莊，百十戶，前面莊稼後面湖，我家就在湖邊住。」那是很美的。

　　劉姓的來源有三種說法。一說出自祁姓，為堯之後，因祁氏被封於劉國，即今定州唐縣，子孫遂以國為姓。二說出自姬姓，為周之後，周成王封王季之子於劉邑，故後裔以邑為氏。三說出自他姓，係他族、他姓所改。例如漢代宗室女子遠嫁匈奴單于為妻，按照匈奴習俗，子孫皆從母姓，故儘管是匈奴人，也姓劉。又如齊人婁敬曾向劉邦呈獻入關中建都之策，劉邦稱帝之後，賜姓劉氏。

　　劉氏最早發源於劉國，地在河北境內，後向河南、江蘇等地傳播。劉邦建立漢朝後，子孫分布於全國。在漢末動亂之際，中原劉氏為避亂，不斷遷徙往四方，向東南和西南繁衍。魏晉南北朝時，中原又經戰亂，劉氏大舉南遷，於是江南處處有劉氏的蹤跡。唐宋之時，劉姓已經遍布全國。

　　因為劉邦建立了大漢王朝，所以劉氏在歷史上是大姓。劉氏的郡望，主要有彭城郡、沛郡、京兆郡、南康郡、弘農郡、琅琊郡等。

　　彭城郡，原是西漢楚國之地，後改置為郡，治所在彭城（今江蘇徐州）。隋初廢郡，後又復置。唐時改為徐州，後又名彭城郡。彭城郡的轄地，包括今

江蘇徐州、銅山、沛縣、邳縣以及安徽、山東的一部分。劉邦祖籍豐縣，起家於沛縣，豐縣和沛縣後來都屬彭城郡，故天下劉氏都以彭城為祖籍。

沛郡，亦稱沛國郡，始建於漢，新莽時改為吾符郡，東漢時改為沛國。三國魏時移治沛縣，南朝宋時移治蕭縣。早期沛郡所轄範圍，包括今安徽淮河以北，以及河南夏邑、永城和江蘇沛縣、豐縣等地。東漢後沛郡轄地大為縮小，郡治也屢有遷移。

京兆郡，原為京兆尹，始建於西漢，三國魏時改為京兆郡，治所在長安（今西安）。京兆劉氏興起於隋唐時。

南康郡，始建於西晉，治所在雩都（今江西于都）。唐時改為虔州。

弘農郡，始建於西漢，治所在弘農（今河南靈寶）。新莽時改名右扶風，東漢復名弘農郡，又改名桓農郡。隋初廢，後復置縣。

瑯琊郡，始建於秦，治所在今山東膠南。西漢因之，移治東武（今山東諸城），轄地包括今山東半島東南部及青島等地。東漢改為瑯琊國，移治開陽（今臨沂）。

其他劉氏郡望，也多出劉漢之後。如：

南郡，始建於戰國秦昭襄王時，治所在郢（今湖北荊州）。南郡劉氏為漢文帝之子代王劉參曾孫劉義的後裔。

梁郡，本為梁國，始建於西漢，治所在今河南商丘。梁郡劉氏一支出自西漢文帝之子劉武，一支出自東漢明帝次子梁節王劉暢。

長沙郡，始建於楚國，漢初改為長沙國，治所在臨湘（今湖南長沙）。長沙劉氏為漢景帝之子長沙定王劉發的後裔。

南陽郡，為戰國時秦始建，治所在宛縣（今河南南陽）。南陽劉氏為長沙劉氏的北派分支。

中山郡，始建於漢初，後改為中山國，治所在盧奴（今河北定州盧奴）。中山劉氏是中山靖王劉勝的後裔。

平原郡，始建於西漢，治所在今山東平原。平原劉氏支眾多，都出自漢朝皇族。

高密郡，初為封國，始建於西漢，由膠西國改置高密國，治所在今山東高密。高密劉氏是城陽王劉章的後裔。

東萊郡，始建於西漢，治所在掖縣（今山東萊州），東漢時移治黃縣，今山東龍口。東萊劉氏是城陽王劉章的後裔。

東平郡，西漢時為東平國，治所在無鹽（今山東東平）。東平劉氏出自漢皇族，支派不一。

臨淮郡，始建於漢初，治所在徐縣（今江蘇泗洪）。臨淮劉氏是東漢光武帝之子廣陵思王劉荊的後裔。

東海郡，始建於漢初，由原郯郡改置，治所在郯縣（今山東郯城）。東海劉氏是東漢光武帝長子東海恭王劉強的後裔。

河間郡，始建於西漢，後改為河間國，治所在樂成（今河北獻縣）。河間劉氏一支是西景帝之子河間獻王劉德的後裔，一支是東漢章帝之子河間孝王劉開的後裔。

丹陽郡，始建於西漢，由原鄣郡改置，治所在宛陵（今安徽宣城）。三國吳時移治今南京。丹陽劉氏是漢景帝之孫、江都王劉非之子丹陽侯劉敢的後裔。

廣平郡，始建於西漢，由邯鄲郡分置，治所在廣平（今河北雞澤）。廣平劉氏是漢景帝之子趙王劉彭祖之後。

廣陵郡，始建於西漢，治所在廣陵（今江蘇揚州）。廣陵劉氏漢武帝之子廣陵厲王劉胥的後裔。

東莞郡，始建於東漢，治所在今山東沂水。東莞劉氏為西漢齊悼王劉肥的後裔。

廬陵郡，始建於東漢，治所在廬陵（今江西吉安）。廬陵劉氏是長沙王劉發的後裔。

高陽郡，始建於東漢，西晉設高陽國，治所在博陸（今河北蠡縣）。高陽劉氏是淮陽憲王之子高陽侯劉並的後裔。

范陽郡，始建於三國魏，由原涿郡改置，治所在涿縣（今河北涿州）。范陽劉氏是漢景帝之子長沙定王劉發的後裔。

竟陵郡，始建於晉，由江夏郡分置，治所在石城（今湖北鍾祥）。竟陵劉氏是魯恭王劉餘的後裔。

高平郡，係晉代改山陽郡所置，治所昌邑（今山東巨野）。高平劉氏是漢景帝之子魯恭王劉餘的後裔。

蘭陵郡，始建於東晉，由東海郡分出，治所在丞縣（今山東棗莊嶧城）。蘭陵劉氏是漢武帝之孫、廣陵孝王之子蘭陵侯劉宜的後裔。

劉氏歷史名人極多，其中重要的如：

漢高祖劉邦，秦末起義後，與項羽爭奪天下。後建漢稱帝，定都洛陽，遷都長安，史稱西漢。

漢武帝劉徹，罷黜百家，獨尊儒術，派張騫出使西域，任用衛青、霍去病大破匈奴，將漢朝推向全盛。

漢代經學家劉向，自幼聰明好學，偏愛天文經術，兩度擔任文帝和成帝的光祿大夫。長期從事經學研究和圖書整理，著有《新序》、《說苑》等。

漢代學者劉歆，劉向之子，子承父業，精通《詩》、《書》，善寫文章，才華出眾。著有《七略》，為歷史上第一部綜合性圖書分類編目著作。

漢光武帝劉秀，以恢復漢制為號召，聯合貴族勢力，打敗赤眉義軍。建立東漢，定都洛陽。

三國時蜀漢建立者劉備，因得諸葛亮輔佐，聯吳抗曹，建都成都，國號漢，與曹魏、孫吳呈鼎足之勢。

魏晉名士劉伶，與阮籍、嵇康、山濤、向秀、王戎、阮咸並稱為「竹林七賢」。縱酒避世，蔑視禮法，喜好老莊，追求自由。

南朝梁文學評論家劉勰，父母早亡，家境貧寒，拜僧人僧祐為師。著有《文心雕龍》，在文學批評史上占有重要地位。

十六國時漢國建立者劉淵，匈奴人，西晉末年起兵反晉，稱大單于。後改稱漢王、漢帝，建都平陽。

唐代史學家劉知幾，一生從事史學研究，著述很多，以《史通》最具影響，是我國第一部比較全面系統的史學論著。

　　藝人劉采春，在揚州一帶以唱「參軍戲」聞名，曾到浙江演出，所唱歌詞載入《全唐詩》。

　　詩人劉禹錫，曾在淮南節度使杜佑幕府中任記室，為杜佑所器重，後為監察御史。詩文俱佳，題材廣泛，與柳宗元並稱「劉柳」，與白居易合稱「劉白」，與韋應物、白居易合稱「三傑」。著有〈陋室銘〉、〈竹枝詞〉等。

　　理財專家劉晏，八歲作〈東封書〉，唐玄宗閱後甚喜，成為朝廷秘書省年齡最小的兒官。從政多年，政績顯著，運用價格資訊管理糧食市場和鹽業市場。後因為人誣陷，蒙冤而死。

　　宋翰林學士劉敞，禮學專家，通曉禮制，著有《春秋權衡》。

　　文學家劉攽，劉敞之弟，博學多才，精通史學，協助司馬光完成史學巨著《資治通鑑》。

　　詞人劉克莊，號後村居士，官至工部尚書。文史、詩詞，都具時名。代表詞作〈賀新郎〉。

　　明初政治家劉基，字伯溫，輔佐朱元璋成就大業，任御史中丞兼太史令，後授予最高爵位誠意伯。

　　明末哲學家劉宗周，官至南京左都御史。主張減輕人民負擔，莫教人民淪為盜賊。南明滅亡時，絕食而終。

　　清代學者劉獻廷，別號廣陽子，自幼苦讀，通宵不睡。凡醫學、禮樂、法律、農桑、財賦、軍工、水利、方輿、音韻無所不通。著有《新韻譜》、《廣陽雜記》。

　　書法家劉墉，號石庵，官至東閣大學士。奉公守法，清正廉潔，書法造詣深厚，人稱濃墨宰相。與王文治、梁同書、翁方綱齊名。

　　政治家劉銘傳，喜愛天文、地理，又酷愛兵書，胸有大志。曾任臺灣防務官員，擊退法國艦隊。後任臺灣巡撫，銳意改革，變法圖強。

　　清末小說家劉鶚，字鐵雲，著有小說《老殘遊記》。在數學、醫術、水利、金石、甲骨等方面均有造詣。

　　清代乾嘉學派中有吳派、皖派、揚派，揚派中有寶應劉氏和儀徵劉氏，人才輩出。揚州的劉氏，應該是漢時廣陵王之後。劉胥被封為廣陵王，四個兒子

均封為侯，子孫世居此地。東漢時劉瑜在朝廷做官，晉代時劉頌做吏部尚書。今揚州劉氏的寶應和儀徵兩大家族，都是學術家族。

寶應劉臺拱，字端臨，六世祖劉永澄曾教授東林書院，曾祖劉中從是康熙時舉人。劉臺拱為乾嘉學派中堅，治學極廣，無所不涉，遺著有《端臨遺書》，包括《論語駢枝》、《經傳小記》、《國語補校》、《淮南子補校》、《方言補校》、《漢書拾遺》、《文集》。其堂弟劉履恂、堂侄劉寶楠、劉寶樹及後世子孫，都相繼成為知名學者。

儀徵劉文淇，字孟瞻，父業醫，從舅氏凌曙精研古籍，貫串群經。與劉寶楠齊名，有「揚州二劉」之稱。平生於《左氏傳》用力最勤，惜草創四十年，長編雖具，未及寫定，遽爾遺世，僅成《左傳舊疏考正》八卷。其子劉毓崧、孫劉壽曾繼之，三代共治，百年而成。

劉文淇的子孫均為學者，如劉毓崧、劉師培均為大師。尤其是劉師培，字申叔，著述甚多，《中國歷史教科書》等受一時好評。但劉師培的一生也是個謎。劉師培夫婦曾經主張「破壞一切固有之社會，顛覆現今一切之政府，抵抗一切之強權，實現全人類的完全平等」，這種激進的思想在當時革命黨人中是鶴立雞群的。劉師培以政治思想上的「善變」而著稱。他最先提出「教育報國」，進而宣導「民主共和」，進而信仰「社會主義」，進而鼓吹「無政府革命」，進而表示「效力朝廷」，進而主張「恢復帝制」，善變得讓人眩目。但是思想再前衛，也應該有基本的原則。沒有原則，就會從雲端栽到泥淖裡。對於劉師培夫婦從激烈反清的義士，忽而變成黨人的叛徒，人們常常要問：「卿本佳人，奈何作賊？」

有人說，在章太炎和劉師培與孫中山產生分歧時，清廷派來的特務不失時機地在東京展開了策反活動。兩江總督端方運用金錢外交，在東京收買偵探，離間革命黨人。劉師培在外恨黨人、內懼嬌妻的心理作用下，終於被拉下了水。劉師培的變節不僅是思想上的，也是行動上的，他向清廷告密黨人的行蹤。後魯迅稱此惡行為「偵心探龍」。劉師培是研究《文心雕龍》的好手，奈何作賊成了清廷的鷹犬。

在民間，有一位劉海很出名，《劉海戲金蟾》的戲曲流傳極廣。我的朋友中姓劉的不少。有一位曾是軍人，名叫劉苓，以女兒之身，入行伍之列，身著

戎裝，儼然巾幗，自有一種嫵媚之氣。有一位曾是司機，名叫劉熔，生性熱心，
助人為樂，曾經贍養一個素不相識的孤寡老人，直至為他送終，也是難得的好人。

五　太原王氏

　　在中國，大概每個村莊，每條街道，每家單位，都有姓王的。王氏是最常見的大姓之一。研究政治的莫不知道王安石，愛好藝術的莫不知道王羲之，喜歡歷史的莫不知道王昭君。我到山西晉祠看到王子喬的祠堂時，才知道他不是神仙，而是王氏的祖先。

　　王氏的起源，有幾種說法：

　　一說源出姬姓。周靈王的兒子，人稱太子晉，因為喜歡直諫，被廢為平民。但他的兒子仍在朝中擔任司徒，因為他是王族的後代，世人便稱其為「王家」。這支族人，遂以王為氏。

　　一說源出子姓。商朝末年，紂王無道，比干犯顏強諫，反遭殺害。他的子孫因為比干原是王子，就以王為氏。

　　一說源出媯姓。虞舜屬於媯姓，虞舜的後代被周封於陳地，後在齊國任官，改姓田氏。秦滅齊後，田姓改為王氏。

　　一說出自少數民族改姓。漢代的匈奴人、北朝的高麗人、隋唐的月氏人、金朝的女真人、宋代的西夏人、元朝的蒙古人、清朝的滿洲人，都曾同化為漢族的王氏。

　　先秦至漢晉時期，王氏一直以華北為主要的聚居地。隋朝時逐漸向各地遷播，五代十國時王氏在福建建立閩國，史稱開閩王氏。明永樂年間，王氏開始

進入臺灣。在中國大陸，長江以北的王氏要比長江以南的王氏更多。在北方，又以太行山為界，東部的王氏要比西部的王氏更多。

王氏的郡望，主要有太原郡、瑯琊郡、北海郡、東海郡等。

太原郡，戰國時秦國所置，治所晉陽（今山西太原），轄地包括今山西五臺山一帶。隋朝改晉陽為太原，又另設晉陽。唐有太原府，亦在太原。宋改并州為太原府。明清至民國，太原均為山西省會。

瑯琊郡，春秋時齊國有瑯琊邑，在今山東膠縣南瑯琊臺。秦朝統一後，設瑯琊郡，附瑯琊縣，治所均在瑯琊（今夏河），轄地在今山東半島東南。西漢時增設瑯琊國，東漢時期移置瑯琊國於開陽（今山東臨沂）。晉時改置瑯琊省。隋時復置瑯琊縣。唐朝屢有變動，後在沂州置瑯琊郡。另江蘇南京亦有瑯琊郡。

北海郡，漢時所置，治所北海（今山東昌樂）。轄地在今山東濰坊、煙臺一帶。

東海郡，秦時置郯郡，後改為東海郡。歷史上東海郡有三：一在今山東郯城，屬徐州刺史部，轄地在今山東郯城。二在今江蘇常熟，後移治京口（今江蘇鎮江），轄地在今山東、江蘇交界。三在今江蘇連雲港海州，轄地在今江蘇東海以東、淮水以北。

高平郡，原為高平縣（今寧夏固原）。晉朝將原山陽郡改為高平郡，治所昌邑（今山東巨野）。兩漢後均有高平縣。北周改為平高郡，在今寧夏固原。北魏時在此置郡，稱高平。

京兆郡，本為京兆尹，所在長安（今陝西西安）。三國時曹魏改京兆尹為京兆郡，治所仍在長安。西晉時仍置京兆郡於長安。隋唐均立都於長安，京兆郡另建新城。隋時稱為大興城，唐時改名長安城。金元時在陝西置京兆府、京兆路。民國時廢黜京兆之稱，統稱西安。

天水郡，西漢所置，治所在平襄（今甘肅通渭），轄地在今甘肅通渭、秦安、定西、清水一帶。東漢改為漢陽郡。三國時曹魏仍改為天水郡。西晉時移治到上邽，今甘肅天水。北魏時仍改為天水郡。

東平郡，漢時為東平國，治所在無鹽（今山東東平、泰安一帶）。南朝宋置東平郡，北齊廢。隋唐曾改鄆州為東平郡。

新蔡郡，原為周朝呂國地域（今河南新蔡一帶）。春秋時從上蔡遷至下蔡，故稱新蔡。漢置新蔡縣。晉置新蔡郡，隋朝時改名為蔡州。

新野郡，漢時置新野縣。西晉末置新野郡，治所在今河南新野。

山陽郡，漢代所置，在今山東獨山湖一帶。東晉時，山陽郡在今天江蘇淮安一帶。

中山郡，古中山有四。一在今河北定縣，二在今河南登封，三在今河北定縣，四在今廣東中山。

陳留郡，秦時置陳留縣，漢改置陳留郡，治所在陳留（今河南開封）。隋唐兩朝皆為汴州陳留郡。

章武郡，西漢置縣，西晉至隋初置郡，治所在平舒（今河北大城）。

東萊郡，始建於西漢，治所在掖縣（今山東萊州）。東漢時移治黃縣（今山東龍口）。晉時改為東萊國。南北朝分為東萊、長廣兩郡。隋唐時為萊州。

河東郡，歷代治所多變，大致都在山西境內，如夏縣、蒲阪、永濟、太原。

金城郡，西漢所置，轄地在今甘肅蘭州西、青海湖東，治所在允吾（今甘肅永靖）。隋唐時曾改蘭州為金城郡。

海漢郡，即居延海。漢時稱居延澤，魏晉稱西海。唐以後稱居延海，其地在今內蒙古額濟納旗北境。

長沙郡，戰國時楚國建郡，秦國承之，治所在臨湘（今湖南長沙）。西漢改為長沙國並築城，東漢仍改為郡。隋初廢黜，又改潭州為長沙郡，治所在臨湘（今湖南長沙）。明清為長沙府。

棠邑郡，春秋時稱棠邑，晉代置郡，治所在棠邑（今江蘇六合）。

河南郡，秦時名三川郡，西漢改為河南郡，治所在雒陽（今河南洛陽）。隋初廢黜，後復為豫州河南郡。唐朝為洛州河南府。元朝為河南路，明清均為河南府。

王氏的堂號，有太原堂、三槐堂、槐南堂、渭北堂、半仙堂、六和堂、玉冰堂、三白堂、大本堂、五教堂、仁安堂、正義堂、世賢堂、世德堂、四合堂、四柏堂、永承堂、永思堂、存友堂、仰德堂、亦文堂、交德堂、孝友堂、孝睦堂、

兩儀堂、利文堂、尚德堂、思孝堂、敘倫堂、冠南堂、素風堂、恩義堂、務本堂、梓蔭堂、崇本堂、崇孝堂、崇德堂、惇敘堂、植本堂、植槐堂、敦本堂、敦厚堂、敦倫堂、敦睦堂、敦義堂、槐蔭堂、槐德堂、愛敬堂、源遠堂、嘉會堂、輔德堂、餘德堂、餘慶堂、燕翼堂、燕譽堂、樹德堂、興仁堂、篤行堂、篤倫堂、篤親堂等。

王氏宗祠的對聯，富於文學色彩和歷史意蘊。如寫王維、王曾的「輞川書畫，沂國方嚴」；寫王昭君、西王母的「明妃青塚，金母瑤池」；寫王守仁、王羲之的「陽明學術，逸少風流」等聯。在揚州，因為唐人王播有碧紗籠典故，韓琦有金帶圍典故，所以流行「碧紗籠護詩人草；金帶圍開宰相花」的對聯。

王氏的排行用字，各有不同。如：

山東嶧城王氏是：「道統廣運，純正自勵。粹豫巽豐，百儒偉昌。」

安徽銅陵王氏是：「遠播芳名，從古相傳。」

湖北漢川王氏是：「松有本新，玉發奇光。培以英哲，錫爾嘉祥。學士葉廣，賢臣名揚。崇道必顯，敦善啟昌。」

湖南瀏陽王氏是：「裔榮篤本，先德顯揚。紹修世澤，遠繼廷芳。」

河南商城王氏是：「漢楙光基鉅，湝模炳域銑。湘梅榮增錦，源凱熾堯銓。」

江蘇潤州王氏是：「洪勳振立，世德克昌。紹承先志，永錫嘉祥。」

江西吉安王氏是：「均旭源之，登尚曰一。啟楚開德，百世應宗。傳遠先澤，文潤家聲。」

山西太原王氏是：「有章汝煥，式德聊昌。修禮立義，守本安常。興家成業，錫慶致祥。功昭道顯，聲遠名揚。」

王氏名人，燦若群星。如：

東周縱橫家王詡，又名鬼谷子，據說他通天徹地，智慧卓絕，人不能及。

西漢宮女王昭君，曾出塞和親，與貂蟬、西施、楊玉環並稱古代四大美女。

新朝奸雄王莽，西漢末年，皇權旁落，王莽乘機竊取大權，建立建朝。

建安七子之一王粲，少有才名，後歸曹操，為建安七子之一。

東晉政治家王導，擅長書法，以行草最佳，為東晉中興名臣。

書法家王羲之，書法家，有「書聖」之稱，代表作〈蘭亭序〉被譽為天下第一行書。

初唐四傑之一王勃，幼稱神童，擅長五律和五絕，代表作有〈滕王閣序〉。

詩人王維，精通詩、書、畫，以詩名盛於世。多詠山水田園，與孟浩然合稱「王孟」。

邊塞詩人王昌齡，早年貧苦，後自立自強，以七絕見長，尤以邊塞詩最著名。

宋代政治家王安石，曾經拜相，主持變法，名列「唐宋八大家」。

王應麟，為人正直敢言，屢次冒犯權威，後辭官回鄉，所作《三字經》流傳甚廣。

元代戲曲作家王實甫，雜劇《西廂記》作者，與關漢卿齊名。

元代畫家王蒙，作品以繁密見勝，重巒疊嶂，長松茂樹，氣勢充沛，變化多端。與黃公望、吳鎮、倪瓚合稱「元四家」。

明代哲學家王守仁，因曾築室於會稽山陽明洞，世稱陽明先生。精通儒、道、佛家。

清代詩人王士禎，詩論創「神韻說」，影響深遠，與朱彝尊並稱「南朱北王」。

國學大師王國維，晚號觀堂，將西方哲學、美學與中國古典哲學、美學相融合，為新史學開山鼻祖。

在王氏名人中，我對王氏始祖王子喬的故事特別感興趣。王子喬本名姬晉，字子喬，人稱王子喬。他為什麼會是王氏的始祖呢？原來周靈王雖是天子，卻徒有其表，他的太子倒是聰明而有膽識。王子喬十二三歲時，天降大雨，洪水漫堤，快要沖毀王宮。靈王急忙命人堵水，王子喬卻在父王面前大講堵和疏的道理。他的意見雖然沒有得到採納，但他的名聲卻很快傳到各國諸侯那裡。霸主晉平公聽了，既欽佩又擔心，因為他強占了周朝的兩處田地，生怕將來王子喬繼承王位後，要跟自己算帳。晉平公派人出使周國，想打聽王子喬的情況。使臣回來說王子喬聰明，晉平公於是再派樂官師曠去打探。師曠見了王子喬，兩人無所不談，有問必答，口若懸河，見識高卓，學問淵博。接著師曠鼓瑟，

唱了一曲〈無射〉。王子喬也鼓瑟，唱了一曲〈嶠〉。師曠回到晉國，向晉平公說，王子喬果然聰慧，但是他的聲音中帶點痰喘，應是癆病，三年後就會死了。果然不到三年，王子喬去世的消息傳到了晉國。

其實王子喬並沒有死，而是成了仙。王子喬喜歡音樂，擅長吹笙，吹出的聲音像鳳凰鳴叫。他到伊水、洛水漫遊的時候，道人浮丘公見他有仙風道骨，就帶他到嵩山修煉，一住就是三十年。有一次，王子喬在山上遇見老友柏良，請他帶信回去，說七月七日這天讓他們在緱氏山下等我，我要和他們告別了。到了那天，周靈王一家等候在山腳下，只見王子喬跨乘白鶴，降落在緱氏山頂，拱手向家人告別。幾日後，王子喬飄飄然消失在白雲藍天之中，成了神仙。

相傳王子喬墓在長安城外的茂陵，有人盜挖過，墓中一無所有，只見一把寶劍懸在半空。盜墓賊想盜取寶劍，忽聽寶劍發出龍吟虎嘯的聲音，然後閃著寒光飛上了天。

還有一位以「晝了公事，夜接詞人」聞名的清代詩人王士禎。王士禎是山東新城人，清初詩壇領袖。初任揚州推官，後為部曹，轉至翰林，任國史副總裁、刑部尚書。工詩詞，論詩創「神韻說」。未仕時賦〈秋柳〉詩，嶄露頭角。官揚州五年，得江山之助，詩名大起。詩作甚豐，著有《居易錄》、《池北偶談》、《帶經堂集》、《漁洋山人精華錄》等。王士禎的「禎」字，因避雍正諱而改名王士正。乾隆賜名士禎，但後人都是王士禎、王士禎並用。

王士禎出生於官宦家庭，祖父王象晉是明朝布政使。順治年間，王士禎任揚州府推官，從此開始了他「晝了公事，夜接詞人」的風雅生涯。王士禎擔任的是推官，留下的是文名。他做揚州府推官的時候才二十六歲，正是少年得志之時。王士禎在揚州五年，除了做他的推官之外，最有影響的事情是紅橋修禊。紅橋橫跨在瘦西湖上，王士禎有〈紅橋遊記〉記其冶遊之樂。其〈浣溪沙〉三首云：

> 北郭清溪一帶流。紅橋風物眼中秋。綠楊城郭是揚州。
> 西望雷塘何處是，香魂零落使人愁。淡煙芳草舊迷樓。
>
> 白鳥朱荷引畫橈。垂楊影裡見紅橋。欲尋往事已魂銷。
> 遙指平山山外路，斷鴻無數水迢迢。新愁分付廣陵潮。

綠樹橫塘第幾家。曲欄杆外卓金車。渠儂獨浣越溪紗。

浦口雨來虹斷續，橋邊人醉月橫斜。棹歌聲裡采菱花。

美國博士梅爾清曾經和我談到揚州的紅橋。這位對揚州文化充滿興趣的金髮女郎，引用清代一位到過揚州的文人的話說：「山川得名，多因人傑。」明顯的例子，是黃州赤壁。未有東坡之前，赤壁只是一片頑石；既有東坡之後，赤壁赫然成為名山。揚州的紅橋也是如此。橋的名聲往往並非因為它本身的景致，而是因為它蘊含的人文內容。許多橋在建築上並無特別之處，但卻享有文化上的盛名。如果說圯橋是因為孺子可教，斷橋是因為人蛇之愛，灞橋是因為折柳離別，楓橋是因為漁火鐘聲，紅橋則因為王漁洋的詩人雅集。乾隆進士張九鐔〈晚秋廣陵泛舟〉吟道：

紅橋修禊冶春詩，載酒江湖似牧之。

誰信一官煙月地，歐蘇鼎立見叢祠。

詩中所說的紅橋，原是建於明代的一座紅欄木橋，清代改為拱形石橋，又名虹橋。雖然《揚州夢香詞》說：「揚州好，第一是虹橋」，但紅橋其實只是一座普通的橋。它的盛名來自詩人的雅集。而這種雅集有一個別致的名字，叫做「修禊」。修禊本是古人春日在水邊沐浴除垢的風俗。詩人把飲酒賦詩稱為修禊，原是一種借指。但自從有了「蘭亭修禊」和「紅橋修禊」之後，修禊便總與詩人有關了。

王士禛論詩，以神韻為宗，追求清幽、淡雅、風韻、含蓄。他的詩與其說是描寫客觀世界，不如說是抒發主觀感受。就是這樣一位詩人，在揚州任官期間，卻以「晝了公事，夜接詞人」聞名，每天與名士相遊，幾乎一日不空。揚州人自歐陽修、蘇軾之後，對這類文章太守尤為推崇，所以把他和歐陽修、蘇軾並列，建了一座三賢祠以資紀念。

還有一位王石，我和他有數面之緣。他在揚州城東建立了一個賽艇基地。有一次開大會，我在主席臺上見他坐在前排，就說：「王石先生，您決定在揚州開展賽艇運動，可惜您沒有找過我。您知道揚州和賽艇有歷史淵源嗎？您如果不知道的話，我現在可以說給您聽。」所有聽眾都十分驚訝，王石也頗為意外。我卻氣定神閑，口若懸河，把揚州從春秋戰艦、漢唐漕船、明清畫舫的演

變歷程，要而不繁地說了一通，全場掌聲如潮，經久不息。

人生苦短。我有個姓王的學生，叫做王自立。有一天早上，一位朋友打來電話，說王自立死了。我聽到這一消息，猶如晴天霹靂，難道有這種事情發生嗎？猶豫片刻，終於撥通他的手機，電話那端傳來的不是手機主人的聲音，證實王自立昨晚死了。當我冒著瓢潑大雨前往聯誼花園弔唁的時候，樓下已經放滿花圈。生命就是如此脆弱！就在一個星期前，我和他還一起去儀徵，考察鹽商的遺跡。當時他和我都穿了一件紅色的上衣，彼此打趣，笑聲不斷。就在十天前，他還再三問我，為揚州建城兩千五百年所寫的那套叢書插圖怎麼處理。在半個月前，我還和他說，我們合作的《比照揚州系列》將要再碰一次頭，研究一下新選題。在一個月前，他興奮地告訴我，他對詞人丁寧的研究又有了新發現。現在他竟然走了！他還有許多事情沒有做完，他怎麼能夠走呢？一天下午，王自立的女兒婧馨來電，懇請我為她的爸爸作墓誌銘。我雖不忍下筆，卻也難以推託，於是有了下面這篇〈王君自立墓誌銘〉：

> 王君自立，揚州人，一九六五年九月九日生，畢業于鹽城師專。一生從事教育、創作與文化研究。教育則循循善誘，創作則孜孜不倦，研究則井井有條，做人則謙謙君子。對揚州文化研究用力最勤，于明代才女王微、現代詞人丁寧之研討獨領風騷，舉世無雙。二零一一年七月十四日不幸病逝，年僅四十六歲。壯志未酬，天妒英才，夫復何言！余挽之曰：自有宏文遺後世；立于青史效先賢。韋明鏵二零一一年七月十五日謹撰。

這也是我第一次寫墓誌銘，而且是為我的學生寫墓誌銘。

我的王姓朋友不多。前些年北上考察京杭大運河，在山東微山湖邂逅一位王氏女，高挑精幹，對微山湖的人文故事知道得很多，與我談得推心置腹，細緻入微，卻始終不知道她的芳名。最近因為修撰東關街志書，與王卉間有合作，她知書識禮，溫文爾雅，幫我把大量的古詩轉化為電子文檔，我很感謝她。

韋明鏵在山西王子喬祠堂前

六　江夏孟氏

　　我感到很遺憾的一件事情，是第一次經過山東鄒城時，沒有進孟子的廟去看看。孟氏的名聲很大，多半因為孟子的緣故。在我的老家，孟義昌是一個有名的家族，錢多，人多，房子多。後來，終於又一回經過鄒城，我才得以下車，匆匆瞻仰了孟子的遺跡。

　　孟氏的宗祠各地都有，最有名的當數孟廟，又稱亞聖廟，位於山東鄒城，是歷代祭祀孟子的廟宇。北宋景祐年間，孔子裔孫於鄒城郊外訪得孟子墓，於是建孟子廟。後遷至縣城東郭，又遷到現址。經歷代重修擴建，至清康熙時形成現在的規模。孟廟呈長方形，以亞聖殿為中心，前後五進院落。前三進有櫺星門、亞聖廟坊、泰山氣象門等。自第三進起，分為左、中、右三路布局，中為承聖門，東為啟賢門，西為致敬門。亞聖殿是孟廟的主體建築，大殿七楹，四周石柱，殿內供奉孟子像。孟府亦稱亞聖府，是孟子後人生活的地方。現在孟廟和孟府都是中國大陸重點文物保護單位。

　　孟氏的郡望，主要有七，即江夏郡、洛陽郡、東海郡、鉅鹿郡（巨鹿郡），以及平陸縣、武康縣、安平縣等。

　　江夏郡，西漢所置，治所在安陸（今湖北雲夢）。轄地在今湖北安陸、鍾祥、潛江，及河南光山、新縣、信陽一帶。三國時，曹魏、孫吳各置江夏郡。隋唐兩朝的江夏郡，即鄂州。

　　洛陽郡，指河南洛陽為中心的河洛地區，史稱河南。周時營建雒邑，為西

周的東都，直屬於周天子，東周時為首都。戰國時改稱雒陽。西漢時以洛陽為東都。此後洛陽一帶稱河南郡或河南府。

　　東海郡，亦稱郯郡、海州。東海郡在歷史上有三處，一在郯邑，今山東郯城；二在海虞，今江蘇常熟；三在海州，今江蘇連雲港。

　　鉅鹿郡，亦稱巨鹿郡，秦時所置，治所在鉅鹿，今河北平鄉。

　　孟氏的堂號有平陸堂、亞聖堂、三遷堂等，最著名的是三遷堂。相傳孟子幼時家靠墓田很近，孟子耳濡目染，就效仿埋墳、殯葬、哭喪之事。孟母為教育兒子起見，就遷到集市旁邊住。孟子看到集市，又學叫賣東西的市聲。孟母只好又搬遷，到學校旁邊安家，這一來孟子學習禮讓進退，孟母十分高興。因為孟母三遷，注重教育環境，孟子終成聖人，「三遷」也成為古代最著名的典故。

　　孟氏的始祖，說起來讓人難以相信，竟是成語「慶父不死，魯難未已」中的慶父！慶父者，魯莊公之庶兄也。魯莊公去世，子般即位，慶父派人殺死了子般。後來閔公繼位，慶父又派人殺閔公而欲自立，致使魯國大亂。因為陰謀未能得逞，慶父不得已逃到莒國。不料其弟賄賂莒國，強行將慶父送歸。慶父自知回國必死，便在途中自縊。古代稱呼長幼次序，以孟、仲、叔、季排序，如稱孟孫氏、叔孫氏等，孟孫氏即慶父。孟孫氏的後人諱言「孟孫氏」之名，便逕稱孟氏。

　　全球都有孟氏宗祠，其楹聯也都涉及孟氏佳話並富有文采。如：

　　「亞聖之裔；采卿之宗。」上聯指孟子。下聯指漢代學者孟卿，對於《禮》和《春秋》有深入研究。

　　「龍山逸興；鹿門隱居。」上聯謂晉人孟嘉，擅長文章。下聯謂唐人孟浩然，詩與王維齊名，世稱「王孟」。

　　「孝誠生筍；廉德還珠。」上聯說三國吳人孟宗，以孝著名。母親喜歡吃筍，冬時筍尚未生，他在竹林悲泣，筍忽然迸出。下聯說東漢合浦太守孟嘗，曾任合浦太守，其地出珍珠，前任強迫百姓濫採，使珍珠漸漸移到交趾境內。孟嘗革除前弊，珍珠重返合浦。

　　「仉氏教子；孟光敬夫。」上聯指孟軻之母仉氏。下聯指梁鴻妻孟光，夫婦相敬如賓。

「苦吟東野集；親撰長春符。」上聯言唐人孟郊，長於五言古詩，有《孟東野詩集》。下聯言後蜀皇帝孟昶，相傳「新年納餘慶；嘉節號長春」是迄今所見最早的春聯。

「孟嘉曾向風前落；郭泰還從雨裡過。」上聯云東晉孟嘉，乃陶淵明的外祖父，大司馬桓溫手下的參軍大將。《晉書·孟嘉傳》云：「九月九日，溫燕龍山，僚佐畢集。時佐吏並著戎服，有風至，吹嘉帽墮落，嘉不之覺。溫使左右勿言，欲觀其舉止。嘉良久如廁，溫令取還之，命孫盛作文嘲嘉，著嘉坐處。嘉還見，即答之，其文甚美，四坐嗟歎。」這是形容孟嘉雖有醉意，依然文思敏捷，詠重陽的詩裡常見「龍山落帽」之典，謂此。下聯云後漢郭泰，身高八尺，容貌魁偉，擅長言辭，風度蹁躚。有一次，郭泰行路遇雨，將頭巾折起一角，時人效之，都將頭巾折起一角，仰慕如此。

孟氏的排行用字有嚴格約定，族中分為若干支系。有一種說法是「分派以十一，別戶以二十」，這是指孟子的嫡傳子孫。按照宗法制度，始祖嫡長子孫為大宗，其餘為小宗。孟氏後人對自己的輩分十分重視，各人都知道自己的世系。在明清兩代，孟氏的排行用字常由皇室賜予。如：

明朝朱元璋特賜十字，作為孔孟子孫的行輩用字：「希言公彥承，弘聞貞尚胤。」

清朝同治帝核准再立十字，民國初年又立二十字。後來為避雍正帝胤禛之諱，改「胤」為「衍」；為避乾隆帝弘曆之諱，改「弘」為「宏」。

山東孟氏的統一排行用字略為：「希言公彥承，弘聞貞尚衍。興毓傳繼廣，昭憲慶繁祥。令德維垂佑，欽紹念顯揚。建道敦安定，懋修肇彝常。裕文煥景瑞，永錫世緒昌。」

歷代孟氏名人很多。如：

孟子之母，要算最知名的。孟母是晉人，孟子自幼喪父後，她含辛茹苦，教子有方，從勵志、勉學、約禮等方面對兒子進行教育。孟母「三遷擇鄰」、「斷織教子」的故事，成為古代母德的典範。

戰國時儒家代表人物孟子，名軻，字子輿，與孔子合稱「孔孟」。曾遊說諸侯，推行自己的仁政學說。晚年回到故鄉講學，作《孟子》，宣傳民本思想

與仁政學說。

漢代女子孟光，古代有名的醜女，嫁與書生梁鴻。夫婦躬耕山中，不求富貴，以詩琴自娛。每次吃飯時，孟光都把托盤舉得跟眉毛一樣高，以示對丈夫的敬意，成語「舉案齊眉」出此。

三國時，夷族首領孟獲曾起兵反叛蜀漢，被諸葛亮率領大軍七擒七縱後降服。《三國志》本傳未載孟獲事蹟，諸葛亮七擒孟獲之事見小說《三國演義》。

唐代田園派詩人孟浩然，生當盛唐，但仕途困頓，後歸隱修道，隱居鹿門山。曾在太學賦詩，名動公卿，一座傾服，為之擱筆。詩多寫山水田園、隱居逸興，不無憤世嫉俗之詞。

詩人孟郊，壯年時才中進士，擔任溧陽縣尉。因不得志，遂放跡林泉，致使公務荒廢。其詩多寫世態炎涼，故有「詩囚」之稱，與賈島並稱「郊寒島瘦」。

明末清初曲家孟稱舜，是繼湯顯祖之後最重要的曲家，所編《古今名劇合選》是元明雜劇的重要選集。所作雜劇和傳奇中，《嬌紅記》為著名悲劇。

關於孟氏的幾個女性，值得詳談。

孟婆。在古代神話中，她為人間亡靈提供孟婆湯，以消除生前的記憶。據說孟婆生於漢代，自小研讀儒家書籍，長大後念誦佛經，看來應是東漢時人。她在世時，從不回憶過去，也不想像未來，到八十一歲時依然是處女之身。孟婆入山修行得道，上天命她為幽冥之神，並為她築孟婆莊。凡人死後至此，必飲以孟婆湯，則生前事一切皆不能記憶，投胎後完全不知道前生之事。清人沈起鳳《諧鐸》云：「君不知耶？此孟婆莊也！渠為寇夫人上壽去，今妾暫司杯杓。君如稍沾餘瀝，便當迷失本來，返生無路」，即用此典。

孟姜。孟姜女的故事一直在民間流傳，主要情節是孟姜女的丈夫為秦始皇修築長城，孟姜女為丈夫送寒衣，不見丈夫面，直至哭倒長城，才知丈夫已死。《左傳》提到的杞梁妻，據說就是後世的孟姜女。西漢劉向《列女傳》說到杞梁妻的故事，並有就其丈夫之屍於城下慟哭，長城為之崩塌的情節。杞梁妻的名字是後來出現的，或姓孟名仲姿，或姓姜行第一。她丈夫的名字也從范希郎、范喜郎到萬杞良等，有多種變異。有一種傳說把孟姜女說成是葫蘆所生，由於葫蘆牽連到相鄰而居的孟姜兩家，所以叫「孟姜女」。

孟光。如果說孟婆和孟姜都不是歷史人物，那麼東漢人孟光卻是真實的女性。她與丈夫梁鴻隱居霸陵山中，夫婦相敬如賓，因有「舉案齊眉」之典。據說孟光容貌很醜，但品德高尚，安貧樂道，不慕利祿，與丈夫以耕田織布為生。孟光每次給梁鴻進食，必舉案高與眉齊，她的賢德受到時人稱頌，後人以「舉案齊眉」比喻夫婦和諧。

孟相。她是宋哲宗的皇后。孟相於宋哲宗時被選入宮，冊立為皇后。後來劉婕妤有寵，奸臣章敦、內侍郝隨等迎合劉氏，誣告孟皇后在宮禁中以符水治病和用女尼進行禱祠活動，孟皇后被廢，出居瑤華宮，號華陽教主，法名沖真。孟皇后過了三十年的貶謫生活，卻因禍得福，金兵攻克汴梁時擄徽、欽二帝及六宮北遷，孟氏因廢去名號而獲免被擄。此後她在宮中垂簾聽政，對南渡後的政局穩定起了很大作用。

還有孟元老。原名孟鉞，號幽蘭居士，北宋東京開封府人。金滅北宋後，孟元老南渡，常憶東京之繁華，於南宋紹興年間撰成《東京夢華錄》，自己作序。該書在中國文學史上有一定影響。孟元老在《東京夢華錄》序中說，他自幼隨父親宦遊南北。宋徽宗時來到京師，住在城西金梁橋西夾道之南。孟元老在京城長大成人，靖康之難後，孟元老避地江左，終老此生。北宋滅亡後，中原人士多隨朝廷南下，避地兩浙，故國故鄉之思時刻縈繞心頭，故老閑坐必談京師風物。孟元老也時常暗想當年東京繁華，心中無限惆悵，遂提筆追憶當年東京繁華，撰成《東京夢華錄》。《東京夢華錄》大致包括這幾方面的內容：京城的外城、內城及河道橋樑，皇宮內外官署衙門的分布及位置，城內的街巷坊市、店鋪酒樓，朝廷朝會、郊祭大典，東京的民風習俗、時令節日，當時的飲食起居、歌舞百戲等，幾乎無所不包。《東京夢華錄》與同時代畫家張擇端所作的〈清明上河圖〉一樣，描繪了這一時期東京上至王公貴族、下及庶民百姓的日常生活情景。

孟氏的家訓，有「氣養浩然」、「居仁由義」、「規矩之道」等。「氣養浩然」指養正氣，敢擔當。「居仁由義」指行仁義，明是非。「規矩之道」指循規矩，知廉恥，這裡包含了孟子的思想與智慧。

姓孟的很多，雖然不如姓張、姓李、姓王那麼普遍，但也到處可見。印象中我所見過的姓孟的人，大抵長得端莊挺拔，也有靈性，擅言辭，能結交。曾

在秦淮河桃葉渡遇見一位孟氏女郎，談到孟子和孟郊的生平，孟姜和孟婆的傳說，如數家珍，無一不知。多年前，我曾寫過一篇文章叫《孟婆神‧孟婆店‧孟婆茶》，對孟婆的故事做了詳細的考據。據說人死後喝了孟婆茶，便可忘卻生前事，但我倒是希望人們記得風雨前塵。

　　在孟姓先哲中，孟子的一句話說得最好，就是：「民為貴，社稷次之，君為輕。」一位兩千多年前的哲人，有這樣先知先覺的超現代思想，很多後來人遠遠不如他。

七　濟南林氏

　　林姓源於子姓、姬姓，或帶有林字的官職。最常見的說法，是商朝末年名臣比干因紂王無道，犯顏直諫而被殺，夫人陳氏逃入長林山中，生子名泉。周滅商後，因泉生於林中，武王賜姓林氏。

　　說林氏源自姬姓，是因為周平王姬宜臼有庶子名林開，他的子孫便以祖輩的名字為氏。又說西周時有掌管林木、負責植樹之官，稱為「林人」，後人以官職為氏。

　　也有的林氏是源於少數民族改姓。南北朝時，北魏孝文帝把國都從平城遷到洛陽，命鮮卑人改用漢姓，丘林氏都改為林氏。清朝時，世居吉林琿春的滿族林佳氏，多改姓林氏。臺灣高山族世居林木茂密之地，也以林為姓。

　　林氏的郡望，主要是濟南郡、西河郡、南安郡、下邳郡、晉安郡等。

　　濟南郡，始於西漢宣帝時博士名林遵，官歷太子太傅。林遵人丁興旺，世居濟南，為當地望族，故後裔以濟南為郡望。

　　西河郡，始於東周時趙國宰相林皋，在今內蒙古。林皋因避禍，攜家人遷徙西河，即今內蒙古東勝，成為當地望族，故後裔以西河為郡望。

　　南安郡的治所在豺原道（今陝西渭水東岸），下邳郡治所在下邳（今江蘇睢寧西北），晉安郡治所在侯官（今福建福州），都是林氏聚居之地。

　　林氏的堂號，著名的有九龍堂。相傳戰國時，趙國宰相林皋有子九人，人

稱「九龍」。又有九牧堂。唐朝林披曾任太子詹事，先後娶三位妻子，生九個兒子，九子都做州牧，人稱「九牧」。

林姓早期活動在黃河以北。東周後逐漸散布到甘肅、陝西、山西等地，而山東是林姓的聚居地。春秋戰國時，林姓在魯國得以發展，形成著名的濟南林氏。秦漢時代，濟南林氏一直是林氏的主力。三國兩晉南北朝時，北方戰亂，中原板蕩，五胡亂華，政權更迭，林氏隨中原望族遷播四方，此後無論西南，還是東南，均有林氏足跡。在史書上，唐有林藻、林蘊，各以忠烈名著唐史。宋有林默即媽祖，為沿海第一宗教信仰。明有永樂狀元林環、刑部尚書林俊，均為名垂青史的賢才。林氏後來遍布閩、瓊、臺、浙、贛、湘、桂、川、黔以及東南亞各國，多集中於福州、莆田、閩南、粵東與臺灣等地。

福建的林氏最為集中，莆田林氏曾在歷史上稱帝。南朝陳時，莆田北螺人林英遷居江西景德鎮，生子林士弘。隋煬帝時，林士弘率眾起義，大敗隋軍，後稱帝，定都豫章，國號為楚，年號太平。唐初，林士弘戰敗，不久病死。林士弘的「楚」，在歷史上存在七年。此後，族人逃匿浙江杭州山中，改姓為柴，周世宗柴榮即林氏的後裔。算起來，林士弘加上改姓的柴榮，林家倒是出了兩位皇帝。

比皇帝更了不起的是媽祖。媽祖的俗名叫林默，人稱聖母、天后、天妃，可謂中國東南沿海的海神。媽祖是由真人逐漸神化的。大抵林默先是巫女，其活動與漁業生產相關。人們希望有海上守護神庇佑安全，媽祖的巫女身分正好適應了這種願望。她平日濟困扶危，治病消災，有許多成功的例子，所以在傳說中被不斷神化，最終塑造成一位女神。媽祖得到歷代冊封，至康熙時被封為「護國庇民妙靈昭應弘仁普濟天妃聖母」，咸豐時又被封為「護國庇民妙靈昭應弘仁普濟福佑群生誠感咸孚顯神贊順垂慈篤佑安瀾利運澤潭海宇恬波宣惠導流衍慶靖洋錫祉恩周德溥衛漕保泰振武綏疆天后之神」。「聖母」和「天后」，從此成為媽祖的別稱。現在，媽祖信仰已經列入聯合國人類非物質文化遺產代表作名錄。

臺灣的媽祖信仰十分普遍。我去臺灣時，到處可見媽祖廟，甚至那些窮鄉僻壤也有媽祖廟。據統計，全臺灣島的媽祖廟超過九百座，所奉的媽祖因來自大陸不同的地方，各有不同的稱呼。如來自興化的稱興化媽，來自泉州的稱溫

陵媽，來自龍溪的稱清溪媽，來自同安的稱銀同媽等。我到過鹿港小鎮的媽祖廟，那天正逢廟會，全鎮人頭簇擁，旗幡飄揚，香火繚繞，鼓樂齊鳴。有一人手持法器，唸唸有詞。他從廟外進殿時，香客自動跪下，排成隊伍，讓他從背上踏過。

媽祖廟的楹聯最多，可謂是文學與信仰的結晶。列舉大陸的幾副楹聯：

廣東樟林天后宮有聯：「海不揚波，穩渡星槎道邇；民皆樂業，遍歌母德恩深。」上聯說媽祖法力無邊，能使四海風平浪靜。下聯說百姓安居樂業，都稱媽祖深恩厚德。

福建莆田靈川龍津宮有聯：「女中復見皇媧聖；海內頻修神禹功。」把媽祖比作女媧和大禹，地位崇高，功德無量。

山東煙臺天后行宮有聯：「地近蓬萊，海市仙山瀛客話；神來湄渚，綠榕丹荔故鄉心。」上聯寫行宮似海市蜃樓，瓊宇仙山。下聯寫湄洲的榕樹蔥綠，荔枝丹紅。

再列舉臺灣、澳門媽祖廟的兩副楹聯：

臺北松山慈佑宮有聯：「聖母普慈衷，海邦一體；斯人皆赤子，錫口咸寧。」上聯說媽祖遍施慈愛，天下同體。下聯說人心純正，自會得福。

澳門氹仔天后宮有聯：「護國著高勳，蕩蕩巍巍昭日月；庇民施厚澤，肫肫浩浩沛乾坤。」上聯盛讚媽祖護國功高，與日月同輝。下聯讚美媽祖佑民厚澤，與乾坤同大。

清康熙間，朝廷派欽差汪楫、林麟焻前往琉球冊封新王。海路遙遠，危險四伏，但船隊乘風破浪，一路平安，千里海路，用三晝夜就到達那霸港。眾人認為是媽祖護航，汪、林兩人大感其恩，冊封典禮之後，就赴久米村上天妃宮焚香朝拜。汪楫欣然題寫「朝宗永賴」匾額，林麟焻揮毫撰寫長聯：

> 累朝疊誥表神功，嶽降自鱘江，翊運凝麻，頻現紅燈宣聖化；
> 重澤獻琛逢盛世，皇華臨馬齒，摳衣展拜，永靖碧海耀吾宗。

在文人作品中，明朝探花戴大賓題湄洲媽祖廟寢殿的楹聯最為奇特：

齊齊齊齊齊齊齊齊齊戒；

朝朝朝朝朝朝朝朝朝朝音。

上聯的「齊」字通「齋」，下聯的「朝」字通「潮」。這樣全聯就可讀成：「齊齋，齊齋，齊齊齋，齊齊齋戒；朝潮，朝潮，朝朝潮，朝朝潮音。」意思是信眾紛紛齋戒，虔誠朝拜媽祖；海潮時時漲落，耳聞大海濤聲。

清人李漁為江陽天妃閣的題聯也氣勢不凡：

世間無水不朝宗，豈止黃河一派；

天上有妃能降福，何愁碧波千層。

歌頌媽祖為百姓賜降福祉，即使驚濤駭浪也不用害怕。

林氏祠堂的對聯，有寫得極好的。如：

廣東中山大湧林氏宗祠聯：「松木公，椒木叔，木木成林皆公叔；崇山宗，岐山支，山山疊出亦宗支。」聯中追述本支來歷，對仗工整。

福建福州南臺島林氏宗祠聯：「進士難，進士不難，難是七科八進士；尚書貴，尚書非貴，貴在三代五尚書。」聯中寫本族人才輩出，足資自豪。

臺灣南投竹山林氏敦本堂聯：「敦誼明倫，即此是敬宗尊祖；本修德立，如斯乃孝子賢孫。」聯首嵌「敦本」二字，亦甚精巧。

另外，濟南堂林氏宗祠聯：「濟美衣冠承恩寵；南郡呂格世澤長。」聯首嵌「濟南」二字。

其他如：

「九龍衍派；雙桂遺風。」上聯指林皋，戰國時趙國宰相，有子九人，時稱「九龍」。下聯指唐代殿中侍御史林藻，與胞弟林蘊均以善書聞名。

「梅鶴風標；露鳥孝瑞。」上聯寫宋人林逋，終身不仕，與梅花、仙鶴作伴，稱「梅妻鶴子」。下聯寫唐代殿中侍御史林藻事。

「禦夷勵志；助夫解圍。」上聯言清人林則徐禁煙事。下聯言林則徐之女刺血作書，乞求援兵，助夫解圍事。

歷史上的林氏名人，略有：

春秋末魯國人林放，以知禮著稱，曾向孔子問禮。《論語·八佾》云：「林放問禮之本，子曰：『大哉問。』」後世尊為先賢。

唐代福建第一位狀元林慎思，後人認為他標誌著福建從蠻荒進入文明。

明代狀元林大欽，授翰林院修撰，以母老乞歸，其學術思想主要奉王陽明學說。

清代名臣林則徐，曾任湖廣總督、陝甘總督、雲貴總督，兩次受命欽差大臣。因主張嚴禁鴉片，有民族英雄之譽。

林紓，字琴南，能詩能文能畫，有狂生之稱。曾任北京大學講席，後專以譯書售稿與賣文賣畫為生。

近代政治家林森，早年參加中國同盟會，領導九江起義，後任中華民國國民政府主席。

現代作家林語堂，曾在清華大學、北京大學、廈門大學任教，在新加坡籌建南洋大學，創辦《論語》等刊物。

建築師、詩人林徽因，以美貌、多才著稱，北京住宅號稱「太太的客廳」。撰有《你是人間四月天》等。

臺灣作家林海音，曾任《世界日報》記者，主持《聯合報》副刊。撰有自傳小說《城南舊事》。

我喜歡的是兩位姓林的女作家。

一個是林徽因，美麗而知性，怎能不俘獲男人的心。林徽因的美貌不用多說，難得的是她同時又有才華、學識、氣質。林徽因經過英國教會學校的嚴格訓練，聖瑪麗女子學院的英式教育，和賓夕法尼亞大學建築學的正規培養。據她的兒子梁從誡說，他父親梁思成學術文章的眼睛，都是他母親點上去的。在一定程度上，林徽因的文學才華可能超過了她的建築專業。我們可以理解，以林徽因為靈魂的「太太的客廳」，為什麼會吸引京城那麼多出類拔萃的學者。林徽因拒絕平庸，她的名言是：女人，做自己！

另一個是林海音，她的作品總是執著地把題材限於女性。無論是時代的風

雲、社會的波瀾還是世事的滄桑,她都從女人的角度來體現。她筆下的女人並不缺乏歡樂和愛情,但終究是不幸的。林海音的文字充滿鄉戀、哲理、親情,筆下的北京風貌、臺灣民情、異國景物都讓人身臨其境。《城南舊事》中有許多傷感而雋永的句子,如:「請不要為了那頁已消逝的時光而惆悵,如果這就是成長,那麼就讓我們安之若素。」「我將來要寫一本書,我要把天和海分清楚,我要把好人和壞人分清楚,也要把瘋子和賊子分清楚,但是我現在卻是什麼也分不清。」「走人生的路程就像爬山一樣,看起來走了許多冤枉的路,崎嶇的路,但最終會到達山頂。」

在我熟悉的友人中,也有兩個林姓女子。

一個是溫哥華的林敏,擅長撫琴。林敏性情溫婉,志趣淡泊,唯對古琴藝術情有獨鍾,矢志不渝。她原從事醫護,後移居加拿大。曾師事廣陵派大家梅曰強,習得〈山居吟〉、〈秋夜讀易〉、〈平沙落雁〉諸曲,又從林友仁學得〈流水〉、〈普庵咒〉諸曲。定居溫哥華後,因熱心公益,漸為人知,並於 2011 年底成立太古琴箏工作室。次年溫哥華古琴學會成立,林敏任會長,並受聘於著名的溫哥華交響樂團音樂學院,執教古琴。林敏說,古琴曾是文人士大夫的必修課,因其過於高雅,反而令人遠離。琴人多挾藝自高,顯得傲氣有餘,一般人不易接近。其實古琴的進步和發展,是決然離不開大眾知音的。伯牙尚且需要子期的青睞,凡夫俗子為何要把古琴當成私密呢?林敏反對讓古琴「養在深閨人不識」,主張古琴「飛入尋常百姓家」。她現在是名副其實的中國古琴的國際使者。

還有一個是臺灣的林宛萱,曾在臺北攻中國古代藝術史。我在瑞士蘇黎世大學的會議上認識她,覺得她品行樸實,虛心好學,遂成師生。當時她正研讀中國美術史,我和她談起「四王」和「八怪」,她深感興趣。又因為她的論文是寫漢代廣陵國的「漆面罩」,我便邀請她來大陸考察。她兩次來揚州,都為了她的論文。有一次她在澎湖旅遊,發現石刻詩中有「揚州」字樣,十分奇怪。我告訴她,此詩相傳是揚州八怪之一鄭板橋寫作的,沒想到揚州流傳的故事,在臺灣澎湖也有流傳。這種歌謠在臺灣稱為「褒歌」,我推測這首「褒歌」的傳播者到過揚州,然後把揚州民謠帶到了澎湖。我請林宛萱方便時幫我瞭解一下臺北故宮所藏揚州畫家的作品,後來知道,僅揚州八怪的作品就有鄭燮的〈墨竹圖軸〉、黃慎的〈花卉冊〉、華喦的〈花鳥軸〉、高鳳翰的〈大富貴圖軸〉、

李方膺的〈松竹梅單片梅〉、邊壽民的〈蘆雁軸〉等。

林宛萱從臺北寄來一篇文章〈邂逅韋明鏵〉，其中寫道：

> 2011 年暑假快結束時，我有幸與教授一同前往蘇黎士，以觀察員的
> 身分參與「傳統中國文學中的區域性－揚州範例」的揚州文化研討
> 會。
>
> 會議期間，每位發表人都針對不同的主題提出自己的看法，他們對
> 學術的熱情追求、對治學的嚴謹態度，給予我深刻的體會和學習，
> 而其中最突出的風雲人物非揚州韋明鏵老師莫屬！不是因為韋老師
> 所發表的論文內容，有提出多麼驚天動地的學術發現，而是他可以
> 針對不同主題的論文發表，提出引經據典的解答和個人獨有的看法。
> 雖然韋老師一直謙虛的強調說：「我不是揚州的百科全書，《揚州
> 畫舫錄》才是揚州的百科全書……」，但是我認為韋老師所展現的
> 幽默風趣的對答，簡直可媲美 iPhone 4S 的 Siri，而且還不會當機。
>
> 而與韋老師更進一步的接觸與瞭解是在會議結束後的遊湖行程中。
> 根據前三天的觀察，韋老師似乎是個很正經嚴肅之人。但後來我發
> 覺：我錯了！他是個「望之儼然，即之也溫」的老師。因得知我主
> 修中國書畫，便推薦我可閱讀他的作品《風塵未歸客》，是有關揚
> 州八怪中邊壽民、陳撰、楊法、李勉和閔貞的傳記。之後，他更以
> 自身的經驗教導我如何在浩瀚的書海中找出新觀點，進而論述，寫
> 出與眾不同的文章。

這篇情深意切的文字，很難想像出自臺灣學子之手。我兩次去臺北都與林
宛萱久別重逢，相談甚歡。

對於民間來說，京劇《風雪山神廟》中的林教頭也許更為熟悉。那位肩挑
酒壺、口唱悲歌，在風雪中踽踽獨行的形象，成了水滸人物的經典造型。

韋明鏵在臺灣媽祖廟前

八　隴西李氏

隴西是李氏的郡望。

提起隴西，會想起唐人王維寫的著名的〈隴西行〉，他在詩中雖然沒有正面描寫戰爭，卻描繪出了一幅迷茫而壯闊的關山遠戍圖。詩云：

> 十里一走馬，五里一揚鞭。
>
> 都護軍書至，匈奴圍酒泉。
>
> 關山正飛雪，烽火斷無煙。

從此，隴西這個地名便與關山、烽火、征戰等相聯繫。隴西因位於隴山以西而得名，自古為兵家必爭之地。遠在史前，先民在這裡繁衍生息，留下了仰韶、齊家等文化遺址。秦昭王時始設隴西郡，漢初設襄武縣。隋時改隴西縣，縣名沿用至今。如今隴西位於甘肅東南，渭河上游，隸屬甘肅定西，有「中國十大美麗梯田之鄉」的榮譽稱號。

〈隴西行〉本是樂府〈相和歌‧瑟調曲〉的舊題，內容多寫邊塞戰爭。不僅王維寫過〈隴西行〉，晚唐的陳陶也寫過〈隴西行〉四首，最出名的是第二首：

> 誓掃匈奴不顧身，五千貂錦喪胡塵。
>
> 可憐無定河邊骨，猶是春閨夢裏人。

　　閨中的少婦不知道丈夫已經戰死，仍在夢中想念已成白骨的征人，這使得全詩產生一種震撼心靈的力量。無定河是黃河的支流，在陝西榆林境內流過。我曾經驅車從無定河上駛過，看著那渾濁的河水，心中暗自吟誦「可憐無定河邊骨」的詩句。無定河流經定邊、靖邊、米脂、綏德和清澗等地，然後注入黃河。「無定」的名字，讓人想到飄忽不定，生死無常。據說自唐以來，它的環境就被嚴重破壞，致使流量忽多忽少，河水時濁時清，所以又有恍惚都河、黃糊塗河的別名。河水的無定，人生的無常，交織在了一起。

　　隴西除了征戰和硝煙，也是產生文學家的溫床。中國文學史上的所謂「隴西三李」，也即李公佐、李朝威、李復言，都是隴西人。魯迅在《中國小說史略》中說：「唐人傳奇留遺不少。而後來煊赫如是者，唯《鶯鶯傳》及李朝威《柳毅傳書》而已。」在「隴西三李」中，李公佐的《南柯太守傳》敘述的是南柯一夢的哲理寓言，李朝威的《柳毅傳書》敘述的是人神之間的奇異傳說，李復言的《續玄怪錄》則敘述了許多因果報應、輪迴轉世的奇聞異事。

　　關於李氏的起源，有以下幾種說法：

　　一說源出嬴姓。李氏血緣上的先祖是東夷首領皋陶，而皋陶姓嬴。皋陶曾任舜的大理——掌管刑法的官，遂以官名「理」作為姓氏。古代「理」與「李」相通，所以又作李氏。

　　二說源出姬姓。商朝時，有姬姓後裔，叫做巴人，住在鍾離山。周武王滅商後，封巴人於巴地，即今重慶一帶。巴人以老虎為圖騰，而巴語讀「虎」為「李」，故族人姓李氏。

　　三說源於李樹。因為李氏以李樹作為圖騰，所以姓李。這和「大理」的官職有關，李氏將野生的李樹培育成為家生的李樹，並將李樹作為家族的圖騰。故李氏子孫常在宅旁種李，以為象徵。

　　四說源於賜姓。三國蜀漢時，諸葛亮平定哀牢夷人，賜當地人趙、張、楊、李等姓。此後歷代都有賜姓之事，如唐朝李氏皇室賜予文臣或武將國姓，凡建國有功者可以賜姓李氏。

　　在先秦時，李氏的活動中心主要在河南一帶。後來漸漸擴大到山西、河北、陝西、四川、湖北等地。秦漢時，李姓開始進入兩廣。李耳的後裔進入甘肅，發展為隴西李氏望族。唐朝是李氏的鼎盛時期，因李氏貴為國姓，故各地都有

李氏的皇親國戚。明朝時，山西平陽、太原一帶的李氏富商向華北大規模遷徙，乃至於遷往臺灣、琉球。據《明會要》記載，明洪武間賜給琉球國三十六姓善操舟者，其中就有李姓。而琉球派往明清的通事，也多姓李氏，都是當年從福建移居琉球的華人。

秦代隴西郡最早的郡守是李崇，後人便尊其為隴西李氏的始祖。漢朝時，隴西李氏出了兩位重要人物，飛將軍李廣及其從弟李蔡。李廣之孫李陵戰敗後，被匈奴俘虜，使得隴西李氏的名望下降。魏晉時，隴西李氏又在亂世中興起，以至西涼王李暠稱帝。到了隋朝，隴西李氏成為權傾朝野的望族。隴西的李淵滅隋建唐，奉李氏為國姓，李氏的聲望一時冠於天下。唐代修撰的《氏族志》，將宗室李氏置於諸姓氏之首，還將有功之臣賜姓李氏。從此，隴西李氏由血緣關係構成的普通宗族，演變成為大權在握的政治家族。

李氏的郡望除了隴西郡之外，還有趙郡。趙郡是漢代將秦代的邯鄲改置，治所在邯鄲（今河北趙縣、邯鄲一帶）。另外又有中山郡、廣漢郡，均漢時所置。又有頓丘郡，西晉所置。此外還有渤海郡、襄城郡、江夏郡、梓潼郡、范陽郡、南陽郡等。

李氏的堂號，主要有隴西堂，因為李氏望出隴西郡，故名。又有青蓮堂，因唐代詩人李白號青蓮居士，故名。還有趙郡堂，平棘堂等。

李氏宗祠的楹聯豐富多彩，略如：

「道德傳世；太白遺風。」上聯言老子，下聯言李白。

「衛公勳業；元禮門牆。」上聯謂唐人李靖屢建軍功，封為衛國公。下聯謂漢人李膺，字元禮，有登其堂者皆以為「登龍門」。

「隴西望族；北海名流。」全聯指唐代書法家李邕，善注《文選》，曾官北海太守，人稱「李北海」。

「經傳道德；名重謫仙。」上聯說老子，著有《道德經》。下聯說李白，賀知章稱之為「謫仙人」。

「漱玉詞麗；娘子軍興。」上聯言宋代女詞人李清照，著有《漱玉詞》。下聯言唐平陽公主，其夫起兵反隋時，平陽公主招募軍隊七萬餘人，時稱「娘子軍」。

　　「鄒魯聖人曾問禮；唐朝皇帝也求詩。」上聯出孔子問禮老子事。下聯出唐玄宗求詩李白事。

　　「岷江水利千年頌；太白詩風萬里香。」上聯言戰國時李冰開鑿都江堰。下聯言唐代詩人李白。

　　「田可耕，桑可蠶，書可讀，襲譽傳家至寶；戰則勝，攻則取，守則固，文忠開國殊勳。」上聯指唐代江南巡察大使李襲譽。下聯指明代大都督府左都督李文忠。

　　歷代李氏名人，數不勝數。要而言之，如：

　　戰國時秦國水利工程專家李冰，主持修建都江堰水利工程。

　　魏國政治家李悝，所著《法經》在法律史上有重要地位。

　　秦朝丞相李斯，擅帝王之術，協助秦王嬴政滅諸侯、成帝業。

　　西漢名將李廣，多次反擊匈奴，以勇敢善戰、箭法出眾著稱，人稱「飛將軍」。

　　李廣之孫李陵，西漢名將，戰敗投降匈奴，京劇有《李陵碑》。

　　西晉文學家李密，所著〈陳情表〉，感人肺腑，被廣為傳誦。

　　隋唐群雄之一李密，為瓦崗軍首領，屢敗隋軍，威震天下。

　　橋梁專家李春，建造趙州橋，堪稱建築史上的奇蹟。

　　唐朝開國皇帝李淵，傑出的政治家和戰略家，西涼國開國君主李暠之後。

　　唐朝皇帝李世民，名字取意「濟世安民」。廟號太宗，諡號文武大聖大廣孝皇帝。

　　唐朝皇帝李隆基，治國開明，用人有方，開創開元盛世。廟號玄宗，亦稱唐明皇。

　　政治家李德裕，唐文宗和唐武宗兩度為相。撰有《會昌一品集》、《次柳氏舊聞》等。

　　詩人李白，在文學史上有崇高地位，人稱「詩仙」。

　　樂工李龜年，唐代著名音樂家，別名「樂聖」。

　　南唐皇帝李煜，又稱李後主，被譽為「千古詞帝」。

南宋女詞人李清照，強調協律，崇尚典雅，反對以作詩文之法作詞，提出詞「別是一家」之說。

明朝藥物學家李時珍，撰有《本草綱目》。

明末農民義軍領袖李自成，大順開國皇帝，曾短暫統一北方。

清末政治家李鴻章，洋務運動領導人，世稱李中堂。

另外，新加坡前總理李光耀，被稱為新加坡國父。香港鉅賈李嘉誠，連續多年為華人首富。美籍華裔物理學家李政道，曾獲諾貝爾獎。華人神探李昌鈺，被譽為當代福爾摩斯。

1992 年甘肅隴西重建隴西堂，並成立隴西李氏文化研究會。1993 年「李氏文化」被列為甘肅四大文化之一，國家郵政局出版了一系列有關隴西李氏文化的郵票和明信片，文藝節目《風雲隴西堂》參加第四屆中國藝術節演出。一時間，《人民日報》、《甘肅日報》、《香港商報》、《菲律賓商報》等十幾家報紙和中央電視臺、北方電視臺、甘肅電視臺、定西電視臺等多家電視臺紛紛介紹隴西李氏文化的資訊。

隴西的李家祠堂，亦稱為李家龍宮，係唐代宮廷式古建築群，是李氏族人敦宗睦族、祭祀先祖的宗祠。它既是研究隴西李氏文化的重要基地，也是隴西唯一保存下來的古建築群。李家龍宮毀於唐末，明萬曆間隴西知縣李汝相重建，後數毀數建。2002 年對尚存的十一座古建築群進行恢復重建，次年正式開放。

同時，也有人主張隴西其實是在臨洮。在臨洮境內，以李姓命名的村莊多達七八十個，僅李家灣就有十個，此外還有紙房李家、窯頭李家、瓦房李家、大戶李家、小戶李家、單莊李家、河下李家等等。

關於李氏郡望隴西的爭議，一直不斷。先秦時，臨洮因為地處隴水之西而得名，遠古時就是戎、狄、羌與華夏之間的天然交界。秦朝在臨洮建立隴西郡，成為秦三十六郡最西部的郡，郡治在今臨洮城南。西漢初，隴西郡仍是西部軍事政治門戶，並且成為張騫出使西域，衛青、霍去病征討匈奴的後勤基地。臨洮逐步發展成為絲綢之路出長安後的第一個重要驛站和商埠。唐代的臨洮是西防吐蕃和南防羌族的軍事重鎮。有一則掌故出自司馬遷的《史記》：「李將軍廣者，隴西成紀人……故槐里。」於是「槐里」就成為人們關注的地方。今臨

洮縣龍門鎮有槐樹里，專家認為是隴西李氏祖籍地。

有人統計過，古隴西郡在歷史上共存在了千餘年。其間的治所，在臨洮不足五百年，在隴西達五百多年。可以說，隴西和臨洮兩地，都是古代隴西郡州府治的所在地，釐清史實是必要的，意氣之爭沒有意義。無論怎麼說，隴西文化最重要的還是李氏文化。李氏文化與敦煌文化、天水伏羲文化、拉卜楞寺藏傳佛教文化，並稱為甘肅四大文化。今天在隴西縣境，有隴西堂、李賀墓、李家龍宮等多處李氏文化遺址遺跡。

關於老子是不是姓李，學界也有些異議。古文字學家唐蘭認為，老子姓李名耳的說法不確。他說，根據當時人普通的稱謂，老聃的老字是他的氏族的名稱，因為當時稱子的，像孔子、有子、曾子、陽子、墨子、孟子、莊子、惠子等，都是氏族下面加子字的，而老聃在古書中絲毫沒有姓李的痕跡。郭沫若、馬敘倫等人都同意此說。

我最佩服的是清人李斗。

一座城市的當代史，不僅是城市的管理階層和精英階層的歷史，而且是城市中所有社會階層共同生活的歷史。但是，生活在帝王將相主宰歷史的時代，卻能以平民視角來真實記錄一座城市之當代史的，自古以來能有幾人呢？李斗的《揚州畫舫錄》，就是這樣一部具有超前歷史觀的城市史。

《揚州畫舫錄》自乾隆末年成書之後，先後有乾隆自然盦刻本、嘉慶印刷本、道光重刊本、同治重印本、光緒申報館本、民國古今書室本等老版本。1949年之後的版本，有中華書局本、臺北世界書局本、江蘇廣陵古籍刻印社本、山東友誼出版社本、學苑出版社節選本、中華書局節選本、廣陵書社線裝本、廣陵書社本、鳳凰出版社本等。這些版本，有的豎排，有的橫排；有的繁體，有的簡體；有的平裝，有的精裝；有的全本，有的選本，表明它受到讀者的歡迎之深。

李斗字艾塘，又字北有，揚州儀徵人，諸生。博學多才，喜遊山水。工詩文，通數學，曉音律，深為阮元賞識。他的著作，除《揚州畫舫錄》十八卷而外，還有《永報堂集》若干卷，其中包括《永報堂詩》八卷，《艾堂樂府》一卷，《奇酸記》四卷，《歲星記》二卷等。然而，除了《揚州畫舫錄》之外，李斗的其他事蹟很少為人所知。

　　李斗的價值主要在《揚州畫舫錄》這部專記揚州掌故的書。像這樣專記一地掌故的書古已有之。葉恭綽曾贈陳從周一聯云：

> 洛陽名園，揚州畫舫；
> 武林遺事，日下舊聞。

　　將《洛陽名園記》、《揚州畫舫錄》、《武林遺事》、《日下舊聞錄》等記述古代城市風情諸書並舉，頗值得玩味。

　　前人曾對《揚州畫舫錄》有所評說。袁枚的序把它視為和《洛陽名園記》、《東京夢華錄》同一類書。他把它看成是揚州的導遊手冊，認為「及得此書，臥而觀之，方知閒居展卷，勝于騎鶴來遊也」。阮元的跋多了些滄桑感。他說揚州的全盛時期在乾隆四五十年之間，嘉慶以後便「樓臺傾毀，花木凋零」，到道光間「荒蕪更甚」。因此他在為《揚州畫舫錄》寫跋時，深沉地感歎道：「五十年塵夢，十八卷故書，今昔之感，後之人所不盡知也！」

　　在李斗的同時代人中，有兩個人對《揚州畫舫錄》的評論值得一提，這就是林蘇門和凌廷堪。《揚州畫舫錄》曾提到林、凌兩人，林、凌兩人後來又轉而對李斗的書進行評論，這使人讀來便多了一些興味。

　　林蘇門是一個文人，寫過一部《邗江三百吟》，分門別類地記述揚州風物掌故，其實是一部詩化了的《揚州畫舫錄》。《揚州畫舫錄》卷六提到他：「蘇門字步登，號嘯雲，吾鄉磊落之士。」而林蘇門在《邗江三百吟》卷一專門寫了一節「艾堂《畫舫錄》」，來表示對李斗及其書的讚賞：「李君艾塘斗，雋才也，為人性伉爽，好遊覽，結交多名士。因息肩邗上，而著此焉。此錄分門別類，於揚州園亭、坊市、耆舊、新聞，採錄幾全，不愧雅俗共賞！」他稱讚《揚州畫舫錄》是「豈仿《東京夢華錄》，如讀〈清明上河圖〉。」這一評論，平心說不為過分。

　　凌廷堪是一個學者，著有《校禮堂文集》，長於考辨，貫通經學，而尤深於《禮》。《揚州畫舫錄》卷一稱凌廷堪是「吾友」，在卷五又說他「善屬文，工于選體，通諸經，于《三禮》尤深，好天文、曆算之學，與江都焦循並稱」。對於李斗的書，凌廷堪在《校禮堂文集》卷二十三寫有一篇〈與阮伯元閣學論畫舫錄書〉，對《揚州畫舫錄》中的失誤進行了不客氣的批評，說「其中有科

分誤者，爵里誤者，年月誤者，甚至有以地名誤為表字者，重校之舉所不待言」。《揚州畫舫錄》中確實有誤記之處，凌廷堪儘管是李斗的友人，但對書中失誤並不袒護。不過，雖然凌廷堪看出《揚州畫舫錄》中有若干失誤，卻仍認為此書「當在《老學庵筆記》、《筆耕錄》諸書之上，不可與近日新出鄙聞瑣說等視之也。」他畢竟是學者，看問題較一般文人更為清醒和客觀。

李斗籍貫儀徵，常住揚州城。因晚年有疾，食中藥防風而癒，故名所居為防風館，有《防風館詩》。又有《永報堂詩集》，可知他的書齋又叫永報堂。同時，他自己說過，他的舊居名叫絳秋閣、自然庵。可見防風館、永報堂、絳秋閣、自然庵都是李斗的書齋名。

關於防風館，李斗有〈自省〉一詩說，嘉慶年間鹽政當局重修《兩淮鹽法志》，想請他擔任總纂，但因臥病作罷。後來，他似乎還是參與了修志之事，並且住在鹽法志編纂館。此後他寫了〈題防風館〉一詩，序中說明了防風館的來歷：「余臥病鹽法志館久矣，藥不相投，乃瀕於死。醫者李振聲來，進防風粥飲之，得生，遂以顏館中所居之室。」防風是一種藥材，顧名思義，有治風止痛之功效，既能袪風寒而解表，又能袪風濕而止痛。因其微溫而不燥，藥性較為緩和，故又可用於風熱癰盛、目赤腫痛、咽喉發炎等症。李斗的病就是防風治好的，所以他把自己的臨時書齋命名為防風館。

永報堂是李斗詩集得名之處，可惜和防風館一樣，不知道在什麼地方。

自然庵的名字見於李斗的〈自然庵雜詠〉。其序云：「甲午之後，積歲既多，兩上京師，三出嶺表，亦云勞止，少有廢病，乃構庵齋，榜曰『自然』。」但也不知其確鑿地點。《揚州畫舫錄》最早的版本是「自然庵藏板」，當即此地。

實際上，李斗在揚州經常搬家。他在寫給友人謝未堂的詩中，說「時予又將移家」，「又將移家」四字說明了搬家之頻。他還寫過〈移居贈鄰翁二首〉，也是搬家的印記。他有一首〈故園有贈〉，寫到故園中有古井、山池、奇石，只是不知「故園」究竟在何地。他在一首〈移家〉詩中提到「此去唯辜父母恩，昔年松菊已無存」，則故園應該有松有菊。他又有〈築園〉一詩，說「小園山事好，隨在得招邀。選石穿崖窄，編籬取徑遙。地空須聚水，路轉不支橋。行盡無橋處，煙中來畫橈」，說明其家園之美。他的〈園中早春晚秋二首〉，刻畫了其故園景色。令人吃驚的是，他還寫過〈園中四詠〉，分詠碧玉船、小壺天、

不波水、凝香書屋四景，應該都是他心愛的園景。但是這些，如今都已無跡可尋。

唯一可考的是紵秋閣，位於今揚州古城的新勝街。新勝街西通南柳巷，東達國慶路，至多十分鐘便可走完。我曾花費兩個半天，沿街細尋紵秋閣的痕跡，但是它依然如春夢無痕。

李斗用三十年心血精心結構成的傑作《揚州畫舫錄》，是在紵秋閣完成的。紵秋閣所在的新勝街，兩百年前叫做翠花街，因買賣女性用品珠翠、絨花得名。現在這裡除了一家綠楊旅社而外，幾無市廛可言。街南有一大院，門前存石階數級，曾有父老相傳，此即紵秋閣舊址，但無確證。關於紵秋閣的確鑿記載，只見於《揚州畫舫錄》：「紵秋閣在翠花街，余舊居也。閣外種梅十數株。」而紵秋閣這一名字，關係到一段如煙的往事。據說乾隆辛丑那年，學者金棕亭見歌者居紵山、小史李秋枝寓於閣中，遂名其閣曰「紵秋閣」。金棕亭同時寫下一段極為淒美的跋，大意是讚頌居紵山、李秋枝二人的音樂辭賦才華。而「紵秋閣」之名，就是取居紵山、李秋枝之名各一字組成。

居紵山是何許人也，值得李斗如此器重？原來，居紵山原名畚金，字名求，乃是蘇州人。居紵山於十六歲那年遠赴京師，充當某相府的十番鼓手，以自彈琵琶歌唱〈九轉貨郎兒〉名聞京師。後因歸娶，離京南下，曾充當揚州鹽商洪氏的家樂。繼而浪跡廣東，漂泊虎門，又入揚州恆知府戲班，充任樂隊。又過兩年，居紵山不幸得了癆病，幾乎死去，只得投奔李斗家中，捱過了六個月。後來李斗派人送他回家，居紵山一到蘇州，見了妻子鳳姑，忽然口不能言，以手指著空中比劃而死。和居紵山同時住在李斗家中的李秋枝，大約是歌姬，其事蹟無考。

我有幾個姓李的朋友。一個是同窗李竹林，成就一向優異，曾經插隊農村，然後到南京大學讀書，在我們這輩人中算是幸運兒。一個是編輯李蓉君，擅長繪事，關注文史，我的許多文章是因她約稿，才寫成發表的。最近成書的《洛陽初夏廣陵春》，也得益於她的約稿。

韋明鏵在安徽李白墓前

九　吳興姚氏

　　姚姓與姬姓一樣，源於母系氏族社會。傳說舜生於姚墟，後裔以地望為氏，稱為姚氏。姚姓主要集中在浙江、安徽、廣東、江蘇等地。在中華姓氏中，姚、媯、田、陳、胡五姓同根源，先祖都是舜帝姚氏。

　　姚姓的郡望不大複雜，主要是吳興郡、南安郡。

　　吳興在周朝是縣，秦漢時設郡。三國時吳國置吳興郡，治所在烏程（今浙江吳興），轄地為浙江臨安至江蘇宜興一帶。唐朝改湖州為吳興郡，吳興成為姚氏的郡望。

　　南安在西漢置縣，治所在狄道（今甘肅隴西）。至東漢時，轄今甘肅隴西東部及定西、武山一帶。南北朝時梁國置南安郡，轄地在今甘肅西部。隋朝改郡為縣。

　　姚氏的主要堂號是三畏堂，出自《論語》：「君子有三畏，畏天命，畏大人，畏聖人之言。」又有歷山堂、耕歷堂，史傳舜帝耕於歷山，故名。又有聖仁堂，意為舜是至仁聖明的帝王。又有求正堂，以舜帝至聖至仁至善至孝至義為正，故名。其他尚有潮山堂、穹窿堂、中山堂、天馬堂、隆山堂、中沁堂、羅山堂、仙源堂、南溪堂、仁聖堂、存仁堂、南安堂、世德堂、吳興堂、藻鑑堂、諧孝堂、承德堂、重華堂、上郡堂等，各有來由。

　　姚姓源於舜之說，世代相傳，如南宋《通志‧氏族略》載：「姚氏，虞之

姓也，虞舜生於姚墟，故因生以為姓。」也有說舜妻名癸，癸父是堯，故而姓姚，堯、姚音同。或又說春秋時有姚國，乃虞舜的後代，子孫以國為氏，稱為姚氏。

少數民族也有姚姓。如後漢時西羌人有首領姚弋仲，蒙古族人饒五十因功賜姚姓，滿族耀佳氏多冠漢姓為姚氏。《山海經・大荒南經》說：「帝俊妻娥皇，生此三身之國，姚姓，黍食，使四鳥。」又《山海經・海外西經》云：「三身國在夏后啟北，一首而三身。」如此可知，三身國應在今日西南地域，四川、貴州一帶。

姚姓在春秋時，主要聚居在河南一帶。到秦時，姚姓已發展到山西、廣西、四川等地。十六國時，羌人貴族姚萇創立後秦統治了今陝西、甘肅和河南部分地區。在後秦時代，甘肅隴西的姚氏得以壯大。後秦亡後，據《晉書》記載，姚姓餘族「遷於江南」，於是浙江吳興的姚姓成為當地望族。唐朝以後，姚氏遍及大江南北，並進入東南的福建。雲南的姚安、大姚等地姚姓人口多，曾專設姚州。宋時姚姓發展到廣東。清朝時姚姓進入臺灣，並播遷海外。

就圖騰文化而言，在漢字中，「姚」字的女旁是母系氏族社會遺留下來的痕跡，兆字應為本意。古人占卜，以火灼龜甲，觀察裂痕的形態以占吉凶，稱為卜兆、占兆、預兆。因虞舜居住地姚墟盛產桃樹，故桃是姚人的神樹和社樹。姚人在門上插上桃枝，以辟鬼驅邪。後來，桃木製作的物品演變成為巫師作法的工具，桃樹也成為姚家的原始圖騰。

姚氏宗祠所在多有，對聯也有雅趣。如：

「書法魏晉；史撰梁陳。」上聯說明朝畫家姚綬，擅長山水，取法宋元；工於行草，取法魏晉。下聯說唐初史學家姚思廉，自幼隨父學史，得承家傳，撰成《梁書》、《陳書》。

「爵封梁國；文重桐城。」上聯指唐人姚崇，歷任武周、睿宗、玄宗三朝宰相，封梁國公。下聯指清人姚鼐，桐城派幹將，主江寧、揚州書院數十年。

「學閎兩漢；書撰梁陳。」上聯言元朝翰林學士姚燧，少從許衡遊，有漢人風，著《牧庵集》。下聯言唐人姚思廉。

「文明世澤；元德家聲。」上聯云舜生姚墟，因以為姓。下聯云舜禪讓於禹，稱為元德，也即大德。

「大典光華夏；文章耀桐城。」上聯謂明人姚廣孝修《永樂大典》。下聯謂清人姚鼐修《四庫全書》。

「建德長綿世澤；蝦湖丕振家聲。」此為安徽貴池姚氏宗祠聯。上聯稱該支姚氏由建德遷來，下聯稱該祠為蝦湖舊址。

「但覺眼前生意滿；須知世上苦人多。」此為明人姚文然自題聯。姚文然係桐城人，累官刑部尚書，於國家利害、吏治得失、民生休戚等知無不言。

「立定腳跟豎起脊；展開眼界放平心。」此為清人姚元之自題聯。姚元之亦桐城人，官至左都御史，工隸書、行草，畫筆亦妙。

姚氏的排行用字，各地不同。如：

安徽當塗姚氏是：「正志光明，克昌其壽。」

四川恩溪姚氏是：「一人垂拱御，萬字仰鴻猷。發育齊天峻，昭明如日周。」

廣西市里姚氏是：「存仲祖廣萬，伯興再天文。世代昌榮遠，佑啟振乾坤。」

四川資陽姚氏是：「史翰文章重，卿士若永良。臣忠常貞靖，宣藩德惠長。」

山東臨沂姚氏是：「汝舜禹揚啟，章吉玉連錫。應文景德尊，宗道學孔思。」

江蘇贛榆姚氏是：「聖在永世繼，萬克煥開明。德立延敬慎，肇建善慶同。」

湖南益陽姚氏是：「守道如珍友，敦修自景行。奇才光後裔，盛業繼先程。經術儒林重，勳猷著鼎銘。」

關於姚氏的掌故，要特別提到臘梅和牡丹。

臘梅產地以河南鄢陵姚家村為最，這裡家家戶戶遍植臘梅，有「姚家黃梅冠天下」之譽。有個故事說臘梅原本不香，喜愛臘梅的西周鄢國國君下令，命令花匠限期讓黃梅吐香，否則處死。無奈之下，一位姚姓花匠用幾枝臭梅嫁接在黃梅上，不料黃梅真的發出了幽香。國君聞訊而喜，傳花匠入宮，以示褒獎。鄢國被鄭所滅，宮廷成為廢墟，唯有花園留了下來，演變成專種黃梅的姚家村。

牡丹名品姚黃源於宋代。歐陽修《洛陽牡丹記》載：「姚黃者，千葉黃花，出於民姚氏家。此花之出，於今未十年。」姚黃花色淡黃，株形直立，枝條細硬，花蕾圓尖。此花開時，光彩照人，亭亭玉立，古人譽以「花王」。蘇轍〈次遲韻千葉牡丹〉云：「共傳青帝開金屋，欲遣姚黃比玉真。」何景明〈李秀才

圖中牡丹〉云：「姚黃與魏紫，空向洛陽栽。」均詠姚黃。

　　歷史上另有「姚黃十三家」，卻與牡丹無關。明末清初，川東、鄂西、三峽一帶出現抗清義軍，稱「姚黃十三家」，和「夔東十三家」、「西山十三家」聯合抗清。「姚黃十三家」，一稱「搖黃十三家」。據費密《荒書》載：「其掌盤子十三人，號搖黃十三家：曰爭天王袁韜，曰整齊王張某，曰必反王劉維明，曰闖食王某，曰二哨楊秉允，曰行十萬呼九思，曰九條龍，曰震天王白蛟龍，曰黑虎王混天星，曰奪天王某，曰爭食王黃鷁子，曰六隊馬超，曰順虎過天星梁某。」其中人物，多出身草莽，而且事變多端，十三家名稱難免以訛傳訛。但首領應該姓姚，名叫姚天動，後與清兵力戰而死。

　　姚氏的名人，首先是三皇五帝中五帝之一的舜。舜姓姚，名重華，字都君，為部落聯盟首領。舜因受堯的禪讓，而稱帝天下，國號有虞，後裔以姚為姓。

　　秦始皇時大臣姚賈，本為梁國人，出身貧寒，其父為城門衛兵。秦滅六國時，姚賈奉命以重金賄賂楚、燕、趙、魏的政要，使其聯盟瓦解，秦始皇封姚賈為上卿。姚賈與韓非互相傾軋，韓非向始皇進讒，姚賈於是參加李斯之謀，害死韓非。

　　後秦創建者姚萇，本是隴西羌人。淝水之戰後，姚萇在關中羌人的推舉下，自稱萬年秦王，據長安稱帝，國號大秦。

　　唐朝政治家姚崇，原名姚元崇，因避玄宗開元年號之諱，改名姚崇。曾任吏部尚書，為政清廉，深得眾望，後來宋璟繼他為相，史稱「姚宋」，諡號文貞。

　　唐初史學家姚思廉，吳興人，後遷關中，編纂有《梁書》、《陳書》。

　　宋代學者姚鉉，善於文辭，致力藏書，集唐代文章為《唐文粹》百卷，開宋代古文運動之先聲。

　　明代燕王心腹姚廣孝，曾參與修纂《太祖實錄》、《永樂大典》。

　　義士姚長子，嘉靖間倭寇犯境，逼其帶路。他把敵人引到四面皆水的絕境，並事先密囑鄉親撤橋，斷其後路。倭寇中計，為明軍所圍殲，而姚長子因此殉難。

　　在姚氏名人中，我對於姚鼐印象最深。清代桐城派中堅姚鼐，世稱惜抱先生，安徽桐城人。我前幾年到桐城，特別瞻仰了他的故居，在桐城中學內。姚

鼐治學以經為主，兼及子史，主要成就在散文。他的〈登泰山記〉是選入中學課本的範文，開頭寫道：

> 泰山之陽，汶水西流；其陰，濟水東流。陽谷皆入汶，陰谷皆入濟。當其南北分者，古長城也。最高日觀峰，在長城南十五里。
>
> 余以乾隆三十九年十二月，自京師乘風雪，歷齊河、長清，穿泰山西北谷，越長城之限，至於泰安。是月丁未，與知府朱孝純子潁由南麓登。四十五里道，皆砌石為磴，其級七千有餘。
>
> 泰山正南面有三谷。中谷遶泰安城下，酈道元所謂環水也。余始循以入，道少半，越中嶺，復循西谷，遂至其巔。古時登山，循東谷入，道有天門。東谷者，古謂之天門谿水，余所不至也。今所經中嶺及山巔崖限當道者也，皆謂之天門云。道中迷霧冰滑，磴幾不可登。及既上，蒼山負雪，明燭天南。望晚日照城郭，汶水、徂徠如畫，而半山居霧若帶然。

文字簡潔生動，寫景尤為出色，令人過目不忘。姚鼐是吳興姚氏後裔，著有《惜抱軒文集》、《惜抱軒詩集》。姚鼐出生時，家境已衰落，他在伯父姚範指導下學習經文，後又師從劉大櫆。姚鼐、方苞、劉大櫆並稱為桐城三祖，提倡文章要義理、考證、辭章三者相互為用。義理是道理，考證是事實，辭章是文采，都是極為重要的。乾隆年間，姚鼐主講揚州梅花書院、安慶敬敷書院、歙縣紫陽書院、南京鍾山書院，弟子遍及江南。姚鼐在〈劉海峰先生八十壽序〉中轉引他人之言：「天下文章，其出於桐城乎！」或為戲言，然不無道理。

姚氏名人中還有一個令人敬重的人物——岳母姚氏。姚氏又稱姚太夫人，宋代抗金名將岳飛之母。在人的一生中，父母是最早的老師。而母親在撫育兒女方面具有獨到的作用，在教誨兒女方面擔當特殊的角色，因此子女往往受母親的影響最深。在中國歷史上，許多良臣和名流都離不開慈母的言傳身教。但是傳統的禮教決定了女性地位的低下，她們很少有接受文化教育的機會。所以，女性關於家庭教育的著作甚少，關於她們教育子女的言論也流傳不多。歷代慈母的家教中，要數「岳母刺字」的故事最為感人。據《說岳全傳》描述，宋元帥宗澤拒金兵於黃河以北，使得金兵不敢南犯。後宗澤病重，乃以印信交付岳飛代管。宗澤垂危時，尚三呼「渡河」，吐血而死。杜充奉旨代理元帥，一反

宗澤所為，岳飛憤而歸家。岳母見兒子歸來，責以民族大義，促其回營抗敵，並且在岳飛背上刺上「精忠報國」四字，以堅定其報國決心。岳母刺字的傳說在民間流布甚廣，除了《說岳全傳》小說和《如是觀》、《倒精忠》傳奇寫到這一傳說外，京劇、川劇、滇劇等均演出過《岳母刺字》、《交印刺字》、《南樓刺字》一類劇目。也許岳母刺字的故事是虛構的，但是「精忠報國」的深刻內涵卻集中體現了歷代中國母親對於子女的殷切期望。一說「精忠報國」原作「盡忠報國」。

在我認識的姚姓熟人中，有兩個姓姚的護士。一個叫姚蕙，她是父親的表姐，按輩分我叫她姑媽。她是資深護士，技術精良，態度和藹，報紙上報導過她的事蹟，現在已經垂垂老矣。一個叫姚曼倩，我因膽結石住院治病，她對我特別照顧。她的名字有點特別，與漢代著名滑稽家東方朔同名。東方朔，字曼倩，性格詼諧，言詞敏捷，相傳是歲星下凡。李商隱有〈曼倩辭〉歌詠東方朔：「十八年來墮世間，瑤池歸夢碧桃閒。如何漢殿穿針夜，又向窗中覷阿環。」因為東方朔談吐風趣，後來相聲界尊他為祖師爺，稱相聲為「曼倩藝術」。在今人眼中，「曼倩」是個女性化的名字，其實不然，「倩」的本意是指俊男。西漢時用「曼倩」作字的名人，有河北滄縣人雋不疑、山東郯城人于定國，都以「曼倩」為字。「曼倩」後來變成女性的名字，錢鍾書小說《紀念》中有一位女士就叫曼倩。姚曼倩是護士，喜讀書，愛助人，多妙語，擅打扮，這些都和她的名字相媲美。尤其讓我印象深刻的是，我愛好收藏古磚，姚曼倩也有同好。有時候，何地出現了古磚，她會及時通知我，一起到拆遷和施工的現場去，在斷磚爛瓦之間往往以找到帶有銘文的唐磚明瓦為幸。有一次在揚州南門外工地，我們發現一塊完整的唐磚，上有「殿司」二字銘文，極為興奮。此磚現在尚在我的架上。

十　廣陵高氏

　　「高」字的原始意思，是高大的屋子，與「卑」、「低」、「下」相對。由高大引申開去，有崇高、尊貴、年長、強大等義。歷代皇朝的開國帝王，常稱為高祖，如漢高祖劉邦、唐高祖李淵等。

　　高氏族人的分布古今大體相同，以北方居多，南方較少。高姓發源於山東、河南、河北一帶，其播遷的路線，西沿黃河向陝西、山西發展，東沿海邊向南北發展，南至江蘇、上海，北至遼寧、吉林。所以山東、河北、河南、陝西、山西、北京、天津、遼寧、吉林、江蘇、上海是高氏分布相對集中的地區。

　　作為姓氏，高姓起源主要有：

　　一出姜姓。高氏的血緣初祖是炎帝。《通志·氏族略》說：「高氏出自姜姓。」炎帝是上古時姜姓的部落首領，所以炎帝是高姓的初祖。西周時，姜子牙因輔佐周武王滅商有功，被封於齊，稱齊太公。齊太公傳至六世孫時，授封於高邑，今河南禹縣，稱為公子高，其後遂以高為氏。

　　二出邑名。周初分封建國，與宗法制緊密相聯，宗法制度又以血緣為基礎。周天子分封諸侯，諸侯也分封大夫，分封的土地叫采邑或食邑，包括土地和民人，供世襲食祿。采邑之名往往帶有「邑」旁，大都成為國君後裔的姓氏，如郉、邵、邱、鄠等，高姓出於「鄗」。

　　三出他族改姓。南北朝時，北魏孝文帝推行漢化政策，鮮卑族樓氏改姓高

氏。十六國時，後燕皇帝慕容雲自稱是高陽氏後裔，遂改姓高氏。清朝時，滿族高佳氏也改為高氏。高氏建立北齊後，高姓成為北齊的國姓，北齊皇帝便賜他姓為高氏，以示恩寵。京族、黎族、苗族、仡佬族、哈尼族、白族、東鄉族等少數民族中都有高姓。得姓的原因，大多為沿襲漢族姓氏的結果。

四出高句麗。高句麗原為中國東北渾江流域的古老部族，漢時屬玄菟郡管轄。後來，部落首領高朱蒙在今遼寧桓仁稱王，建高句麗國。因為高句麗國王為高氏，所以高氏在高句麗有較高的地位。唐朝大將高仙芝就是高句麗人。

五出複姓。如高東氏、高堂氏、高陽氏、高陵氏等，後改為單姓高氏。

高氏的郡望，有廣陵、渤海、晉陵、漁陽、遼東、河南、京兆、山西等。

廣陵郡，西漢時為廣陵國，領廣陵、江都、高郵、平安等縣，後建置時常更迭。東漢時置廣陵郡，治所在廣陵（今江蘇揚州）。三國時吳魏相爭，魏遷廣陵郡於淮陰。後來廣陵為吳所有，並築廣陵城。東晉時置廣陵縣，南朝宋時改置南兗州，唐又改為廣陵郡。廣陵高氏為三國東吳的丹陽太守高瑞之後。

渤海郡，西漢所置，其地約在今天津之南、河北滄州之東、山東德州之北。始祖為東漢太守渤海太守高洪。

晉陵郡，據《新唐書·宰相世系表》載：「晉陵高氏本出吳丹陽太守高瑞，初居廣陵，四世孫高悝徙秣陵。」據此，晉陵高氏係從廣陵遷去。

遼東郡，戰國時燕國所置，郡治襄平（今遼寧遼陽），轄今遼寧大凌河以東，開原市以南。西晉時改為遼東國，後復為郡。十六國後燕末，部分地方被高句麗占有。北燕又僑置遼東郡於今遼寧西部。北齊時廢。

河南郡，漢時改秦三川郡所置，地在今河南洛陽一帶。東漢、曹魏、北魏時曾改為河南尹，隋文帝時廢郡，隋煬帝時復設。唐時改為洛州，河南郡成為別稱。

高氏的堂號，有厚餘堂。孔子弟子高柴做費城宰即縣長時，孔子評論他說：「柴也愚。」後來朱熹注道：「愚者，知不足而厚有餘。」愚有純樸之意，故高氏後人以「厚餘」作為堂號。又有渤海堂。唐時高固被封為渤海郡王，北齊高歡被封為渤海王，故子孫以渤海為堂號。其他高氏堂號還有漁陽堂、遼東堂、廣陵堂、河南堂、有繼堂等。

　　高氏在春秋時，多住北方。孔子七十二弟子之一的高柴，據《史記・仲尼弟子列傳》記載，高柴字子羔，身高不滿五尺，性格寬仁孝敬，後來在同學子路的幫助下做了費邑的長官。在孟子的弟子中，也有一位名叫高叟。戰國末年最有名的俠士是燕國人高漸離，因隨荊軻刺秦王而聞名天下。高漸離擅長擊筑，燕太子丹派荊軻謀刺秦王，在易水送行，高漸離擊筑和唱，最終為秦王所殺。漢魏時，涿郡人高誘著有《孝經解》、《戰國策注》、《呂氏春秋注》、《淮南子注》，名字常見於學術史。南北朝時各民族紛紛擴張勢力，爭奪地盤，先後建立許多政權，號稱「五胡十六國」，實際數字不止於此。其中有渤海高氏高歡，異軍突起。據《北齊書》記載，高歡目光炯炯，臉龐長長，高顴骨，白牙齒，相貌非凡。高歡發跡後，沒有來得及稱王，到他的兒子高洋才自立為帝，史稱北齊。

　　隋唐時，詩人有高適，宦官出了個高力士。高力士其實本來不姓高，名叫馮元一，因入宮後由高延福收為養子，遂改名高力士，受到武則天的賞識。玄宗時，高力士的地位達到頂點，官至驃騎大將軍，封齊國公。五代十國時期，荊南高氏顯赫一時，十國中的荊南政權為高季興所建。據《十國春秋》記載，高季興少時喜武術，有膽略，後荊南歸順北宋。宋元時在遠離中原的滇中，有高升太奪取大理國段氏政權，自立為王，稱大中國。明清時期，高氏從福建出發，遷居臺灣。

　　高氏名人很多，略有：

　　孔子門生高柴，孔子認為他是品學兼優的七十二弟子之一。

　　戰國俠客高漸離，長於擊筑。

　　北齊奠基人高歡，其子追尊為神武皇帝，廟號高祖。

　　唐朝詩人高適，與岑參齊名，並稱「高岑」，以描寫邊塞風光為特色。

　　宋代高皇后，英宗之皇后，曾起用司馬光等，斥逐變法派，諡號宣仁聖烈皇后。

　　元朝大臣高興，出身農家，官至河南行省左丞相。

　　曲家高則誠，撰南戲劇本《琵琶記》，流傳甚廣。

　　明初詩人高啟，與楊基、張羽、徐賁合稱「吳中四傑」，著有《高太史全

集》。

東林黨人高攀龍，與顧憲成兄弟復建東林書院，為東林八君子之一。

清代畫家高翔，揚州八怪之一，山水取法石濤，所畫園林小景，自成格局。

畫家高鳳翰，能以左手書寫，也是揚州八怪之一。

文士高鶚，曾續寫《紅樓夢》。

嶺南畫派高劍父，既擅寫意，也能工筆，於山水、人物、花鳥無所不能。

在歷代高氏名人中，高漸離和高鳳翰都是很特別的。

高漸離的生平見《史記·刺客列傳》，其中寫道：

> 秦并天下，立號為皇帝。於是逐太子丹，荊軻之客，皆亡。高漸離
> 變名姓，為人庸保，匿作於宋子。久之，作苦，聞其家堂上客擊筑，
> 傍偟不能去，每出言曰，彼有善有不善。從者以告其主，曰：「彼
> 庸乃知音，竊言是非。」家丈人召使前擊筑，一坐稱善，賜酒。而
> 高漸離念久隱畏約無窮時，乃退，出其裝匣中筑與其善衣，更容貌
> 而前。舉坐客皆驚，下與抗禮，以為上客。使擊筑而歌，客無不流
> 涕而去者。宋子傳客之，聞於秦始皇。秦始皇召見，人有識者，乃
> 曰：「高漸離也。」秦始皇惜其善擊筑，重赦之，乃矐其目，使擊筑，
> 未嘗不稱善。稍益近之，高漸離乃以鉛置筑中，復進得近，舉筑朴
> 秦皇帝，不中。於是，遂誅高漸離，終身不復近諸侯之人。

郭沫若所著《高漸離》劇本，是根據《史記》演繹的。太子丹送荊軻於易
水之畔，高漸離擊筑，荊軻高歌曰：「風蕭蕭兮易水寒，壯士一去兮不復還。」
千載之後，仍令人心動。有人問，郭沫若既然寫了高漸離，為何不寫荊軻呢？
因為荊軻雖然豪爽，不過是抱著必死之心罷了。況且因為荊軻刺秦未成，導致
秦王發兵攻燕，以致生靈塗炭。而高漸離的刺秦，完全是為朋友復仇，並無所
謂天下大義，倒是難得的豪俠。

高鳳翰，字西園，號南村，晚號南阜山人，膠州人，工畫、書、詩、印。
在揚州八怪中，他是唯一可以用左手寫字作畫的。我在研究周作人與高鳳翰的
關係時，發現周作人對高南阜的評論甚多。如周作人在《書房一角·讀南阜山

人詩集》中寫道：

> 幼時讀《板橋詩鈔》中絕句二十三首，乃于音五哥、圖清格之外記
> 得有高西園。近閱鮑辛甫著《稗勺》，見有題曰「真雅文俗」，其
> 文云：「紫幢王孫文昭厭交旗下人士，謂非真雅。高南阜評南方士
> 人多文俗。二君皆與余善。」覺得南阜山人洵是妙人，出詩集七卷
> 讀之，雖有可喜處，惜實不解詩，總無可說。不侫最善傅青主，可
> 謂真雅，若南阜者當在次位。詩集卷二中有〈兒童詩〉、〈小娃詩〉
> 各四首，此類文字非俗士所能下筆也。

鄭板橋〈絕句二十三首〉之第一首，即為〈高鳳翰〉。鄭氏詩云：「西園
左筆壽門書，海內朋友索向余。短札長箋都去盡，老夫贗作亦無餘。」周作人
早年就是從這首詩知道高鳳翰其人的。

周作人對《南阜山人詩集》的評價，是「雖有可喜處，惜實不解詩」。這
「可喜處」不是指別的，乃是指高鳳翰的〈兒童詩〉和〈小娃詩〉。〈兒童詩〉
和〈小娃詩〉是高鳳翰年輕時在江西南昌所作。〈兒童詩〉序云：「在南州，
五六月，客況無聊中，時與齋中小僮嬉戲，作兒曹事，撫掌一笑，少破岑寂。
一日，余方屬思苦吟，僮子輩見而笑之：『阿癡日日作詩，能以吾曹嬉戲事為
韻語，且令人人可解乎？』余唯唯，援筆成六絕句擲之。詩成才一朗吟，未及
解說，而童子輩已譁然競笑矣！」〈小娃詩〉亦有序云：「余既為〈兒童詩〉，
出以示客，客笑曰：『是誠善，然余意中尚有數小娃事，為閨閣中瑣瑣不足道者，
君能復為措筆乎？』於是客述一事，余輒以口號應之，述畢而詩亦終。試以擲
之白家老嫗，老嫗還能點頭否？」像這樣記錄兒童生活而又充滿童稚情趣的詩，
在歷史上是不多的。周作人喜愛這些詩，無疑是因為它們含有「天籟」的成分。
周作人從二十年代起致力於兒童文學的研究，寫過《童話研究》、《童話略論》、
《兒歌之研究》、《古童話釋義》等論著，直到晚年，仍關心婦女和兒童問題。
由此可以解釋，他為什麼欣賞高鳳翰的〈兒童詩〉和〈小娃詩〉。與其說他是
欣賞這些詩的藝術或技巧，毋寧說他是肯定這些詩的情趣和題材。周作人後來
在《兒童雜事詩》卷二〈高南阜〉中詠道：

> 膠東名宿高南阜，文采風流自有真。
>
> 寫得小娃詩十首，左家情趣有傳人。

　　表明他確實是欣賞高氏〈小娃詩〉的情趣。

　　對於高鳳翰的書法，周作人也曾經論及。在《知堂集外文・高南阜左手書》中，周作人談到自己早年從《鄭板橋集》中知道了音五哥、圖清格、高鳳翰這些名字，一直不能忘懷。但關於他們的著作，周作人後來只見到一部高鳳翰的詩集，「可是無意中卻見到了他有名的左手書，是他去世的前一年所寫的」。周作人所見到的高鳳翰左手書，是高氏題寫在高念東《棲雲閣詩》上面的。高鳳翰寫道：「余向隨先大人于淄川時，曾一遙瞻司寇公丰采於棲雲閣。又十餘年再入淄川，逢其文孫繹堂弟，留榻閣上。復數晨夕，今寄詩至，而余老病，竟無人理。追想陳跡，何勝惘然。王戌三月，重病左手記。」面對高鳳翰的墨蹟，周作人寫道：

> 　　高南阜的書畫是有名的，我看了這十幾行題識，只感覺得這是很悲痛的字，不知道字中間有沒有這一種名稱，我卻是實在這樣感到。
> 　　從前我看見祖父日記的末兩行，在他去世前兩天高熱中所寫，黑憧憧的彷彿只剩了字的影子，高君雖單是半身不遂，但其為垂死的字則也是相同的了。

　　書法中也許沒有「悲痛的字」、「垂死的字」這些名稱。但這些說法合乎中國書法審美的規律。人們在欣賞書法作品時，不會只注意形式，而不注意內容。換言之，文字內容的美和書法形式的美應是統一的。王羲之〈蘭亭序〉給人以雅靜之美，顏真卿〈祭姪稿〉給人以悲憤之美，是書法內容與形式相統一的典型例子。高鳳翰一生只做過縣丞之類的小官，而且一度為人所構陷。他五十多歲右手病廢，不得已用左手書寫。晚年困於貧病，幾畝薄田都典質充了醫藥之資。瞭解高鳳翰的坎坷一生，再來看他的左手書，心情是不能不沉重的。

　　我的高氏朋友亦不少，如老一輩戲劇藝術家高秀英。高蓓是編輯兼記者，原在揚州工作，後去北京發展。她是一個具有個性和懷有激情的女作家。快人快語，說到做到，文思敏銳，愛恨分明，凡與她接觸過的人必然留下鮮明印象。我對她的感覺，是她似乎有用不完的精力，常年在中國各地奔走，採訪各種人物，撰寫各種文章，並感到其樂無窮。她出版過《傾聽心靈》、《走向卓越》等書，大率是名人專訪。一個作家有機會面對那麼多著名人物，和他們對話，與他們交流，是一件幸事。她供職的《中華英才》雜誌是一本有名的刊物，也

因她而增色。

韋明鏵與揚劇表演藝術家高秀英

十一　鳳陽朱氏

　　朱姓的起源非一，主要源自姬姓、祁姓、子姓，以及少數民族的改姓。在中國歷史上，朱氏曾經建立過兩個王朝，一個是五代十國時朱溫建立的後梁，一個是朱元璋建立的明朝。

　　朱姓的始祖，一般認為源於朱襄氏，以先祖的名字為氏。朱襄氏是伏羲氏的大臣，封於朱地（今河南商丘柘城）。朱襄氏以赤心木為圖騰，所謂赤心木乃是一種紅心的松柏。

　　也有說朱氏源於曹姓。相傳周武王封曹挾於邾國，建都於邾，其家族以國為姓，稱邾氏。戰國時楚國滅邾，邾國貴族逃散，改姓為朱氏。

　　或說朱氏源於子姓，出自宋國君主之後。西周初，紂王的庶兄微子啟在商丘建立宋國，其後裔有公子朱。公子朱的後代以其名字為氏，稱朱氏。

　　或說源於祁姓。堯帝有子丹朱，舜敗丹朱後，丹朱的後裔向西南方向遷徙，到達今湖南寧遠九嶷山一帶，自稱朱氏。

　　或說苗族、瑤族、白族、鮮卑族、蒙古族、仫佬族等民族，也均有依漢姓改姓朱氏的。明朝建立後，常賜他姓為朱氏，以示恩寵之舉。

　　早期的朱氏，集中在江南的吳郡和江北的沛國。據唐人《元和姓纂》和宋人《通志》記載，漢唐時有沛國、丹陽、永城、吳郡、錢塘、義陽、太康、河南等郡。其中丹陽郡有二，一在今江蘇鎮江，一在今安徽當塗。這些郡望反映

了唐代及其以前朱氏家族的分布和演變情況。明代以後，情況發生了根本性的變化，鳳陽郡成為朱氏重要郡望。

鳳陽古為淮夷之地，西周時分封為鍾離子國，西漢高祖時置鍾離縣。隋時置豪州，以鍾離為治所，隋時改豪州為鍾離郡。唐時改豪州為濠州。自唐至元，鍾離縣均屬於濠州。明初改鍾離縣為中立縣，又改為臨淮縣、中立府、鳳陽府。又析臨淮縣的太平、清洛、廣德、永豐等鄉置鳳陽縣，府縣同治。清朝的鳳陽府屬江南省。康熙時撤江南省，分設江蘇、安徽兩省，鳳陽府屬安徽省。後又設廬鳳道，駐於鳳陽。民國時，鳳陽直屬安徽省。因為明太祖朱元璋出生於鳳陽，鳳陽的朱姓具有特殊的地位。

朱姓其他郡望簡況如下：

吳郡，楚漢時分會稽郡所置，漢武帝以後廢。東漢復置，治所在今蘇州，轄境包括今江蘇、上海、浙江等地。隋時又廢。吳郡朱氏尊漢代朱輪為始祖，名人有漢會稽太守朱買臣、唐諫議大夫朱子奢等。

沛國郡，在西漢初因是漢高祖劉邦的故鄉，故改為沛郡，治所在相縣（今安徽濉溪），轄境包括今安徽淮河、河南夏邑、江蘇沛縣等地，東漢改為沛國。其後治所屢有移徙，東晉復為郡，北齊又廢。多數朱姓都以沛國為郡望。

丹陽郡，西漢時置，治所在今安徽宜城，轄境包括安徽長江以南、江蘇大茅山、浙江天目山脈以西一帶。三國吳時，移治金陵，轄境漸小。隋時廢除。丹陽朱氏出自沛國朱氏，以東漢朱禹為始祖，後發展成為東南巨族。

錢塘郡，南朝陳所置，治所在今浙江杭州，隋時廢郡為縣。錢塘朱氏以漢槐里侯朱雲的八代孫朱賓為始祖。朱賓為後漢光祿勳，始居錢塘。他的後代有朱異，南朝梁時執掌朝政，也是有名的學者。

永城郡，東漢所置，轄境包括今安徽靈璧、蒙城、太和及河南鹿邑、永城等地。隋初廢。永城朱氏名人有武則天時的宰相朱敬則。其兄朱仁軌曾任太子洗馬，辭官後以孝友聞名，人稱孝友先生。

義陽郡，三國時魏所置，治所在今湖北襄陽，不久廢。西晉復置國，治所在今河南新野。東晉改為郡，移治平陽（今河南信陽）。義陽朱氏出自南陽朱氏，為漢晉舊族。名人有東漢冀州刺史朱穆、東晉豫州刺史朱序等。

太康郡，秦置陽夏縣，隋改名太康，在今河南周口一帶。太康朱氏以東漢朱佑少子朱岑為始祖。

河南郡，漢初改秦三川郡所置，治所在今洛陽東北。隋初廢。河南朱氏由北魏鮮卑貴族可朱渾氏改姓而來。名人有北魏散騎長侍朱長生、東陵郡開國公朱瑞等。

朱氏的堂號，早期有折檻堂。因漢代槐里令朱雲上朝奏本，請殺奸臣，觸怒皇帝，令劊子手拉去執刑。朱雲雙手攀著金殿的門檻，劊子手用力拉朱雲，結果把殿檻折斷。與朱熹相關的堂號，有紫陽堂。朱熹別號紫陽，宋代理學宗師，對後世影響很大，紫陽堂名源於此。有白鹿堂，因朱熹曾在白鹿洞書院講學，故稱白鹿堂。有居敬堂，因朱熹主張「循序漸進、居敬持志」，「居敬」之意為不但教書還要育人，不但言教還要身教，故名居敬堂。

朱姓宗祠的對聯，文采內容皆好。如：

「負荊勤讀；折檻旌忠。」上聯言西漢朱買臣，苦讀成才，漢武帝時任會稽太守。下聯言朱雲，是正直忠心之臣。

「治推北海；歌遍南陽。」上聯指漢朝朱邑，廉明公正而不苛刻，受吏民敬愛。下聯指東漢朱暉，官臨淮太守，抑惡揚善，吏民畏愛。

「紫陽世澤；白鹿家聲。」謂南宋朱熹，別號紫陽，講學於白鹿洞書院。

「鹿洞春風暖；鵝湖化日長。」全聯均謂朱熹。

「鸞臺誇氣節；道院畫禽魚。」上聯出唐人朱敬則，官正諫大夫，兼修國史。下聯出清人朱耷，擅畫水墨花卉禽魚。

「沛國源流遠；紫陽世澤長。」此為珠璣巷朱氏祠堂楹聯，追慕朱氏先賢。

「一統江山明社稷；四書精典宋聖賢。」上聯謂明朝開國皇帝朱元璋。下聯謂朱熹注《大學》、《中庸》、《論語》、《孟子》。

「玉海金山，表彥和器宇；瓊林黃榜，大會狀文章。」上聯指梁代朱异，遍覽五經，尤明禮易。下聯指明朝朱縉、朱希周、朱國祚，先後皆中狀元。

「遷居曾憶舊池臺，趁風月一場，蘇城夢到；鹽業更兼諸種作，看煙波半岸，海國生涯。」此為浙江餘姚四明朱氏宗祠聯。上聯言本支來自蘇州，下聯

言餘姚風物。

「九江水抱一洞院，半由天，半不由天，二代十全成造化；三賢祠對五老峰，誰是石，誰是匪石，八心萬古絕磨磷。」此為江西九江廬山朱子祠聯。

比較特別的是專詠女性的一副楹聯：「夫人城原堪禦寇；才女詞幾致貽譏。」上聯是說東晉朱序，在前秦軍攻城時率眾固守，母親韓氏率婦女補築新城，號稱「夫人城」。下聯是說宋代才女朱淑真，精通書畫，熟稔音律，有詩詞《斷腸集》、《斷腸詞》傳世。

朱姓的排行用字，各地不同。如：

北京朱氏是：「高瞻祁見祐，厚載翊常由。慈和怡伯仲，簡靖迪先猷。」

江蘇南京朱氏是：「允文遵祖訓，欽武大君勝。順道宜逢吉，師良善用晟。」

江西婺源朱氏是：「一代鴻儒宗名哲，萬世賢聲定顯揚。詩書禮邦永繼長，德澤乃可菏天祥。」

四川達州朱氏是：「文志仕良，德學尚貴。元有光明，方正思應。禮義仁興，天開庭惠。」

此外，江蘇揚州朱氏是：「以之其瑞，立本榮傳。汝學純萬，克紹興邦。」

歷代朱姓名人甚多。朱姓的第一個名人，當是虞舜的大臣朱虎，朱襄氏的後裔。西周隱士朱張、戰國齊人朱毛、魏國力士朱亥、西漢中邑侯朱進等人，均是朱虎的後代。其他如：

炎帝朱襄氏，三皇之一。

西漢會稽太守朱買臣，武帝時為中大夫。

唐朝宰相朱敬則，政治家、史學家。

後梁朱溫，開國皇帝。

北宋醫學家朱肱，著有《南陽活人書》等。

理學家朱熹，官拜煥章閣待制兼侍講。

南宋女詩人朱淑真，有《斷腸詩》、《斷腸詞》傳世。

明朝朱元璋，開國皇帝。

明宣宗朱瞻基，在位時政治清明，百姓安居，經濟發展。

近代作家朱自清，清華大學教授。

美學家朱光潛，現代文藝理論家。

在傳統戲曲中最出名的，當數漢代朱買臣。古有成語「馬前潑水」，用來比喻夫妻離異後無法重圓，就出自朱買臣故事。錢鍾書《圍城》中有一句話：「雖然『馬前潑水』，居然『破鏡重圓』。」即用此典。明人有傳奇《爛柯山》，作者不詳，全本亡佚，《綴白裘》載有數折。民國時崑班演出時，稱為《朱買臣休妻》。劇情敘漢代儒生朱買臣，其妻崔氏不耐貧寒，逼其寫休書，改嫁張木匠。再婚後發現張木匠不僅家境貧窮，而且性格暴躁，於是離家寄宿於王媽媽家。後來得知朱買臣高中，榮任會稽太守，崔氏悔恨不已。她夜間夢見朱買臣差人送來鳳冠霞帔，迎接她到任所團聚，心中萬分欣喜，醒來後才發覺是夢。朱買臣衣錦還鄉時，崔氏攔住朱買臣，要求收留。朱買臣命人潑水於馬前，聲言若崔氏能將覆水收回，則夫妻相認。崔氏聞言，後悔莫及，投水自盡，崔氏從此成為不義之人。

很多劇種演過《朱買臣》的戲，一名《馬前潑水》，情節與前有異。劇情述漢朝書生朱買臣滿腹才學，卻未得功名，以打柴為生，入贅崔家為婿。因為貧富懸殊，夫妻不睦，崔氏便向丈夫討休書。一日大雪紛飛，朱買臣無法砍柴，遭到妻子的無情奚落和惡毒咒罵，並堅決索要休書。朱買臣勸妻子忍耐，許諾第二年可能得官。崔氏則認為朱買臣永生不會發跡，非要離婚不可。朱買臣忍無可忍，一氣之下寫了休書。後來朱買臣因人舉薦，做了會稽太守。當朱買臣的好友宴請朱買臣時，崔氏父女登門求見，崔氏向朱買臣下跪認錯。朱買臣拒不相認，朋友再三相勸都無濟於事。朱買臣讓崔氏把水潑在地上，說如能收起覆水，便重續婚姻。朋友見狀，把崔家暗中托他送盤纏給朱買臣的事相告，朱買臣心生慚愧，終於回心轉意。在這一類戲中，朱買臣反而成了無情之人。

在思想界最出名的，當數宋人朱熹。朱熹字元晦，號晦庵，世稱朱文公。祖籍徽州婺源，生於福建尤溪，理學家兼教育家，人尊為朱子。朱熹與程顥、程頤一起，合稱「程朱學派」。他的著述甚多，《四書章句集注》成為欽定教科書。朱熹認為心與理是兩個不同的概念，理是本體，心是認識的主體。朱熹哲學體系的核心，是理。他所謂的理，有多方面的含義。如認為理是先於自然

現象和社會現象的形而上者，是事物的規律，是倫理的準則，等等。

　　朱熹最受人攻訐的，是所謂「存天理，滅人欲」。這一思想在朱熹之前已經存在，不過朱熹說得最為明確。他認為，「聖賢千言萬語，只是教人存天理，滅人欲」。「存天理」對一般人並沒有壞處，「滅人欲」卻遭到世人的質疑。人是動物，所以人有動物的屬性，有自然的欲望，朱熹的「滅人欲」是否定了人的基本需求。事實上朱熹本人也做不到「滅人欲」。史載，監察御史沈繼祖彈劾朱熹，說他引誘尼姑納為寵妾，兒子去世後兒媳有孕。據說在朱熹寫給皇帝的罪己書中，對這兩條都供認不諱。「道學」聽起來自然不錯，然而「假道學」就另當別論了。

　　在我的熟人中，有學者朱福烓。他沒有什麼學歷，但後來成為詩人與學者。有弟子朱韞慧，在當今年輕人當中算是勤奮的。有〈韋先生其人〉寫道：「我很幸運，不知不覺成為韋先生的弟子。他為了提攜我，帶我共同署名在報刊上發表文章，和我一起在報刊上開闢專欄。他說，他為我改稿子比他自己寫還累。我剛為報刊寫稿時，習慣於堆砌材料，不能清晰分辨最能佐證的東西，歐化的語句使整篇文章讀來晦澀難懂。先生總是抓住一切空閒，補我揚州史料的欠缺。和他在一起的時間越長，越感覺到差距之大。就像這本剛捧在手的先生新作──《玉人何處教吹簫》，書名來自杜牧的詩句，但內容與揚州歷史上的美女並不相干。打開扉頁，全書分四部分：讀人記、讀城記、讀書記和讀河山記。先生的文字如行雲流水，把揚州的人物、城史、風情說得透徹明白，佩服之下不覺汗顏。我知道，先生筆下的『玉人』，其實就是揚州。」說得很是情深意切。

韋明鏵在揚州朱自清故居

十二　滎陽鄭氏

　　說起姓鄭，首先想到的是鄭成功。我曾到臺灣的鄭成功祠堂去過，想像他當年收復臺灣時躊躇志滿的神情，又設想在大明政權滅亡、滿清入主中原之後，鄭氏在臺灣的進退失據和首鼠兩端。

　　鄭姓源自子姓、姜姓、姬姓，以及少數民族的改姓。鄭氏的由來大致是：

　　一是源於姬姓，以國號為氏。周宣王之弟姬友，封地於鄭。鄭被韓滅亡，國人散居於今河南滎陽、鄭州、淮陽、商丘等地。為紀念故國，鄭國人以鄭為姓。

　　二是源自子姓。商王武丁之子名子奠，子奠也稱奠侯，以主持祭奠用酒而得名。周滅商後，奠隨之滅亡，後人便姓鄭氏。

　　三是源自姜姓。周滅商後，周武王封姜太公之少子井叔於鄭，史稱西鄭，故城在今陝西鳳翔。周穆王奪西鄭為下都，鄭國滅亡，國人即以鄭氏為姓。

　　四是源於地名，以邑名為氏。韓滅鄭後，鄭國人逃至陝西漢中，以故國之名再建方國，史稱南鄭。人民以故國為姓，稱為鄭氏。

　　五是源於改姓。如新羅國仿漢制分封授姓，其中珍支部封為鄭氏。哈尼族於明弘治初年，據《百家姓》始用鄭姓。蒙古族寶里吉特氏，清中葉均冠漢姓鄭氏、寶氏、李氏、吉氏等。裕固族的增斯恩氏，後簡化成漢姓鄭氏。

　　鄭氏的始祖相傳為鄭桓公，西周時鄭國的建立者。鄭桓公本人姓姬名友，周宣王之弟。西周將亡，鄭桓公聽從太史伯之言，將部族遷到雒邑之東，建立

新的鄭國，都城即今河南新鄭。其後人認為，鄭桓公是鄭氏的始祖。

　　鄭氏在先秦時，主要分布在陝西、河南、山東。戰國時進入四川、山西、河北等地。魏晉南北朝時北方多動亂，南方較穩定，鄭氏逐漸向南徙遷。至唐末，大批鄭氏先民定居福建，鄭姓的中心開始在東南沿海形成。明末清初，鄭成功進入臺灣，臺灣鄭氏遂成重要力量。現在福建為鄭姓第一大省，其次是河南、浙江，再次是江蘇、廣東、江西、湖北等。從宏觀角度看，鄭姓的分布主要集中在閩浙、豫鄂兩大板塊。

　　鄭氏的郡望，主要有滎陽郡、高密郡、南陽郡等。

　　滎陽是最有名的鄭氏郡望。揚州八怪之一的鄭板橋，自稱「滎陽鄭生」。他在〈沁園春・恨〉中寫道：「滎陽鄭，有慕歌家世，乞食風情。」此處用的是唐傳奇《李娃傳》之典。《李娃傳》又稱《汧國夫人傳》，作者白行簡，寫滎陽公子鄭生到長安應試，在平安里與名妓李娃一見傾心，直至資財耗盡，被老鴇逐出。滎陽公子輾轉殯儀之肆，靠為人哭喪自給。在挽歌比賽中，鄭生聲情並茂，被進京的父親認出。父親因兒子玷辱門庭，「去其衣服，以馬鞭鞭之數百」，棄之而去。經過同夥搭救，鄭生免得一死，淪為乞丐。大雪之夜，鄭生行乞到安邑東門，巧遇李娃。經李娃調護，鄭生漸癒，並且中舉登第為官。鄭生與李娃結為秦晉，李娃被封汧國夫人，鄭生父子也和好如初。鄭板橋所謂「滎陽鄭，有慕歌家世，乞食風情」謂此。

　　鄭氏的郡望，首先是滎陽。滎陽郡的轄地，在今河南鄭州、開封一帶。滎陽郡始置於三國曹魏，係從河南郡分出。不久廢，西晉復置。因鄭姓最早在滎陽成為望族，故稱滎陽鄭氏。滎陽鄭氏最早的居住地是開封，這裡原有春秋時鄭莊公所築的城堡，秦時在此置開封縣。唐代中葉，政治中心北移至今開封。

　　鄭姓的堂號，主要有著經堂、博經堂和通德堂，都與東漢經學家鄭玄有關。鄭玄因研究經學知名於世，深受北海相孔融敬重，特地在他家鄉高密設鄭公鄉。又擴建門第，使通車馬，取名通德門。西漢時，讀書人多專治一經，而鄭玄主博通諸經。鄭玄後人以此為榮，故用著經、博經、通德作為自家堂號。

　　除此之外，又有滎陽堂、隴西堂、洛陽堂、高密堂、雍州堂、南陽堂、安遠堂等，均以地望立堂。戰國時秦國置隴西郡，因在隴山之西得名，故有隴西堂。洛陽縣係戰國時秦國所置，因在洛水之陽得名，因有洛陽堂。高密郡又稱

高密國，西漢時改膠西郡置高密國，故有高密堂。雍州郡為東漢時置，治所在長安，因有雍州堂。南陽郡係秦時所置，治所在宛城，故有南陽堂。漢宣帝時鄭吉為侍郎，擊敗車師，封為安遠侯，後人遂有安遠堂。

另外一些鄭氏的堂號，來自各個支系的傳承情況。如《新唐書·宰相世系表》記載，滎陽鄭氏傳到後燕太子少傅鄭溫時，他的四個兒子分別被稱為西祖、南祖、北祖和中祖。北祖之子鄭茂有子七人，後也分為七房，號稱「七房鄭氏」。遷居福建的鄭氏進一步分衍為五房，稱為「南莆五大房」，也屬此例。

鄭氏祠堂的對聯，厚重而有文采。如：

「藝工三絕；文成一家。」上聯出唐人鄭虔，善畫，好書，工詩，人譽為「三絕」。下聯出宋人鄭厚，工文詞，自成一家。

「古之遺愛；號為司農。」上聯言春秋鄭子產，孔子稱之為「古之遺愛也」。下聯言東漢鄭眾，官大司農，人稱鄭司農。

「家傳詩教；系出滎陽。」上聯指東漢鄭玄，經學大師。下聯指鄭氏郡望滎陽。

「畫荻歐母；乞巧采娘。」上聯謂宋人歐陽修四歲而孤，母鄭氏守節教子。下聯謂鄭侃之女采娘，於乞巧日夢織女授其神針。

「鄢陵世澤；心史家聲。」全聯言南宋鄭思肖，著有《心史》。

「三絕詩書畫；一官歸去來。」聯出清人鄭燮，揚州八怪之一，詩書畫號稱三絕，後辭官歸里。

「滎陽綿世澤；秋浦振家聲。」此為安徽東至鶯山牌樓下村鄭氏宗祠聯。上聯出鄭氏郡望，下聯出本支居住的秋浦河。

「北戰南征收寶島；船來帆往下西洋。」上聯指明人鄭成功。下聯指明人鄭和。

「威震西域封安遠；學傳北海集大成。」上聯出西漢鄭吉，曾為安遠侯。下聯出東漢鄭玄，集經學之大成。

「出通德之門，輝聯閥閱；聽尚書之履，聲響蓬萊。」上聯指東漢鄭玄。下聯指西漢鄭崇。

「諫草有千言，自信丹青能悟主；歸囊只一拂，可知琴鶴亦妨人。」聯出宋朝鄭俠，曾以圖諫神宗。

「派衍廣文之裔，文子文孫，克紹薪傳於此日；家垂經學之遺，學詩學禮，無忘庭訓于當年。」上聯指唐朝鄭虔，曾官廣文館博士。下聯指東漢經學家鄭興、鄭眾父子和鄭玄。

鄭氏的排行用字，各地不一。如：

福建泉州惠安鄭氏是：「興隆知祖德，顯達念君恩。復回同一派，攀舉陟龍門。」

重慶大足鄭氏是：「永世長朝惜，文興大國昌。天才開周泰，宗明萬代發。」

湖北十堰鄭氏是：「德建明興順，道隆華日昌。」

四川涼山鄭氏是：「贏征思虎國，山經朝萬天。永在成加顯，首本後循環。」

鄭姓的歷代名人眾多，略如：

戰國水利家鄭國，曾任韓國的水工之官。鄭國渠修建之後，關中成為天下糧倉。鄭國渠、都江堰、靈渠並稱為秦代三大水利工程。

漢代諫臣鄭崇，曾任尚書僕射，每好進諫。皇上每聽其腳步聲，便笑曰：「我識鄭尚書履聲。」

經學大師鄭玄，曾入太學攻《京氏易》、《公羊春秋》，後從馬融學古文經。著有《天文七政論》、《中侯》等書，世稱「鄭學」。

唐代畫家鄭虔，又精通經史、天文、地理、博物、兵法、醫藥，杜甫贊為「滎陽冠眾儒」、「文傳天下口」。

詩人鄭綮，嘗言「詩思在灞橋風雪中驢背上」，故錢鍾書說：「驢子彷彿是詩人特有的坐騎。」

宰相鄭珣瑜，少孤，值天寶之亂，退耕養母。為官清靜，頗有政聲。

宰相鄭餘慶，曾兩次拜相。因得罪權臣，被貶為太子賓客。封滎陽郡公。

直臣鄭瀚，鄭餘慶之子。為官正直，人為危之。唐憲宗謂餘慶曰：「卿之令子，朕之直臣，可更相賀。」

　　狀元鄭光業，懿宗時人，狀元及第，事見《北里志》、《唐摭言》。

　　宋狀元鄭獬，為人剛直。英宗即位修陵，需費甚巨，上書諫說國庫空虛，希節儉愛民。著有《郧溪集》。

　　史學家鄭樵，少時讀書，資質異常，曾上書主張抗金。後隱居山中，鑽研經學、禮樂、天文、地理，著有《通志》等。

　　畫家鄭思肖，宋亡後號所南，思念趙宋之意。日常坐臥，總是向南。畫蘭露根而不畫土，喻國土已失。著有《心史》。

　　元代曲家鄭光祖，與關漢卿、馬致遠、白樸合稱為「元曲四大家」。所作雜劇現存《倩女離魂》等。

　　曲家鄭廷玉，作有雜劇二十餘種，今存《包待制智勘後庭花》、《布袋和尚忍字記》等。

　　明代航海家鄭和，小名三寶、三保，曾七下西洋，在印度西海岸古里國去世，今南京牛首山鄭和墓或為其衣冠塚。

　　明末清初民族英雄鄭成功，父鄭芝龍，隆武帝賜明朝國姓朱，賜名成功，封忠孝伯。永曆帝封延平王。鄭成功率部在東南沿海抗清，後擊敗荷蘭在臺灣的駐軍，收復臺灣。

　　清代畫家鄭燮，康熙秀才，雍正舉人，乾隆進士。官山東范縣、濰縣縣令，政績顯著，後客居揚州，以賣畫為生，為揚州八怪代表人物。著有《鄭板橋集》。

　　物理學家鄭復光，精通數學、物理與機械製造。著有《鏡鏡詅癡》，集當時中西光學知識之大成。

　　現代學者鄭振鐸，作家、詩人、文學史家。著有《插圖本中國文學史》、《中國文學研究》等。

　　歷史上關於鄭國和鄭人的故事很多，如〈鄭人買履〉、〈鄭伯克段于鄢〉等，幾乎家喻戶曉。在古代，宋人的「守株待兔」和「鄭人買履」都是可笑而愚蠢的現象。鄭國的音樂似乎也不正經，被孔子批評為「鄭聲淫」，還說：「惡紫之奪朱也，惡鄭聲之亂雅樂也。」大約是說鄭國的音樂過於放肆，不夠克制。

　　姓鄭的人，可能都有點特立獨行。像鄭思肖、鄭成功、鄭板橋、鄭振鐸等，

都是在某一方面有些偏執的人。鄭思肖為了表示忠於趙宋，日常坐臥都面向南而背朝北，已經有點強迫症。而鄭板橋的〈道情〉，反覆說自己是「慕歌家世，乞食風情」，自嘲出身於乞丐世家。

我們的祖輩和父輩都見過這樣的情景：一個穿著舊道袍，有時還戴著一頂破道帽的破落道士，手裡握著漁鼓和簡板，挨家挨戶地歌唱求乞。當他來到一家門前時，先把漁鼓蓬蓬地敲起，把簡板嚓嚓地夾響，然後唱上幾段淒清而悠長的歌曲。這就是道情。唱完了，等候人家的施與。他常常不用手去接錢，而是用兩片竹篾做成的「簡板」將銅元夾起，再把銅元放進用竹筒做成的「漁鼓」裡。陳汝衡在《說書史話》裡說，道情藝人這樣做，是為了表示他們的清高。他們刻意表示自己清高，是因為自己卑賤。舊時的道情藝人，其實與乞丐無異。道情所唱之詞，多為歷代不知名的文人和藝人所撰，但是清代文人也喜歡以道情形式創作。據鄭振鐸《中國俗文學史》所論，有清一代，道情作家雖多，最重要的只有三家，即鄭板橋、金冬心和徐靈胎。道情不僅僅是一種案頭文學，它必須經人傳唱，才算完成。就這一點說，鄭板橋的確是一位最成功的道情作家。

鄭板橋所作〈道情〉的開頭，有一段自白：

> 楓葉蘆花並客舟，烟波江上使人愁。勸君更盡一杯酒，昨日少年今白頭。自家板橋道人是也！我先世元和公公，流落人間，教歌度曲。我如今也譜得道情十首，無非喚醒癡聾，銷除煩惱。每到山青水綠之處，聊以自遣自歌；若遇爭名奪利之場，正好覺人覺世。這也是風流世業，措大生涯，不免將來請教諸公，以當一笑。

所謂「我先世元和公公，流落人間，教歌度曲」，是指《李娃傳》中的鄭生鄭元和。鄭板橋的〈道情〉寫了歌詠漁翁、樵夫、頭陀、道人、書生、乞兒等人的十首唱詞，經多次修改，最後的刻本是這樣的：

> 老漁翁，一釣竿，靠山崖，傍水灣，扁舟來往無牽絆。沙鷗點點清波遠，荻港蕭蕭白晝寒，高歌一曲斜陽晚。一霎時波搖金影，驀抬頭月上東山。
> 老樵夫，自砍柴，捆青松，夾綠槐，茫茫野草秋山外。豐碑是處成

荒塚，華表千尋臥碧苔，墳前石馬磨刀壞。倒不如閒錢沽酒，醉醺
醺山徑歸來。

老頭陀，古廟中，自燒香，自打鐘，免葵燕麥閒齋供。山門破落無
關鎖，斜日蒼黃有亂松，秋星閃爍頹垣縫。黑漆漆蒲團打坐，夜燒
茶爐火通紅。

水田衣，老道人，背葫蘆，戴袱巾，棕鞋布襪相廝稱。修琴賣藥般
般會，捉鬼拿妖件件能，白雲紅葉歸山徑。聞說道懸岩結屋，卻叫
人何處相尋。

老書生，白屋中，說黃虞，道古風，許多後輩高科中。門前僕從雄
如虎，陌上旌旗去似龍，一朝勢落成春夢。倒不如蓬門僻巷，教幾
个小小蒙童。

儘風流，小乞兒，數蓮花，唱竹枝，千門打鼓沿街市。橋邊日出猶
酣睡，山外斜陽已早歸，殘杯冷炙饒滋味。醉倒在迴廊古廟，一憑
他雨打風吹。

掩柴扉，怕出頭，剪西風，菊徑秋，看看又是重陽後。幾行衰艸迷
山郭，一片殘陽下酒樓，栖鴉點上蕭蕭柳。撮幾句盲詞瞎話，交還
他鐵板歌喉。

邈唐虞，遠夏殷，卷宗周，入暴秦，爭雄七國相兼并。文章兩漢空
陳迹，金粉南朝總廢塵，李唐趙宋慌忙盡。最可歎龍蟠虎踞，盡銷
磨燕子春燈。

弔龍逢，哭比干，羨莊周，拜老聃，未央宮裏王孫慘。南來薏苡徒
興謗，七尺珊瑚只自殘，孔明枉作英雄漢。早知道茅廬高臥，省多
少六出祁山。

撥琵琶，續續彈，喚庸愚，警懦頑，四條絃上多哀怨。黃沙白艸無
人跡，古戍寒雲亂鳥還，虞羅慣打孤飛雁。收拾起漁樵事業，任從
他風雪關山。

最後還有一句尾聲：「風流家世元和老，舊曲翻新調，扯碎狀元袍，脫卻
烏紗帽。俺唱這道情兒，歸山去了！」再次聲言，自己就是曾經乞食街頭的滎
陽鄭生之後。縱觀鄭板橋的〈道情〉，警世醒人，深沉宏遠，同時又通俗易懂，
琅琅上口。因此，它在文人道情中最為流傳，不是沒有道理的。它強調的是世

道的炎涼，人生的短暫，抒發的是散淡的情懷，超然的心境，以及對於青山綠水的精神寄託。

我認識一個姓鄭的朋友，平時以炒股、販書、健身為生計。按理，她的為人也是很正直樸實的，只是性格有些落落不群。她結交的人有些古怪，處世之道也有些乖張。在她的身上，帶著「鄭聲」那樣狂放不羈的基因。

十三　晉昌唐氏

　　我們小時候最熟悉的到西天取經的唐僧，其實並不姓唐。唐僧的俗名，叫陳禕，法號玄奘，因為生於唐朝，才喚作唐三藏。

　　根據史書記載，唐氏出自祁姓。帝堯時初封唐侯，其地在中山唐縣。夏朝時，丹朱裔孫劉累遷於魯縣，後裔留守故地唐縣。至商朝，更號豕韋氏，周朝時復改為唐公。成王滅唐後，以其地封弟叔虞，後又封劉累的裔孫在魯縣者為唐侯，其地即唐州方城。魯定公時，楚滅唐，唐侯的子孫遂以國為氏。

　　唐氏的主要郡望，一是晉昌郡。但歷史上的晉昌郡非止一處，一在陝西石泉，二在山西定襄，三在甘肅安西，唐氏郡望以甘肅安西更為合理。前梁唐郵遷徙晉昌，成為當地的望族，唐郵也成為晉昌郡唐氏的始祖。唐郵的五世孫唐揣，曾任北海太守，受封晉昌公。九世孫唐邕，受封晉昌王。十一世孫唐儉為唐朝開國元勳、受封為晉昌郡公。據洛陽唐墓出土的墓誌銘，武則天之子唐睿宗李旦曾娶「晉昌唐氏」與「清河崔氏」。晉昌遂成為唐氏歷史上最大的郡望。

　　二是晉陽郡，地在今山西太原。晉昌郡始祖唐郵的六世孫唐純，曾為後魏太原太守，由此唐氏移居山西太原。《新唐書》、《舊唐書》記載吏部尚書莒國公唐儉及其後裔唐次，均稱是「并州晉陽人也」，可見唐氏在晉陽亦為望族，故唐氏後裔自稱晉陽郡唐氏。晉陽在春秋末已有城，位於太原西南。秦置晉陽縣，為太原郡治所。東漢後為并州治所。隋以龍山為晉陽，晉陽為太原。所以，晉陽實際上就是太原。

三是東魯郡，或稱泰山郡。唐雎的十九世孫唐臺，曾任泰山太守，被認為是東魯郡唐氏的始祖。唐臺之子唐彬，《晉書》有傳：「唐彬，字儒宗，魯國鄒人也。父臺，太山太守。」太山就是泰山，漢時置泰山郡。唐臺的子孫因祖上在東魯是名門，而自稱東魯郡唐氏。浙江唐氏家譜，如世德堂《蘭江東魯唐氏族譜》、柱峰堂《東魯唐氏族譜》、萬松堂《萬松東魯唐氏族譜》等，雖在蘭溪境內，都自稱郡望是「東魯」。《蘭江東魯唐氏族譜》寫道：「考諸傳記，唐氏郡望本皆稱晉昌，而有宗獨東魯者，豈以先世當為泰山郡及兗州刺史而稱歟？」

四是北海郡，因唐郫之後唐揣曾任北海太守，被尊為北海郡唐氏始祖。這支唐氏也確是望族。據《新唐書》記述，唐揣之子唐儼任東海太守，孫唐輪任青州太守，曾孫唐永任北地太守。因唐氏一家在山東北海世代為官，子孫便自稱北海郡唐氏。北海郡係漢代所置，地在山東青州、萊州一帶。隋改高陽郡。唐仍為北海郡。明清時為青州府。

從上述概況可以知道，唐姓的四大郡望都源於晉昌，實係同根。

唐氏的堂號豐富多彩，各有意義。

如百木堂，浙江嵊州唐氏堂名，源自唐代剡縣令唐宗長任滿後，隱居嵊州，土著百姓各獻一木，為其構屋，故名。據嵊州《唐氏宗譜》載：「德施於民，民懷其德，眾民各懷木一根，構百木堂一所以報之。」可見受百姓愛戴。

培德堂，係唐宗長的四世孫唐文成，從嵊州土塊遷往新昌棠州，祠堂稱培德堂，乃是培育祖德之意。又從棠州遷居秀峰，祠堂稱報德堂，寓意是以善行報效祖德。

振德堂，浙江蘭溪唐氏堂名。唐氏從淳安茶園遷至蘭溪篁嶼，所建祠堂稱振德堂，有重振祖德之意。從篁嶼遷往三泉的唐氏，所建祠堂名世德堂，含不忘累世祖德之意。

桐葉堂，安徽碭山唐寨鎮唐氏堂名。史載周成王小時候，和弟弟叔虞一起玩耍，成王把一片桐葉剪成圭狀送給叔虞，說：「把它封給你吧！」後來成王不得不將唐地封給叔虞，稱為唐叔虞。唐叔虞後來成為晉國的開國君主。這就是「君無戲言，桐葉封弟」的典故。

唐氏名人，歷來多有。如：

晉國君主唐叔虞，受封予唐，即今山西翼城。

楚國辭賦家唐勒，生於屈原和宋玉之間，以賦見稱。

梁國相術家唐舉，以善相術著名，看人形狀、顏色而知其吉凶。

南朝江南義軍首領唐寓之，攻占錢塘後稱帝，建吳國。

北宋醫藥學家唐慎微，世代以醫為業，著有《經史證類備急本草》。

明代畫家唐寅，擅山水、人物、花鳥，與沈周、文徵明、仇英合稱「明四家」。

散文家唐順之，官至右僉都御史，代鳳陽巡撫，為「唐宋派」人物之一。

明末農民軍女首領唐賽兒，因民不聊生，揭竿而起，殺官掠地。後明廷搜捕，不知所終。

清初思想家唐甄，著有《潛書》。宗王陽明良知之學，反對空談心性，主張富民。

陶瓷藝術家唐英，歷任淮關、九江關、粵海關監督及督陶使等。能文善畫，精通製瓷。詩文集為《陶人心語》。

清末維新派人物唐才常，早年參與創辦時務學堂，編輯《湘學報》，後遭殺害。

近代政治家唐紹儀，民國第一任總理。

現代音韻學家唐蘭，曾在北平師範大學、輔仁大學、中國大學任教，受聘為北平故宮博物館金石鑒定專門委員。

在唐姓名人中，最為婦孺皆知的傳奇人物是唐伯虎。唐伯虎就是畫家唐寅，奇怪的是，他的名聲之所以那麼大，並不是因為他畫得好，而是因為有一個叫秋香的丫鬟成就了他。民間盛傳《唐伯虎點秋香》的故事，說號稱江南第一風流才子的唐伯虎，對華太師家的丫鬟秋香一見鍾情，後在船夫的幫助下混進華府，經過一番曲折，兩人終於成婚。很多人考證過，歷史上的唐寅並無「三笑」豔史，唐寅的人生甚至有些坎坷。

唐寅年輕時娶徐氏，夫妻恩愛，相濡以沫。數年之後，家中不幸，父親、母親、妻子、兒子、妹妹相繼去世。唐寅潛心苦讀，準備科考，終於中舉。不料參加會試時，為人陷害，被捕下獄，後又被罷黜為吏。嗣後續娶一妻，卻因不和而休妻。其後，唐寅遊歷四方，貧病交加，直至再娶沈氏為妻，才在蘇州金閶門外築屋，取名桃花庵。這位沈氏為他生了個女兒。

《三笑》故事最初見項元汴《蕉窗雜錄》，周玄暐《涇林雜記》描述更為詳細。馮夢龍在《警世通言》中寫了〈唐解元一笑姻緣〉後，影響更廣。據說明代確有秋香其人，乃是南京的一個妓女，姓林，名奴兒，年紀要長唐寅一二十歲，估計唐寅見了她也未必一見鍾情。華太師是無錫人，歲數又要小唐伯虎約三十歲。所以，唐伯虎與所謂「三笑」是無緣的。

唐寅的郡望是晉昌郡，他在書畫題名時常署「晉昌唐寅」，有時也自稱「魯國唐生」。他的故居，今存舊址，墓葬在蘇州西郊橫塘。唐寅的墓包括墓區、神道、牌坊、六如堂、夢墨堂、閒來草堂等，墓碑鐫刻「明唐解元之墓」。

唐姓是常見的姓。我認識的翠璟堂主人姓唐氏。翠璟堂是一家經營珠寶的公司，巧得很，堂主名叫做唐愛玉，顧名思義是中國人愛玉。翠璟堂經營翡翠生意，在廣義上，翡翠也屬於玉，而揚州歷來是玉、翠的集散之地。但中國的玉、翠並非都產自本國，更多的來自外國。我寫過一篇〈心為愛世界 人是玉精神〉的文章，引用西班牙人門多薩在所著《中華大帝國史》開頭的話說，中華帝國在亞洲極東，它周邊的國家如緬甸「盛產金銀和寶石，而特別產紅玉」，蘇門答臘「盛產金子、寶石和珍珠」。這些國家的玉石大量銷往中國，包括揚州。從盛唐到大清，揚州一直閃耀著珠光寶氣。《舊唐書》說：「揚州地當衝要，多富商大賈珠翠珍怪之產。」《唐闕史》說：「揚州勝地也……九里三十步街中，珠翠填咽，邈若仙境。」《明季南略》說：「舟中俱有婦人，自揚州掠來者，裝飾俱羅綺珠翠，粉白黛綠。」《揚州畫舫錄》寫道：「翠花街，一名新盛街，在南柳巷口大儒坊東巷內。肆市韶秀，貨分隧別，皆珠翠首飾舖也。」可見，揚州人愛玉，尤愛珠翠。唐愛玉作為女性，看似柔弱，實則堅強。我參加她的創業典禮，親見那麼多嘉賓前來祝賀。古人視翡翠為至寶，認為翡翠具有特異功能。歐陽修《歸田錄》記載，他有一玉罌，形制古老精巧，得之於梅聖俞，一直以為是碧玉。歐陽修在潁州時，將玉罌出示僚屬，座中有宮內老臣認識，說：「此寶器也，謂之翡翠。」因為宮中也有一隻翡翠盞，所以他能一眼識別。

歐陽修說，「凡物有相感，出於自然，非人智慮所及」。如用翡翠來輕輕地摩擦金子，能夠使「金屑紛紛而落，如硯中磨墨」。奇怪的是，歐洲人也認為翡翠具有特異功能，可以賦予人以特異的視覺。翡翠究竟有沒有特異功能呢？它有高貴的品質和與之匹配的價格，但它傳達的情義是無價的。唐愛玉說，這就是翡翠的特異之處。

十四　譙郡戴氏

　　我對戴氏有好感。小學時代遇見一個姓戴的女生，膚白似雪，貌美如仙，夥伴皆以為神女。她的名字中有個「雲」字，我們給她起了個代號，叫做「二八一」，因為「雲」（云）字可以拆分為「二八一」三字。後又認識一個戴姓女子，是個伶人，長袖善舞，能解風情，只是生性多疑，易生糾結。總的來說，我見到的戴氏女子的風儀和情商，似乎都高於同儕。

　　戴氏的來源，一說是以諡號為氏，為商湯的後裔。據史籍記載，周公旦曾封商紂庶兄子啟於商的舊都，在今河南商丘建立宋國。宋國有君主諡號戴公，子孫遂以諡號為氏。如其庶子撝，以父王的諡號為氏，稱為戴撝，後人遂以戴撝為戴氏得姓的始祖。

　　一說戴氏以國為氏，源於春秋時的戴國。春秋時，戴國被鄭國所滅，其國的人民為紀念故國，遂以國為姓。據考，戴國在今河南民權縣東，一說在河南蘭考縣，亡於鄭國或宋國。

　　一說戴氏出自姬姓的戴公、戴伯，後人便姓戴氏。其他如滿洲的戴佳氏，後改戴姓。也有說蚩尤也姓戴。

　　「戴」字由兩部分組成。「戈」即兵戈，是戰神的象徵。「田」和「共」，前者表示儺盔面具，後者表示雙手拱托。「土」字則是頭上插上野雞羽毛的樣子。因為蚩尤氏族崇祀蚩尤，故「戴」有愛戴、擁戴之意。

　　戴氏在先秦時，活躍於河南一帶，秦漢時東移到安徽、山東、江蘇、浙江等地。三國兩晉南北朝時向長江三角洲廣為分布，並向西發展。唐時戴姓在華北、西北、四川等地都有定居點，後在幾次南下移民潮中進入福建、廣東等地，並於清初進入臺灣。戴姓在中國大陸主要分布於浙江、江西，其次分布於湖南、江蘇、山東、河南、湖北等省。中國大陸形成了以東部江浙為首，沿長江向西延伸到川黔的戴氏聚集帶。

　　戴氏的郡望，首先是譙郡。譙郡是東漢建安末年從沛郡分置的郡，治所在譙縣（今安徽亳州）。三國時，譙郡相當於今安徽、河南兩省的靈璧、蒙城、太和、鹿邑、永城等地。

　　其次是廣陵郡。西漢時曾改江都國為廣陵國，治所在廣陵（今江蘇揚州）。東漢改為廣陵郡，轄境相當今江蘇、安徽交界的一些地區。

　　再次是清河郡，治所在清陽（今河北清河東南），包括今河北清河及棗強、南宮各一部分，山東臨清、夏津、武城等地。

　　戴氏的堂號有譙國堂，因東周時宋國貴族戴雲升遷居譙郡，後代留居於此，故以譙國為堂名。又有獨步堂，或云避貴堂，源自後漢戴良的故事。戴良有高才，言行與眾不同，他曾說：「我獨步天下，誰能與我比？」時人舉他為孝廉，他不接受，請他做司空，他還是不願意。州官強迫他出任，他就躲到山裡去。另外，戴姓的堂號還有廣陵堂、清河堂、清華堂、賜禮堂、榮席堂、紫薇堂、注禮堂等。

　　戴姓宗祠的門楣題字，多用「注禮名家」四字。西漢人戴德、戴聖叔侄，一同學禮，兩人均為博士。戴德選輯古代各種有關禮儀的論述，編成《大戴禮記》，世稱「大戴」。戴聖又編輯前人有關禮儀等的文字，編成《小戴禮記》，世稱「小戴」。為了頌揚戴德、戴聖的學問道德，所以戴氏正門多題「注禮名家」四字。

　　戴氏的楹聯，多用「席傳易學；業擅禮經」。上聯指明代人戴圭，潛心治《易》，身體力行，著有《易經大旨》等書。下聯指西漢戴德、戴聖叔侄。其他又有：

　　「逸情霞舉；峻節山高。」上聯謂南朝戴顒、戴勃兄弟，善於作畫、鼓琴，隱居桐廬、吳中，當地士人集資為其建房，朝廷多次徵召而不去，著有《逍遙

論》。下聯謂東晉戴逵，反對因果報應之說，精於雕塑繪畫之藝，權貴使人召之彈琴，戴逵毅然破琴，對使者說：「戴安道不為王門伶人。」

「九靈隱士；五女疏裳。」上聯言元人戴良，屢徵不仕，居九靈山下，自號九靈山人。下聯言漢人戴良，生有五女，均嫁賢士，嫁妝只有粗衣、布被、竹笥、木屐。

「一經傳舊德；五世振儒風。」上聯云東漢經學家戴憑之事。下聯云唐代戴元益五世同居之事，皆有名聲。

「經傳大小戴；名與斗山齊。」全聯說西漢經學家戴德、戴聖之事。

「解經不窮，榮向金門累席；過目成誦，歡從玉殿傳臚。」上聯言東漢經學家戴憑事。下聯言明代編修戴大賓事。

歷代戴氏名人很多。如：

漢代禮學大師戴德、戴聖，今文禮學「大戴學」和「小戴學」的開創者。由於二人在禮學上的貢獻，後人尊稱為儒宗。

東晉畫家戴逵，擅長雕塑，反對佛教的因果報應說，著有《釋疑論》。他為瓦棺寺所塑〈五世佛〉，和顧愷之壁畫〈維摩詰像〉、獅子國（斯里蘭卡）玉佛，當時並稱「三絕」。

唐代詩人戴叔倫，曾任新城令、東陽令、撫州刺史、容管經略使。晚年通道，其詩多表現隱逸生活和閒適情調，有《戴叔倫集》。

畫家戴嵩，擅畫田家、川原之景，寫山澤水牛尤為著名，與韓滉畫馬齊名，世稱「韓馬戴牛」。

南宋詩人戴復古，長期浪遊江湖，曾向陸游學詩，卒年八十有餘。有《石屏詩集》、《石屏詞》。

元代文學家戴表元，文章高雅，時稱「東南文章，首推表元」。有《剡源戴先生文集》。

詩人戴良，曾任淮南江北等處行中書省儒學提舉，後至吳中依張士誠。又泛海至登萊，擬歸元軍。元亡後隱居四明山。明太祖召至京師，欲與之官，託病固辭。有《九靈山房集》。

　　明代畫家戴進，善畫山水，境界深遠，兼工人物，設色純熟，人推明代院體中第一手。

　　清代畫家戴本孝，能詩文，工山水，多作卷冊小景，擅用乾筆焦墨，丘壑不繁，意境恬淡，近元人畫趣。

　　史學家戴名世，刊行《南山集》，有正史以外之事，因觸怒清廷，以大逆罪被殺，為清朝著名文字獄。

　　思想家戴震，對經學、天文、數學、歷史、地理都有研究，為一代考據大師。有《戴氏遺書》。

　　狀元戴衢亨，乾隆狀元，授翰林院修撰。從政謹慎，頗有遠見。著有《震無咎齋詩稿》。

　　畫家戴熙，道光進士，官至兵部右侍郎，後引疾致仕歸。曾在崇文書院任主講。太平軍克杭州時，投水而死，諡號文節。有《習苦齋集》等。

　　數學家戴煦，與項名達同時研究三角函數的冪級數展開式，和橢圓求周等問題，並代項氏續成遺著。有《對數簡法》等。

　　軍統頭目戴笠，字雨農，黃埔軍校肄業。因飛機失事而亡，時有「雨農亡在雨中，戴笠死在戴山」之說。

　　抗日名將戴安瀾，隨中國遠征軍入緬對日作戰，書寫了抗戰史上的光輝一頁，後負傷殉國。

　　現代詩人戴望舒，現代派詩歌代表人物。著有《望舒草》等。

　　關於戴氏最出名的典故，是《世說新語》中王子猷雪夜訪戴安道的故事。〈王子猷雪夜訪戴〉是南朝劉義慶所作，文中寫道：

> 王子猷居山陰，夜大雪，眠覺，開室命酌酒，四望皎然，因起傍偟，詠左思〈招隱〉詩。忽憶戴安道。時戴在剡，即便夜乘小舟就之。經宿方至，造門不前而返。人問其故，王曰：「吾本乘興而行，興盡而返，何必見戴？」

　　文章的意思是，王子猷家住在山陰，一天夜裡下大雪，他一覺醒來，打開窗戶，命僕人上酒。四處望去，一片晶瑩。於是起身徘徊，吟誦左思的《招隱

詩》。忽然想到老友戴逵，字安道。當時戴逵遠在曹娥江上游的剡縣，王子猷即刻連夜乘小船前往。小船航行了一夜，才到戴逵家門前，王子猷卻轉身返回。有人問他為何這樣，王子猷說：「我本來是乘著興致前往，興致已盡，自然返回，為何一定要見戴逵呢？」王子猷就是王徽之，東晉名士，王羲之之子。曾任車騎參軍、大司馬參軍、黃門侍郎，生性高傲，放誕不羈。書法得其父之傳，世傳《新月帖》等。戴安道即戴逵，王徽之的朋友，東晉時畫家。戴逵終生不仕，博學多才，善於鼓琴，又工繪事，堅拒太宰武陵王召其鼓琴之命。王徽之曾雪夜訪之，到門未入，反映了王徽之瀟灑率真的個性，也可見東晉士族任性放達的風貌。

按照自己的興致行事，而不囿於常理常情，這是一種自由舒展的人生態度。它不僅是一般人所說的任誕放浪、不拘形跡，而且具有超越時空的永恆價值與審美魅力。這使人想到水泊梁山的好漢——戴宗。戴宗特立獨行，人稱神行太保，他最後辭官到岳廟出家，大笑而終，也算是我行我素之人。

十五　渤海石氏

　　石氏是常見的姓氏，石敬瑭、石達開都是有名的歷史人物。我在南京工作時，結識一位姓石的女朋友，老家在山東，後輾轉至南京。後來知道，石氏的郡望有渤海、武威、平原、上黨、河南等說，而山東正在渤海之濱。

　　石氏的郡望，按照時代先後來說，最先有上黨郡。上黨郡是戰國時韓國所置，治所在壺關（今山西長治）。西漢時，轄地在今山西境內沁水東部（今山西長治一帶）。

　　其次是三川郡，秦時所置，西漢時改為河南郡，治所在今河南洛陽。轄地大致相當於今河南孟津、偃師、鞏義、滎陽、原陽、中牟、鄭州、新鄭、新密、臨汝、汝陽、伊川、洛陽等地。隋初廢，後復為豫州河南郡。唐為河南府，元為河南路，明清均為河南府。

　　再次是平原郡，始建於西漢，治所在今山東平原西南。轄境相當於今山東平原、陵縣、禹城、齊河、臨邑、商河、惠民、陽信等地。東漢後或為國，或為郡。北魏時廢。隋唐時以德州為平原郡，治安德（今山東陵縣）。

　　再次是武威郡，西漢在原匈奴地域所置，治所在武威，為涼州所在，史稱西涼。轄地在今甘肅黃河以西、武威以東。十六國時前涼、後涼、南涼、北涼諸國，皆建都於此。

　　作為石氏主要郡望的渤海郡，自西漢時從鉅鹿、上谷之地分立，治所在浮

陽，今河北滄州。唐時東北靺鞨族建立渤海郡，又稱渤海國，轄地在松花江以南至渤海一帶。後唐玄宗冊封大柞榮為渤海郡王，遂名渤海。渤海郡地跨烏蘇里江兩岸，在今遼寧、河北、山東三省之間的渤海灣沿岸一帶。

石姓的起源，據史籍載，出自衛大夫石碏。石氏源於姬姓。因為春秋時康叔六世孫衛靖伯之孫石碏，世為衛大夫，石碏在政治動盪中大義滅親，為君子稱道，故後人以石碏的字為姓。《左傳》說：「石碏，純臣也，惡州吁而厚與焉。大義滅親，其是之謂乎！」

其他關於石姓起源的說法，有說春秋時宋國公子段，字子石，其後代以先祖之字為姓氏，稱石氏。有說鄭國公族後裔公子豐，字石癸，其子孫以先祖之字為姓氏，稱石氏。有說秦國有複姓石作氏，如孔子的弟子有石作蜀，《孔子家語》又稱石子蜀，子孫簡化為單姓石氏。

此外，鮮卑、突厥等民族，也有漢化改姓石氏的。有名的如後晉創始人石敬瑭，本是沙陀族人，亦姓石氏。唐時西域有石國，漢化後也改姓石氏。唐朝時，古波斯人來華商賈很多，留居中原者有取漢姓為石氏。蒙古、回族、滿族，都有屬於漢化改姓石氏的。如滿族石佳氏世居葉赫烏蘇河，後多冠漢姓石氏。最奇怪的是北齊皇后婁氏患病，忽見衣服自動飄浮，便問巫婆是怎麼回事。巫婆說，她要改姓石氏才得以免禍行，婁氏依計而行，改為石姓。此事《北齊書》有載：「大寧二年春，太后寢疾，衣忽自舉，用巫媼言改姓石氏。」

石氏多以望立堂，如渤海堂、河南堂、平原堂、武威堂、上黨堂等。又有徂徠堂，出自宋朝石介。石介是山東徂徠山人，官國子監教授，他寫文章批評時政，毫無顧忌，人稱徂徠先生。

石氏在秦漢前主要生活在北方，後來逐漸徙居江南。唐初有石氏遷至南方，成為閩南望族。其後又遷入廣東、臺灣乃至海外。石氏有建國稱王的。如十六國時山西羯族人石勒自稱趙王，取得北方大部分地區後稱帝，年號建平。五代時沙陀部人石敬瑭，滅後唐而建後晉。

石氏名人很多，如：

始祖石碏，春秋衛國大夫，名本一。為人大義，道德忠純，名聞諸侯。因有功於衛國，故世為衛大夫，其後人以石為氏。

孔子門生石作蜀，自幼胸懷遠志，聰穎敏學，仰慕孔子，投身孔門，得聖人教育和薰陶，為孔門七十二賢人之一。

楚國大臣石奢，堅直廉正，無所阿避。有殺人者，追上去一看，是自己的父親。他放走其父，歸還請罪，說：「殺人者，臣之父也。夫以父立政，不孝也；廢法縱罪，非忠也；臣罪當死。」楚昭王說：「追而不及，不當伏罪，子其治事矣。」石奢回答：「不私其父，非孝子也；不奉主法，非忠臣也。王赦其罪，上惠也；伏誅而死，臣職也。」石奢遂自刎而死。

戰國時天文學家石申，著有《石氏星經》，系統觀察金、木、水、火、土五大行星的運行，發現其出沒的規律。

西漢大臣石奮，初為小吏，侍奉高祖。帝愛其恭敬，召其姊為美人。後列九卿，號為萬石君。其人戰戰兢兢，如臨深淵，如履薄冰，但敏於行事。

西晉石崇，小名齊奴，財產無數，侈糜至極，以鬥富聞名。

後趙建立者石勒，原名匐勒，建後趙政權。

後晉建立者石敬瑭，沙陀族人，為人精明，擅長權術，所聚珍異，窮奢極麗。

宋初大將石守信，與趙匡胤結為兄弟，後以年老多病請辭，史稱「杯酒釋兵權」。

思想家石介，理學先驅，曾創建泰山書院、徂徠書院，以《易經》、《春秋》教授諸生，世稱徂徠先生。

清代藏書家石韞玉，嘗修《蘇州府志》，為世所重，著有《獨學樓詩文集》。友人張問陶病逝，石韞玉為之編成《船山詩草》二十卷。

太平天國翼王石達開，綽號石敢當。天京事變後回京輔佐天王，因不被信任，負氣出走，兵敗大渡河。

現代畫家石魯，因崇拜石濤和魯迅，改名石魯。畫風獷率、硬朗，有「野怪亂黑」之喻，「文革」中因此罹禍。

石氏的字輩排行，各地不同。如：

山東泰安石氏的排行用字是：「道學宗仁義，家聲恭謹傳。尋源同一本，相勉效先賢。」

湖南南縣石氏的排行用字是：「金典克明，俊德方瑞，仁和義生。」

福建同安石氏的排行用字是：「瑞興萃育泰，達道永嘉長。」

安徽博望石氏的排行用字是：「正大開宏運，文明啟象賢。永紹高登業，長懷寶貴年。」

四川大竹石氏的排行用字是：「志從萬正朝，有勇奉為君。啟尚月先兆，世代永乾坤。」

浙江象山石氏的排行用字是：「開泰聖賢生，中邦政事行。先人惟積善，克守振朝廷。」

廣東興寧石氏的排行用字是：「榮華家豪強，天錫慶其昌。福中生俊秀，奕世顯明揚。」

湖北黃石石氏的排行用字是：「宏成志本大，教義貞仙訓。」

河北樂亭石氏的排行用字是：「宣慈慶德，書品忠正，敦貽萬惠。」

重慶南彭石氏的排行用字是：「克孝崇宗本，家班自爾昌。安懷邵大德，富貴啟明良。」

江西樂平石氏的排行用字是：「鍾秀瓊瑤品，光聯奎必香。聲名揚海宇，萬代永傳芳。」

江蘇泗陽石氏的排行用字是：「如有開科，時道乃昌。安民和眾，功德濟世。」

石姓宗祠的對聯也寫得好，如：

「詩歌聖德；傳載純臣。」上聯指北宋經學名家石介，曾作〈慶曆聖德頌〉。下聯指衛國大夫石碏，史稱其「純臣」。

「蓉城仙主；金谷名園。」上聯謂北宋文人石延年，詩文為歐陽修等推重，劇飲而不醉，人稱芙蓉酒仙。下聯謂西晉權貴石崇，建金谷園別墅，窮奢極麗。

「美人鼓瑟；內眷承封。」上聯說漢石奮姊善鼓瑟，高祖召為美人。下聯說宋石景略母劉氏封為清廉君太夫人，妻虞氏封為畢郡夫人。

「同朝十學士，六部五尚書，躋躋冠裳誇右族；一門三狀元，四代九御史，

巍巍甲第羨名家。」明狀元元璐題浙江新昌石大宗祠聯。

在歷代石氏名人中，給人印象最深的是西晉的石崇和當代的石魯。

劉義慶《世說新語》云：

> 石崇與王愷爭豪，並窮綺麗以飾輿服。武帝，愷之甥也，每助愷。嘗以一珊瑚樹高二尺許賜愷，枝柯扶疏，世罕其比。愷以示崇，崇視訖，以鐵如意擊之，應手而碎。愷既惋惜，又以為疾己之寶，聲色甚屬。崇曰：「不足恨，今還卿。」乃命左右悉取珊瑚樹，有三尺四尺、條榦絕世、光彩溢目者六七枚，如愷許比甚眾。愷惘然自失。

晉武帝問鼎中原，志滿意得，沉湎於荒淫靡費之中。上有所好，下必效之，朝中權貴紛紛炫富。當時洛陽有三富，一是禁衛軍頭目羊琇，一是晉武帝舅父王愷，一是散騎常侍石崇，而以石崇、王愷之間的鬥富讓人咋舌。石崇一到洛陽，聽說王愷家洗鍋用稀糖水，就命自家廚房用蠟燭當柴燒。王愷在家門口用紫絲編成四十里屏障，石崇就用更昂貴的彩緞鋪了五十里地面。最後，王愷拿出一株兩尺多高的珊瑚樹擺勝，卻被石崇一鎯頭砸碎，並搬來幾十株珊瑚樹還他，其中有的珊瑚樹比王愷的大一倍。石崇就這樣在歷史上出了名。

對於石魯的瞭解，主要是因為他的畫風「野怪亂黑」，因此而被批鬥得幾乎喪命。我一直不知道「野怪亂黑」是什麼意思，後來看過他的畫，才知道他用墨尚黑，滿紙煙雲。但是為什麼這樣就有罪呢？實際上，石魯的畫多表現華山天險，黃河咆嘯，用筆如刀，瀉墨如瀑。如何用墨完全是畫家個人的事情，把用墨尚黑說成政治問題，如同瘋人的囈語。對於無妄的批判，石魯曾以打油詩嘲道：「人罵我野我更野，搜盡平凡創奇蹟。人責我怪我何怪，不屑為奴偏自裁。人謂我亂不為亂，無法之法法更嚴。人笑我黑不太黑，黑到驚心動魂魄。野怪亂黑何足論，你有嘴舌我有心。生活為我出新意，我為生活傳精神。」這樣一個具有個性的畫家，在遭受嚴刑拷打、強迫隔離之後，還剝奪了繪畫的權利。

《水滸》中有個好漢石秀，曾經殺死過一個淫僧，他大概是我最早知道的姓石的名人。

但我的石姓朋友，卻是一個溫婉的女子。石進原名石莉莎，這是他的軍人

父親在五十年代初為她起的名字，她本人也特別喜歡。但到六十年代中期，這個名字顯然不合時宜，因而不得不改名。她開始想改成「石靜」，但報戶口時，工作人員說：「什麼靜不靜啊，要跟著時代前進！」就擅自給她填上了「石進」的名字。她後來的名字就一直叫石進，這是她最不喜歡的名字，但卻用了大半輩子。

我和石進是在南京認識的。那時我們先後進入南京港工作，因為在宣傳隊排練節目而成為朋友。關於最初見面的印象，在將近四十年之後，石進寫了一篇〈我的好友韋明鏵〉的文章，回憶道：「當時的小韋同志，二十出頭，長著一張白淨的娃娃臉，閃著一雙有神的大眼睛，看上去就是一個中學生模樣，但比他的同伴都要顯得小。因為他買飯菜時，總是面帶微笑，不愛言語，一副討喜的模樣，所以在食堂工作的我對他有好印象。可是我們沒有說過話，那時他也並不認識我。」「直到 1972 年二區組建文藝宣傳隊，我和韋明鏵正巧都抽調去了，那時候才算正式認識對方。韋明鏵當時在宣傳隊裡非常突出，不但擔任主要演員，還負責創作編劇任務。他也十分會演戲，什麼小話劇、小演唱、三句半、樣板戲，都無師自通。我現在還記得他參加自編自演的小節目，如相聲、三句半、揚州評話等，在這些節目中，他不但積極參與，並且認真排演。1974 年，單位再次組建宣傳隊，他獨創的揚州評話《孔子誅殺少正卯》，用濃重的揚州口音講說故事，有聲有色，真的精彩！因為他生得面善，說話風趣，當時我很喜歡和他說話，這樣我們就成為談得來的好朋友了。」

人生如飄萍。2017 年 7 月，我和石進分別將近四十年後，在蘇州重逢。我是在蘇州參加書展的，書展上有我的新書展出。我送了一本我的新書給她，並在扉頁上題道：

相別金陵見姑蘇，當年黑髮今稀疏。
誰知三十六年後，猶記同遊玄武湖。

回憶這段往事時，我們都差不多是古稀之年了，而當年我們同事時才二十歲左右。用她的話來說，是回顧青春，一地芳華。

十六　潁川陳氏

　　多年之前，我去安徽安慶旅遊，見城外有高山，人稱獨秀峰。後來去獨秀峰下憑弔陳獨秀墓，竟不知道是先有獨秀峰，還是先有陳獨秀。問當地人，方知先有獨秀峰，後有陳獨秀。陳獨秀原名慶同，字仲甫，安慶人。他的名字獨秀取自他家鄉的獨秀峰，是毫無疑問的。

　　陳氏的始祖，史稱陳胡公，本係媯姓，名滿，字少湯，算起來是舜的子孫。舜的後人遏父，擔任周的製陶之官，後來封於陳國，後人稱為陳氏。陳胡公墓在河南淮陽，今淮陽城東南有陳胡公祠。

　　陳胡公的裔孫陳軫曾任楚相，封潁川侯。子孫多為顯貴，如漢丞相陳平、南朝陳武帝陳霸先等。

　　陳氏的郡望，主要有潁川郡、汝南郡、下邳郡、廣陵郡、東海郡、武當郡、廬江郡、馮翊郡、京兆郡、新安郡等，其中最著名的是潁川郡。

　　潁川郡，秦時所置，以潁水得名，治所在今河南禹縣，轄境包括今河南登封以東，尉氏以西，密縣以南，葉縣以北等地。潁川郡諸姓，以陳姓為首。

　　汝南郡，漢時所置，治所在河南上蔡，轄境相當於今河南中部偏南和安徽淮河以北。

　　下邳郡，東漢所置，治所在下邳（今江蘇睢寧），轄地北至江蘇邳縣，南至安徽嘉山。

廣陵郡，西漢所置諸侯國，東漢改為郡，治所在廣陵（今江蘇揚州）。

東海郡，原為秦所置之郯郡，後改東海郡，治所在郯（今山東郯城）。

武當郡，北魏所置，治所在今湖北均縣。

盧江郡，漢時所置，隋初為盧江縣，治所在舒（今安徽盧江），轄境相當於今安徽長江以北的盧江一帶。

馮翊郡，漢時所置，治所在臨晉（今陝西大荔）。

京兆郡，漢時所置，治所在長安（今陝西西安）。

新安郡，晉時由新都郡改置，在今浙江淳安以西，安徽新安江流域。隋代改歙州，後移至歙縣，即後來的徽州。

陳姓的堂號很多，幾乎有上百個。著名的有穎川堂、義門堂、德星堂、德聚堂、三恪堂等。穎川堂以陳氏發祥地河南穎川而得名。義門堂以穎川陳氏最著名的支脈義門陳氏而得名。德星堂、德聚堂的得名，都有一些故事。漢代太丘長陳寔的子侄以孝賢聞名，有一次陳寔率子孫遊覽許昌西湖，正值天上的德星聚會。於是太史上奏皇帝，說天上德星聚會，人間應有賢人聚會，漢靈帝就在許昌西湖敕建德星亭。後來陳氏族人便以德星或聚星為堂號，楹聯為「穎川世澤；太丘家聲」。又有三恪堂，恪是敬重之意。周滅紂後，將夏禹之後封於杞，商湯之後封於宋，虞舜之後封於陳，稱為「三恪」。意為他們都是周朝的客人，不是臣子，應該尊敬他們。此外，陳姓的堂號還有澠武堂、四勿堂等。

陳國滅亡後，族人四處逃散。有一支移居陽城，今河南登封，到了秦朝末年，出了農民起義領袖陳勝。西晉末年，中原戰亂，陳氏也渡江南逃，移居江南各地，直到福建。陳氏與林、黃、鄭、詹、丘、何、胡諸氏是中原最早進入福建的移民。這就是《閩書》所說的：「永嘉二年，中州板蕩，衣冠始入閩者八族，所謂林、黃、陳、鄭、詹、丘、何、胡是也。」唐時，閩南發生動亂，嶺南行軍總管陳政率兵前往討伐，但招架不住，只得據城固守。陳政死後，他的兒子陳元光代父領兵，成為閩、粵、臺及南洋諸島陳姓最主要的一支。當地百姓尊崇陳元光，建了很多陳聖王廟，福建有百餘座，臺灣有數十座，南洋諸島有二十多座，規模之大，香火之盛，不亞於佛寺道觀。宋時，陳氏控制的漳、泉二州主動歸順宋太宗，陳氏在閩南仍為望族。明末清初，福建大規模向臺灣

移民，陳氏隨之遷往臺灣。據說陳氏族人在橫渡臺灣海峽時，或死於海上，或死於瘟疫，或死於械鬥者甚多。由於清廷禁止攜眷赴臺，陳氏移民只好把妻小留在家鄉，待賺到錢後再衣錦還鄉。實際上事業有成者很少，多數移民與當地土著女子結婚生子。臺北有陳氏總宗祠德星堂，楹聯云：

> 箕裘全子，袍笏文孫，潁川郡鳳毛世冑；
> 南國旌旄，東宮衣鉢，李唐時虎拜王庭。

其中的「箕裘」出自《禮記》，比喻繼續祖先的事業。「南國」指江南建立的陳朝，乃是陳氏的榮耀。

陳姓宗祠的楹聯，堪稱文化遺產。如：

「元龍豪氣；華嶽希夷。」上聯出三國陳登，字元龍，人稱「元龍湖海之士，豪氣未除」。下聯出五代陳摶，隱居華山，太宗賜號希夷先生。

「太丘德望；潁水淵源。」全聯謂東漢陳寔，為太丘長，修德清靜，百姓平安。

「名高七彥；才擅六奇。」上聯言三國陳琳，建安七子之一。下聯言漢人陳平，六出奇計，助高祖得天下。

「投轄留客；懸榻待賢。」上聯說西漢陳遵好客，常將客人車軸上的銷釘投入井中，使客不得急返。下聯說東漢陳蕃，不善待客，惟徐稚至，特設一榻，稚去則將榻懸起。

「濟時偉略；經國文章。」上聯謂陳琳為曹操記室，軍國書檄，多出其手。下聯謂陳登具有豪氣，懷抱濟時偉略。

「張楚開紀元；文佳第一人。」上聯指陳勝，曾建國號張楚。下聯指陳碩真，曾號文佳皇帝。

「鼎甲綿綿接武；春魁世世光宗。」上聯言宋代陳文忠、陳文蕭兄弟，先後中狀元。下聯言明代狀元陳安、陳循、陳謹等。

「天下太平無一事；山中高臥有千年。」此係陳摶老祖廟聯。

「亭臺不落匡山後；策杖曾經工部來。」此係唐陳子昂讀書臺聯。上聯言

李白曾在此讀書。下聯言杜甫，曾拄杖前來。

「臥元龍之樓，耿耿濟時偉略；讀孔璋之檄，巖巖經國文章。」上聯指陳登。下聯指陳琳。

陳氏的排行用字，各地不同。如：

陳氏最重要分支——江州義門堂陳氏的排行用字：「開國萬事立，其德震光月。性道為忠孝，心良必自新。強易催風照，勤起聚龍兵。」

湖南湘鄉陳氏的排行用字：「翼道傳經，崇對啟緒。瑞煥列星，秀鍾南楚。俊彥鼎升，鴻才軒奉。本茂支蕃，典敦禮敍。」

山東滕州陳氏的排行用字：「意翠玉風泰生震官林。」

安徽全椒陳氏的排行用字：「德大開宏業，家榮其俊英。」

河南信陽陳氏的排行用字：「元相福貴，長明登萬，事華賢良，安定國忠，厚爭傳家。」

陳氏歷史名人極多，如秦末義軍陳勝、西漢功臣陳平、三國文士陳琳、南朝後主陳叔寶、唐三藏法師陳禕、明朝名妓陳圓圓等。略具數例：

陳國第一任君主陳胡公，舜帝之後。陳胡公在位期間，修築陳城，抵禦外敵，以周朝仁德教化百姓，使陳國成禮儀之邦。

秦末農民軍將領陳勝，與吳廣在蘄縣大澤鄉斬木為兵，揭竿為旗，抗禦暴秦，建立張楚。失敗後，被車夫殺害。

西漢王朝功臣陳平，少時喜讀書，有大志，曾為鄉里分肉，甚均，父老讚之，他感慨地說：「使平得宰天下，亦如是肉矣！」陳平久居相位，且得善終。

漢武帝劉徹陳皇后，名陳阿嬌或陳嬌，與劉徹青梅竹馬，後為大漢皇后。「千金買賦」及「金屋藏嬌」等典故，都與陳皇后有關。

廣陵太守陳登，桀驁不馴，學識淵博，智謀過人。能體察民情，開發水利，撫弱育孤，深得百姓敬重。

漢代賢士陳寔，少年好學，修德清靜，百姓擁戴。卒後，海內赴弔者三萬餘人，制衰麻者以百數，共刊石立碑，諡為文範先生。

建安七子之一陳琳，初從袁紹，後歸曹操，為司空軍謀祭酒，管記室。詩、文、賦兼善，代表作〈飲馬長城窟行〉、〈為袁紹檄豫州文〉，有《陳記室集》。

西晉史學家陳壽，在三國分裂局面結束後，歷經十年時間完成紀傳體史學巨著《三國志》，完整記敘了自漢末至晉初近百年間歷史全貌，與《史記》、《漢書》、《後漢書》並稱「前四史」。

陳朝開國皇帝陳霸先，出身卑微，史稱他倜儻大度，志度弘遠，不理家產，明達果斷。

陳後主陳叔寶，南朝陳朝皇帝，日與妃嬪、文臣遊宴，製作豔詞。他不是稱職的皇帝，但他在辭賦上有很高造詣。

唐三藏法師陳禕，與鳩摩羅什、真諦並稱為中國佛教三大翻譯家，唯識宗的創始者。貞觀年間從涼州出玉門關西行，歷經艱難到天竺取經。著有《大唐西域記》等。

初唐四傑之一陳子昂，曾任右拾遺，後世稱陳拾遺。代表作〈登幽州臺歌〉等。

宋代陳摶老祖，道教師祖，將道教方術、儒家修養、佛教禪念歸為一流，對後代有較大影響。有〈睡功圖〉傳世。

明末書畫家陳洪綬，號老蓮，一生以畫見長，尤工人物畫，與順天崔子忠齊名，號稱「南陳北崔」，人謂「明三百年無此筆墨」。

清代帝師陳廷敬，先後任康熙帝師、吏部尚書、文淵閣大學士、《康熙字典》總修官等職。

清初才女陳素素，善於彈琴，工於賦詩，著有《二分明月集》。自號「二分明月女子」。她的故事被朱素臣譜為傳奇《秦樓月》。

太平天國英王陳玉成，先破江北大營，再破江南大營，後為叛徒誘捕，在河南延津就義。

新文化運動倡導者陳獨秀，創辦《新青年》雜誌，舉起民主與科學的旗幟。後發起組織共產黨，繼而脫黨。

華僑領袖陳嘉庚，企業家、教育家、慈善家、社會活動家，曾任中國人民

政治協商會議全國委員會副主席。

數學家陳景潤，1973 年發表（1+2）詳細證明，被公認為對哥德巴赫猜想研究的重大貢獻。

在歷代陳氏名人中，我偏愛陳登和陳琳。

在揚州西北，古代曾有接濟運河和灌溉農田的五座水塘——陳公塘、勾城塘、上雷塘、下雷塘、小新塘，合稱五塘。其中陳公塘，因東漢末年廣陵太守陳登所築而得名，後人因「愛其功，敬其事」，又稱其為愛敬陂。

陳登字元龍，下邳淮浦即今江蘇漣水人，為人爽朗，性格沉靜，智謀過人，少年時有扶世濟民之志，並且博覽群書，學識淵博。二十餘歲，舉孝廉，任東陽知縣，體察民情，撫弱育孤，深得百姓敬重。後來徐州牧陶謙提拔他為典農校尉，主管農業生產。他親自考察土壤狀況，開發水利，發展灌溉，使漢末迭遭破壞的徐州農業得到一定程度的恢復，百姓安居樂業。建安初年，陳登出使許都，向曹操面陳破呂布之計，深得曹操嘉許，被任命為廣陵太守。

陳登就任廣陵太守後，移治於射陽（今江蘇寶應）。他明賞罰，重威治，使廣陵鬆弛的吏治為之一振。為了籌畫一支精兵策應曹操，他恩威並濟，成功地化解薛州武裝，轉為己用。同時，陳登很注意安撫民眾，發展生產，不到一年就使廣陵呈現出欣欣向榮的氣象。百姓深服陳登的治理，對他既敬畏又擁戴，陳登在廣陵樹立起了崇高的威望。建安年間，曹操揮軍東出，進剿呂布。陳登親率精兵，由廣陵出發，圍呂布於下邳城。呂布伏誅後，陳登因特殊功勳進封伏波將軍，仍為廣陵太守，甚得江淮民心。

陳登一生的主要成就，在政治上是消滅呂布，擊敗孫策，在經濟上是興修水利，發展農業。他在揚州進行了幾項意義深遠的水利工程，如改道邗溝、設置五塘、開鑿龍河，它們與揚州的經濟文化發展相關密切。

在陳登來廣陵以前，南北運輸依然靠吳王夫差開鑿的邗溝故道，從廣陵到淮河要先入高郵湖，向東北繞經博支湖、射陽湖，再轉頭折向西，轉白馬湖，由末口入淮。如此水道曲折，曠日持久，費力費時。陳登決定開闢另一捷徑，由高郵湖直下界首湖，再北通白馬湖。這樣船從廣陵啟航入淮，航程大大縮短。這條河史稱「邗溝西道」，也是現在京杭大運河揚州段的主要航道。

　　在五塘中，陳公塘最大，周邊長九十多里，可灌田千餘頃，塘址在儀徵白羊山以南，官塘集、龍河集以北。陳公塘的東、西、北三面倚山為岸，南面築壘成堤，如今尚有遺跡可尋，當地人稱其為「龍埂」。勾城塘面積比陳公塘小，周邊長十八餘里，塘址在烏塔溝與沿山河交匯處，塘水沿烏塔溝流入儀揚運河。小新塘、上雷塘、下雷塘都比較小，周長只有六七里，槐子河將這三個塘串連起來，從西向東分別是小新塘、上雷塘、下雷塘。當年的塘水可從小新塘注入上雷塘，再轉入下雷塘，沿槐子河往東流入大運河。

　　五塘體現了陳登的智慧和擔當。在古代廣陵的生產條件下，利用山區高低起伏的地形，修築水庫塘壩以蓄水，既保證了城鄉人民的生活，又確保了蓄洪排澇，還能夠輸水運河以保障通航。揚州五塘也帶動了周邊各縣的湖塘建設。據史料記載，此後有寶應二塘，儀徵四塘，高郵三塘，江都五塘，共計十四塘。陳登在廣陵治水方面的功績是不可抹殺的。五塘一直發揮作用，唐貞觀年間李襲譽修雷塘引水渠，又新築勾城塘。貞元年間杜亞修陳公塘和勾城塘，建斗門，引渠水至揚州接濟運河，並灌溉兩岸農田。宋大中祥符、淳熙年間均大修五塘堤閘，保障航運和灌溉。到明前期，五塘仍用以濟運，成化年間曾大修，後雖有修浚，終於占墾為田。清雍正時，疏浚了勾城塘通運河的烏塔溝。清中期後，五塘不復存在。

　　陳登還開挖了龍河。揚州的地勢西北高，東南低，高處容易乾旱，低處容易內澇。為了給缺水的山區解決水源問題，陳登修建了一條南北人工水道，把南水引向北邊，為山區農業提供了保障。老百姓為了紀念他，將這條貫穿儀揚山區的水道稱為元龍河，也即今天的龍河，龍河鎮也由此而名。

　　陳登在廣陵多年，治政有方，民賴其利，百姓對他感恩戴德。陳登轉任今河南濮陽之東郡太守時，廣陵吏民扶老攜幼，要隨陳登一起北遷。陳登十分感動，耐心地勸說他們回去：「我在廣陵任太守，吳寇頻頻來犯，總算勉強打跑了他們。我走後，你們不用擔心，肯定會有更好的太守來治理廣陵的。」百姓們終於被陳登說服，不再堅持。陳登與廣陵百姓建立的魚水深情，令人感歎。

　　陳登早年有病，雖經神醫華佗診治，並未除根。後來病重，因華佗不在，無人可治，溘然長逝，時年三十九歲。《三國志·華佗傳》記道：

　　　廣陵太守陳登得病，胸中煩懣，面赤不食。佗脈之曰：「府君胃中

有蟲數升，欲成內疽，食腥物所為也。」即作湯二升，先服一升。斯須盡服之，食頃，吐出三升許蟲，赤頭皆動，半身是生魚膾也，所苦便癒。佗曰：「此病後三期當發，遇良醫乃可濟救。」依期果發動，時佗不在，如言而死。

後人認為，陳登可能是吃海鮮時，由於當時的衛生條件差，海鮮中有後來所謂的「血滴蟲」。當時雖給華佗治好了，但還留下後遺症，正如華佗所說：「遇良醫乃可濟救。」不遇良醫，則如言而死。

陳登生當亂世，自有一種豪爽之氣，人稱「元龍豪氣」。《三國志》寫道：

陳登者，字元龍，在廣陵有威名。又掎角呂布有功，加伏波將軍，年三十九卒。後許汜與劉備並在荊州牧劉表坐，表與備共論天下人，汜曰：「陳元龍湖海之士，豪氣不除。」備謂表曰：「許君論是非？」表曰：「欲言非，此君為善士，不宜虛言；欲言是，元龍名重天下。」備問汜：「君言豪，寧有事邪？」汜曰：「昔遭亂過下邳，見元龍。元龍無客主之意，久不相與語，自上大牀臥，使客臥下牀。」備曰：「君有國士之名，今天下大亂，帝主失所，望君憂國忘家，有救世之意，而君求田問舍，言無可采，是元龍所諱也，何緣當與君語？如小人，欲臥百尺樓上，臥君於地，何但上下牀之間邪？」表大笑。備因言曰：「若元龍文武膽志，當求之於古耳，造次難得比也。」

在揚州北面的寶應，有九里一千墩，建安七子之一陳琳就葬在這裡。

陳琳字孔璋，廣陵射陽人。生年無確考，只知在建安七子中年齒較長，大約與讓梨的孔融相當。陳琳在漢靈帝時，為大將軍何進的主簿。何進被殺後，依附袁紹。官渡之戰爆發，陳琳作〈為袁紹檄豫州文〉，名聞天下。袁紹敗後，陳琳歸附曹操，擔任司空軍謀祭酒，管記室，軍國書檄多為陳琳所作。曹操深愛其才，對於陳琳的作品，據說曹操不能增減一字。建安年間爆發大疫，陳琳染疾逝世，史載葬於寶應。

九里一千墩是漢墓群。從射陽湖鎮趙家村算起，到天平鄉天平莊為止，東西長九華里，其間有墓墩千百。有書上說，楚霸王的叔父項伯、三國時稱帝的袁術和建安七子的陳琳均葬於此。這裡曾經出土銅虎、千斤鐙、雙魚銅洗等銅器以及陶器、玉器、鐵器等，歷來為識者所重。但我最想看的，是陳琳墓。

在一望無垠的稻田中間，不時有隆起的土墩散落其間，那就是漢墓。詢問同行的寶應朋友，陳琳究竟葬於何處，回答卻語焉不詳。待到歸來，翻檢舊籍，才知道陳琳墓址有幾種說法。

陳琳之死距今將近一千八百年。墓表文物早已不存，文獻記載又不得要領，要確知他的墓址所在，除非有地下出土文物證明。不過迄今為止，並無這方面的確鑿消息。寶應志書對墓塚文物的記載，只是「墓舊有碣今亡」六字。實際上，真正看到陳琳墓並且留下文字的人，是一千多年前的唐人。最出名的當然是溫庭筠的〈過陳琳墓〉：

> 曾於青史見遺文，今日飄蓬過此墳。
> 詞客有靈應識我，霸才無主始憐君。
> 石麟埋沒藏春草，銅雀荒涼對暮雲。
> 莫怪臨風倍惆悵，欲將書劍學從軍。

這首懷古之作，表面上憑弔陳琳，其實是自鳴不平。開頭說曾在史書上讀過陳琳的文章，如今在漂泊中又正好經過陳琳的墓。「曾於青史見遺文」，不僅點出陳琳以文章名世，而且寓含著崇慕之情。「今日飄蓬過此墳」暗示詩人的不幸際遇。詩中說的「霸才」，猶言蓋世超群之才。陳琳遇到曹操那樣豁達愛才的明君，自是「霸才有主」，而自己遭遇與陳琳相反，「霸才無主」正是詩人的自我寫照。因為年深日久，陳琳墓前的石麒麟已經深埋在萋萋春草之中，顯得荒涼寥落。由此聯想到鄴下的銅雀臺，現在大約也只剩下一片荒涼，遙對暮雲了。細讀此詩，溫庭筠詩中的確別有寄託，不過他沒有為我們提供更多關於陳琳墓的材料。

另一位唐末五代詩人吳融，也寫過一首〈過陳琳墓有感〉：

> 冀州飛檄傲英雄，卻把文辭事鄴宮。
> 縱道筆端由我得，九泉何面見袁公。

吳融的詩不如溫庭筠的詩出名，但他的筆鋒所向，卻正觸動了陳琳一生三易其主的隱痛。陳琳的一生不很得志，他雖然被列為建安七子之一，終身不過是清客或者幕僚。他先後事過何進、袁紹、曹操三主。漢靈帝末年，先任大將

軍何進的主簿。何進為誅宦官，召四方邊將進入京城洛陽，陳琳諫阻，但何進不聽，事敗被殺。陳琳不得已，避難冀州，入袁紹之幕。袁紹委任他負責文章之事，軍中文書，多出其手。最著名的是〈為袁紹檄豫州文〉，文中歷數曹操罪狀，詆斥及其父祖，大聲疾呼：「此乃忠臣肝腦塗地之秋，烈士立功之會，可不勖哉！」並說：「其得操首者，封五千戶侯，賞錢五千萬。」這就是吳融詩中說的「冀州飛檄傲英雄」。然而官渡一戰，袁紹大敗，陳琳竟為曹軍俘獲。曹操看到階下之囚陳琳，就想起他曾罵他先人「饕餮放橫，傷化虐民」、「竊盜鼎司，傾覆重器」，怒不可遏。《後漢演義》第八十二回描寫曹操與陳琳的見面情形是：

> 卻說陳琳被曹軍擒住，解至操前，操盛怒相待。及見琳溫文爾雅，不禁起了憐才的念頭，即霽顏問琳道：「卿前為本初作檄，但可罪狀孤身，奈何上及祖父呢？」琳答說道：「箭在弦上，不得不發。公今罪琳，琳亦知罪了；活琳惟公，殺琳亦惟公。」操聽了琳言，怒意益平，遂赦免琳罪，使與陳留人阮瑀，同為記室。

陳琳區區一語，卻使曹阿瞞動了憐才之心，不但不殺，而且留用。陳琳跟隨曹操之後，先署為司空軍師祭酒，使與阮瑀同管記室，後又徙為丞相門下督，而當年銳氣蕩然無存。《三國演義》第五十六回寫道：「時有王朗、鍾繇、王粲、陳琳一班文官，進獻詩章。詩中多有稱頌曹操功德巍巍，合當受命之意。曹操逐一覽畢，笑曰：『諸公佳作，過譽甚矣……』眾皆起拜曰：『雖伊尹、周公，不及丞相矣。』」這也就是吳融詩中所寫的「九泉何面見袁公」。陳琳從痛罵曹操到獻媚曹操，到九泉之下還有何面目見故主袁紹呢？

但陳琳不過是一個文人而已。作為文人，他無愧於建安七子的稱號。建安文學以詩歌成績最為顯著，作品反映社會動亂和人民顛沛，要求國家統一和百姓安居。因詞情慷慨，語言剛健，後人稱為建安風骨，主要作家是「三曹」與「七子」。除了孔融後來與曹操發生衝突被殺，其餘六人都是曹魏政權的擁戴者。他們追隨曹操南北征戰，希望在動盪的時代有所建樹。他們的作品深刻反映了社會現實，抒寫了對於亂世中人民的悲憫之心。這種壯烈的情懷，構成了他們文學創作的基調。

陳氏的基因中也許有一種慷慨的氣質。最近在與陳革的交往中，也能感受

到一種執著的氣象。陳革自稱是「新金陵畫派」，專攻山水，師法前人，出以己意。我為她的畫展作序，其中說：「一個藝術家不必動輒宣稱自成一派，但是公開揭起自己所尊崇的藝術主張，卻是藝術自信的表現。金陵畫派以畫山水為主，新金陵畫派承其餘脈，亦傾心於高山大川，視野開闊，氣象恢弘。金陵畫派的藝術主張與揚州畫派大相徑庭。概而言之，金陵畫派師古人，尊正統，而揚州畫派抒性靈，求新異，其不同如此。」陳革的好處是堅持理想，晨昏不輟。一個人如果堅持不懈，經年之後，當有所成。

十七　濟陽丁氏

　　丁氏的起源，一般認為出自殷商時諸侯丁侯。周武王伐紂時，丁侯不降，為周所滅，族人散居各地，便以丁為氏。也有一說，認為丁氏出自周文王的姬姓後裔。又有認為春秋時宋國有大夫丁公，其子孫以丁為姓氏。

　　另外，西域人名中最後一個字是「丁」的很多，漢化以後往往改姓為丁。如《靈山房集高士傳》云：「鶴年，西域人也，曾祖阿老丁，祖父苦思丁，父為烏祿丁，又有從兄士雅漢丁。鶴年知自曾祖以下其名末一家皆『丁』字，不知何義，後世遂以鶴年為丁姓。」

　　丁氏的郡望，多稱濟陽郡。濟陽在戰國時為魏邑，西漢置濟陽縣，治所在今河南蘭考。晉惠帝時，將陳留郡之一部分設置濟陽郡，治所在濟陽。

　　丁氏的聚居地，在秦漢時主要在今山東、江蘇、河南，也有遷至今河北、陝西、廣西、湖北的。秦末項羽有將領丁固，今山東滕縣人。劉邦有部下丁義，今江蘇沛縣人。西漢時有丁寬，今河南商丘南人。三國兩晉時江南多丁氏，如吳國丁諝，今浙江杭州人。西晉丁紹，今安徽亳州人。唐宋後丁氏族人分散於福建、廣東，漸至臺灣。在臺北、嘉義、新竹，都有丁氏聚居。

　　丁氏的堂號，有濟陽堂、五果堂、鍾德堂、夢松堂、雙桂堂、留餘堂、承德堂、馴鹿堂等。

　　其中，馴鹿堂是後漢丁茂時事。丁茂幼時喪父，家裡很窮。他孝順母親，

母死親自背土築墳，栽植松柏於墓旁。山中白鹿為之感動，來到墓旁守護，故丁氏後人號為馴鹿堂。

濟陽堂因漢丁復公佐漢有功，子孫世居濟陽，故名。

生松堂取丁固夢腹生松事。晉時丁固夢見松樹生其腹上。人曰：「松字，十八公也。後十八年，其為公乎？」後來丁固果然位列三公。

雙桂堂源於宋人丁宗臣、丁寶臣兄弟，同榜高中進士，里人遂將來賢坊更名為雙桂坊，後人取為堂號。

五果堂為元時丁華一公兄弟五人，義不分灶，於院中梅樹各嫁接一枝，誓曰：「若有異心，其枝必枯。」後五枝俱活，並開花結果，因號稱「五果丁氏」，以五果堂名之。

刻木堂取漢丁蘭刻木思親之事。丁蘭是《二十四孝》中著名人物。丁蘭乃漢時人，早年喪父，小時候對母親非常不孝。一日，丁蘭耕田，見羊羔雙膝跪地，吮食母乳；又見雛鴉銜食，餵養老鴉。他觸景生情，不禁躬自反省。這時正巧老母送飯而來，丁蘭慌忙迎接，一時忘記放下手中牛鞭。母親見兒子手執牛鞭，疑其嫌自己送飯來遲，欲鞭打自己，便撞死於樹下。丁蘭喪母後大慟，伐樹刻木，供母於堂。丁蘭刻木孝親的行為喚醒世人，要把握父母在世時間及時行孝。古語云：「樹欲靜而風不止，子欲養而親不待。」此之謂也。

丁氏排行通用用字是：「嘉振應啟世道昌，尚宗志仁曰憲邦。士伯希時可待遇，克明以大夢兆光。承允守太建學繼，慶自天來貞紹常。」

另外，各地也有各自用字，如山東丁氏：「惟我家譜，履歷備詳。原籍海州，肇始武昌。」

江蘇丁氏：「元齡錫善，盛德義方。永昭克正，續繼爾長。」

安徽丁氏：「時士國良大，維前啟世人。家學傳有道，承先自克昌。」

湖南丁氏：「景易元自永，智善俊秀賢。文武安邦國，榮華富貴傳。敦崇良昌盛，佳尚德士聯。宗祖大佑啟，世代慶長延。」

重慶丁氏：「萬載龍文曾振國，火洪維凡震家聲。炳德長新輝四澤，永開昌運耀乾坤。」

丁氏名人，代有所傳。如：

秦末項羽部將丁固，曾與劉邦短兵相接，劉邦情急之下對丁固說：「兩條好漢難道要互相迫害嗎？」丁公便放劉邦而去。

漢代諫議大夫丁恭，光武帝時來從其學者達數千人，當時稱為大儒。

唐代太常卿丁公著，曾任皇太子及諸王侍讀，著有《皇太子諸王訓》。穆宗召他詢問朝典，他陳詞懇切，授給事中，賜紫金魚袋。

宋代宰相丁謂，自幼聰穎，過目不忘。

明末文學家丁耀亢，著有小說《續金瓶梅》。

清代篆刻家丁敬，其治印蒼勁質樸，別具面目，開創「浙派」。

北洋水師提督丁汝昌，當日軍圍攻威海衛時，拒絕投降，自殺身亡。

揚州當代文化名人，有丁家桐。我曾寫過〈喜看老桐著新花——訪揚州作家與學者丁家桐〉，談到 2018 年 12 月 1 日揚州文化界人士濟濟一堂於揚州城北盛園，慶祝丁公家桐先生八十八歲壽辰。是日，我有詩一首並序，題為〈祝福丁家桐先生米壽〉：

> 人生米壽，已是難得，先生耳聰目明，更是文壇之幸。余認識丁老將近四十年，先生巨筆如椽，著作等身，弘揚歷史，昭示今人，倡導風雅，提攜後昆，德高望重，為世所尊。常君再盛有古君子之風，召當今俊傑，雅集盛園，共祝丁老米壽，誠為盛園之盛事。丁老年屆耄耋，精神老而彌健；夫婦琴瑟，相伴直到白頭。當此之時，尚時出妙文，令人欽敬。憶清人王士禎有〈蝶戀花‧和漱玉詞〉云：「郎似桐花，妾似桐花鳳。」今喜一樹老桐，尚能再著新花，故有詩云：
> 難得欣逢八十八，人生合應發而發。
> 桐花常伴桐花鳳，喜看老桐著新花。

走近丁老，儒雅的氣質撲面而來。他的主要成就在散文創作和文史研究。散文創作卷帙浩繁，膾炙人口，文史研究深入淺出，蹊徑獨闢。丁先生是揚州文化研究的權威，向他請教文化研究的各種問題，他每次都不厭其煩地羅列出一大堆史實，供我們參考，有時還捧出厚厚的書籍，找出第一手論證資料。當

我們驚歎他超凡的記憶力和淵博的知識面時，他笑著自謙：「多讀書勤讀書而已。」

丁先生幼時讀的七年私塾，給他打下了堅實的古文功底。愛讀書的姑媽，又讓他接觸到外國文學。姑媽從圖書館借來的普希金、屠格涅夫、托爾斯泰、羅曼羅蘭、巴爾札克等作家的名著，讓他大開眼界，窺探到外國文學的異域風情。丁老說，少年時代讀的書，令他一生受益。他在米壽之年，依然保持每天讀書的好習慣，並對年輕人沉迷於手機頗有感慨。他說，網上的信息量雖然大，往往是一家之言，不像讀書，讀得越多，給人思考和選擇的空間越大。

丁家桐先生一直關心我的寫作。這些年來，丁家桐為我寫過三篇文章。

一是〈細讀韋明鏵〉，丁老說：「初識韋君，是在報刊上。韋君的文章以知識性見長，文必有據，引經據典。文章有了特點，便容易引起注意。韋君引用的書很多，我便知道他是一位勤於讀書的人；韋君引用的書許多是不常見的書，我又知道他藏書豐富，頗使人羨慕。文人為文，文辭以外，重在『學』與『識』二字，韋文以『學』見長，給人的印象突出。起先我以為他專攻戲劇史，他在這方面著述甚豐，後來又見他研究飛碟，我才明白他是一個志趣相當廣泛的人。文人需『專』，但『專』的基礎是『博』。有造就的文人應如金字塔，不可如旗杆。『旗杆教授』，絕非褒語。在揚州的交友中，韋君堪稱是務博的一位。」

二是〈《談片》談片〉，丁老對我的《揚州文化談片》作了高度的評價：「韋明鏵先生新版的《揚州文化談片》，經過校訂，又補充了若干篇什，比較韋君其餘幾本書，此冊堪稱扛鼎之作。評、訂、辨、析、考、釋、箋、注，揚州文化的某些方面都寫得比較到位，沒有浮泛的毛病，我很欣賞。《談片》最值得注意之點，在於它對揚州文化取批判態度。作者說，揚州文化並非只是值得炫耀，還有寄生性、浮誇性、消費性的一面。作者的這種批判態度，貫串於欣賞名花之驕誇，揚州夢之虛幻，學術之悲哀，論史說事之糊塗等等篇什，是一條鮮明的主線。作者認為，揚州文化琳琅滿目的眾多流派，『並不超出琴棋書畫、吃喝玩樂這可憐的範圍』。這種批判的意向，在於鼓吹重建先進的揚州文化。所以，這本書值得注意。」

三是〈風雨何以毀豪門〉，係丁老為我的《風雨豪門》而作：「廣陵書社

推出一本精彩的新書：《風雨豪門》。如果三五十年後，一座又一座古老斑駁的鹽商大宅門不見蹤跡了，那麼，韋明鏵的這本書便是一曲悲愴的挽歌；如果三五十年後，這一座又一座大宅門被妥善保護、獲得新生了，那麼韋君的這本書又成了尊重歷史、重視文化資源的鼓吹曲。這樣的書當然值得重視。再說，本地的出版社製作本地文化人的書，版式、裝幀、印刷堪稱一流，當得上精彩二字。」

在這些文章中，能夠體悟到前輩對於後進的提攜與期望。

這兩年，丁老關心青少年的成長，他甚至為小學生做作文輔導。在這些小學生當中，有我的孫女樊帆。樊帆在五六年級時，每過個把月，就要與其他學校的小朋友一起到灣頭的頤和養老院去，聆聽丁老對於作文的講解。活動是電視臺組織的，每次都有全程錄影。丁老平易近人，深入淺出，樊帆獲益良多。樊帆的作文，每年都會在報紙上發表，也常被老師當作範文表揚。這裡面有丁老的一份心血。

丁先生寫過很多書和文章。他的主要作品有文學傳記《隋煬帝》、《徐文長傳》、《石濤傳》、《鄭燮傳》、《八大山人傳》、《畫壇四高僧》、《揚州八怪全傳》，還有散文集《桑梓筆記》、《瘦西湖欣賞》、《煙花三月下揚州》等，計二十餘部。這次見到他，他贈送了一本孔令理的新書《苔花集》，書前有他的新序。在序裡，他一仍與人為善的長者之風，稱讚作者「為人文雅、方正、誠實、熱情，很容易使人想到孔夫子，又很容易使人想到傾情文學那麼執著的孔尚任」。他總是把美好的一面給人，讓人歡歡喜喜地上路。

揚州丁氏，又有詞人丁寧，著《還軒詞》。村婦丁乙，可入《女聊齋》。

十八　東海徐氏

　　徐姓在我們周邊是比較常見的。我有一個表妹姓徐，有一個同學姓徐，雖然多年沒有什麼聯繫，彼此也都還記得對方。不過即使見面，也似乎沒有多少共同話題了。倒是有一位老家的徐姓詩人，名喚坤慶，一輩子做小學教師，晚年忽然熱衷於寫詩，並請我為他的詩集作序。一個老人，喜歡寫詩，則無論詩寫得如何，都應該給予讚賞的。看過《三國演義》的，都記得大將徐晃，他因為治軍嚴整，而被曹操讚為「有周亞夫之風」。

　　古有徐國，在今安徽北部，那是徐氏最早的發源地。等到徐國滅亡了，國人紛紛向北方逃散。先秦時，徐氏主要分布於安徽、江蘇、山東等地。秦漢時，徐氏已散居於北方大部分地區，並在山東、河南等地形成多處徐氏的郡望。同時徐氏也逐漸南遷至江西、浙江一帶，仍以黃河下游為主。魏晉時，徐氏大規模南遷，淮河流域和長江下游流域為主要繁衍地。宋元時，徐氏由江西遷至福建、廣東等地。明朝時，徐氏主要集中於浙江、江蘇、江西、安徽、福建、山東、湖北等地，西北和西南則較少。

　　徐氏主要源自嬴姓，也有少數民族的改姓。

　　說徐氏源於嬴姓，因為徐氏的遠祖可追溯到五帝時代的金天氏少昊，他屬於嬴姓。少昊的重孫叫做伯益，因為協助大禹治水有功，所以夏王封伯益之子若木於徐國，地在今安徽泗縣。徐國歷經了夏、商、周三代，史稱徐戎、徐夷或徐方。春秋時，徐國反周，被周所滅，後又封徐王之後為徐子。戰國時，吳、

越、楚三國相爭，最終徐國歸楚，子孫遂以徐為氏，住在江淮一帶。

　　或說徐氏出於其他民族改姓的。如北魏時寧夏賀蘭山的氏族，有改姓徐的。蒙古族的蘇密爾氏，後來也改姓徐。百濟國王子將姓氏改為徐，其他高麗族人也有改姓徐氏的。滿洲八旗的舒祿氏、徐吉氏、舒穆祿氏等氏族，後來都改姓徐氏。

　　徐姓的始祖，是夏朝的徐若木。徐若木是伯益之子，因為伯益輔佐大禹治水有功，所以若木被封到徐地，建立徐國，稱為徐若木。他的後代也就以國為姓，稱為徐氏。

　　徐氏的郡望，主要有東海郡、高平郡、高宛郡、琅琊郡等。

　　東海郡，一名郯郡，秦代始置，郡治在郯縣（今山東郯城），轄境在今山東臨沂南部與江蘇北部，屬徐州刺史部。東漢、三國時為東海國。西晉復置郡。隋初廢，唐改海州。

　　高平郡，西晉時置高平國，治所在昌邑（今山東巨野）。東晉末廢，劉宋時置高平郡。隋時又廢。

　　高宛郡，又作高苑，西漢所置，治所在今山東鄒平苑城。東漢時屬樂安國，西晉為樂安國治所。南朝宋廢。

　　琅琊郡，秦三十六郡之一，治所在琅琊（今山東青島琅琊鎮）。西漢時，琅琊郡治遷至東武（今山東諸城），隸屬徐州刺史部。東漢時改琅琊郡為琅琊國，建都開陽（今山東臨沂）。琅琊歷經三國、晉朝、南北朝、隋朝、唐朝、兩宋，定名沂州。

　　徐氏的堂號有東海堂、高平堂、高宛堂、琅琊堂、雪山堂等，大抵以望立堂。

　　徐氏宗祠的楹聯，內容文采俱佳。如：

　　「南州世澤；東海家聲。」上聯指東漢徐穉，人稱南州高士。下聯指秦時徐福，曾攜童男童女渡海訪仙。

　　「會燭夜績；刻像上食。」上聯謂戰國時貧婦徐吾，與鄰婦會燭夜績。下聯謂明人徐彪，親人亡後，刻木為像，每日禱告。

　　「幼慧作小山名著；夜績借東壁餘光。」上聯言唐代徐堅女事。下聯言戰

國時徐吾之事。

「春隨香草千年豔；人與梅花一樣清。」此為明朝地理學家徐霞客自題聯。

「亭育托燕畿，佳氣常浮白雲觀；宗支分衛水，清波遠溯繞虎橋。」此為河南衛輝徐世昌家祠堂聯。

「一派出鄱陽，於江於淮於河於漢；二支分皖嶽，有松有柏有梓有楠。」此為安徽潛山徐氏宗祠聯。

歷代徐氏名人很多。略如：

西漢治水專家徐伯，曾主持漕運開鑿工程，費時三年，用工數萬，終於成功。他發明井渠法，即在地下開挖水渠，鑿井深數丈，使井與井之間互相串連，形成連環水系。

三國曹魏名將徐晃，參與官渡之戰、白狼山之戰、赤壁之戰、關中征伐、平涼州之戰、漢中之戰等重大戰役。治軍嚴整，曹操稱其「有周亞夫之風」。

唐代名將徐世勣，即李勣，與衛國公李靖並稱。早年投身瓦崗軍，後降唐，成為開疆拓土的主要戰將，累封英國公。

福建首位狀元徐晦，考試與授官均得楊憑舉薦。楊憑獲罪後，親友無人敢送，唯有徐晦親送楊憑。

英國公徐敬業，善騎射，有才智。武后時，與其弟徐敬猷等起兵揚州，以勤王為名出師，駱賓王為此寫了著名的〈為徐敬業討武曌檄〉。

宋代文字學家徐鉉、徐鍇兄弟，人稱「大小徐」。徐鉉十歲能文，不妄遊處，與韓熙載齊名，人稱「韓徐」。工書法，精小學，校訂《說文解字》。弟徐鍇自幼聰穎，雖隆冬酷暑讀書不輟，著有《說文解字繫傳》、《說文解字韻譜》。

南宋衢州首位武狀元徐徽言，抗金名將。少懷壯志，兼練文武。北宋亡後，召集民間勇士數十萬相約收復失地。被俘後，金帥令人勸降，徽言厲聲斥責。金人知不可屈，遂射殺之。

明朝開國元勳徐達，曾任征虜大將軍，與副將常遇春揮師北伐，推翻元朝。為人謹慎，善於治軍，封魏國公、中山王。

探險家徐霞客，一生志在四方，達人所未至，探人所未知，撰有《徐霞客

遊記》，被稱為千古奇人。

書畫家徐渭，號青藤老人，詩文、戲劇、書畫都獨樹一幟，與解縉、楊慎並稱「明代三才子」。常慷慨悲歌，貧病交加，有雜劇《四聲猿》等。

明末科學家徐光啟，天主教聖名保祿，官至禮部尚書兼文淵閣大學士。畢生致力於數學、天文、曆法、水利等，譯有《幾何原本》、《泰西水法》等。

清代廣陵派創始者徐常遇，廣陵琴派創始人，著有《澄鑒堂琴譜》。

民國大總統徐世昌，晚號水竹村人。被國會選為大總統後，下令對南方停戰，召開議和會議。辭職後退隱天津，以書畫自娛。

現代詩人徐志摩，新月詩社成員，代表作有〈再別康橋〉等。後因飛機失事罹難。

值得一談的是歷史上有兩對「二徐」。

在徐氏名人中，最有學問的要數宋人「二徐」。徐鉉初事南唐，歷仕御史大夫等，官至吏部尚書。南唐亡後，徐鉉歸宋，累官至散騎常侍。其人博學多才。一日，有一隻象死了，取象膽不獲。徐鉉說：「於前左足求之。」果得。皇上問徐鉉何以得知，徐鉉說：「象膽隨四時在足，今方二月，臣故知耳。」徐鉉曾奉旨與同僚校正《說文解字》，並雕版流布，世稱「大徐本」，又曾編纂《文苑英華》、《太平廣記》等書。徐鉉的文章有晚唐駢儷之意，而詩風頗近白居易，平易淺切，真率自然。平日好談神怪，撰有《稽神錄》。徐鉉文思敏捷，凡要作文，從不打稿，有請他寫文章的，揮筆立就。徐鉉曾說：「文速則意思敏壯，緩則體勢疏慢。」

徐鉉喜愛香道，是位製香大家。每遇明月當空，他露坐中庭，焚香一炷，澄心伴月。他把這種香稱為「伴月香」，由沉檀、豆蔻、莞香、芸香、蘇合香、雞舌香、白茅香等配置而成。伴月香的香氣清幽淡雅，芳澤持久，有正氣養神之功。

徐鉉的弟弟徐鍇開始也仕於南唐，為秘書郎，後來官職屢有升降。徐鍇的博學強記，倍於常人。他曾與徐鉉談貓的故事，徐鉉憶得二十事，徐鍇憶得七十餘事。當時有人見徐氏兄弟的文章，歎曰：「二陸不能及也！」所謂二陸，指晉人陸機和陸雲，均有奇才，文章冠世。徐鍇與徐鉉一樣，精通文字訓詁之

學。他的《說文解字繫傳》，其實就是《說文解字》的注解，是漢魏以來最早
的系統而詳密的《說文解字》的研究著作。

在徐氏名人中，最懂藝術的要數清人「二徐」。父親徐常遇，廣陵琴派創
始人。徐常遇精通音律，對於傳統琴曲的態度是力主保持原貌，反對隨意增改。
他操琴喜用偏鋒，取音柔和，節奏自由，崇尚清古淡泊，與虞山派的清微淡遠
旨趣相近。徐常遇以畢生精力編著《琴譜指法》，後稱《澄鑒堂琴譜》。此譜
從康熙至乾隆間三次重刻，凡操縵之家必備此譜。徐常遇創立的廣陵派，對傳
統琴曲的改編和發展都很有成就。不過徐常遇本人對待傳統琴曲尤為慎重。他
對於傳至今日的古琴曲大都經人刪改的情況，提出了「古曲設有不盡善處，可
刪不可增」的原則。他認為，如果大曲過於冗長，可以刪汰成新曲，如〈羽化
登仙〉刪為〈岳陽三醉〉，〈漢宮秋月〉刪為〈漢宮秋〉，〈漁歌〉刪為〈醉
漁唱晚〉等。但刪改者必須「能識作者之旨」，反對「無知妄人，謬為妄刪」。
徐常遇認為，總的說來，刪減要比增添好一些。理由是對古曲如果刪得不好，
最多如古玩字畫之有破損，其未損處故仍未嘗減色也；可是如果增添得不恰當，
就像一碗清水加進了汙濁，再無還原之日矣。他甚至認為，「即使加得極佳，
終非古人本來所有」。

徐常遇有三個兒子，均能傳承家學。尤其是長子徐祜和三子徐褘。這兩人
年輕時曾去北京報國寺操琴獻藝，四座傾倒，京師盛傳「江南二徐」。據說康
熙帝聞其名，召見於暢春院，徐祜、徐褘對皇帝彈奏了數曲。徐褘的成就最大，
徐常遇的琴書編輯出版，主要得力於徐褘。《揚州畫舫錄》說：「揚州琴學以
徐褘為最。」有人以唐詩「一聲已動物皆靜，四座無言星欲稀」來讚美他的琴藝。
徐褘之子徐錦堂也能繼承家學，並傳給弟子吳灴。

廣陵派是中國古琴流派之一，因揚州古稱廣陵而得名。「主人有酒歡今夕，
請奏鳴琴廣陵客。」這兩句詩出自唐人李頎的〈琴歌〉，大概是關於揚州琴史
最早的記載。

廣陵派的琴譜，流傳下來的有徐常遇的《澄鑒堂琴譜》，徐祺父子的《五
知齋琴譜》，吳灴的《自遠堂琴譜》，秦維翰的《蕉庵琴譜》和僧空塵的《枯
木禪琴譜》，合稱廣陵琴派五大琴譜。

在我的學生中，有一位來自蘇北的徐海霞，愛好文學，擅長書畫，學的卻

是電影放映管理專業。她和我談過她的文學理想，也只是理想而已，我只能勸慰罷了。她相貌清秀，身材嬌小，宛似江南女子，但卻是楚霸王項羽的同鄉，家在宿遷。她給我寫過許多信，報告她的工作和生活，訴說她的理想和現實。我們已經多年不聯繫了，但還惦記著。人生就是這麼高一腳、低一腳地走過。

十九　泗水雎氏

　　雎這個姓氏很少見，平時也很容易把它和睢混淆。雎的左邊是且，睢的左邊是目。兩個字的讀音完全不同，前者念居，後者念雖。我知道雎這個姓氏很早，是因為元代有個著名散曲家名叫雎景臣的緣故。認識「雎」的最好的辦法，是讀一讀《詩經》裡的〈關雎〉：「關關雎鳩，在河之洲。窈窕淑女，君子好逑。」雎應是一種水鳥，叫起來大概發出「呱呱」的聲音，也就是「關關」。

　　有人認為，雎姓的源頭可以從《春秋左傳》中找到答案。據書中記載，昭公的時候，郯子來朝，公與之宴。席間有人問道，少皥氏用鳥的名字來名官，是什麼道理？郯子說，那是我的祖先，我知道。從前黃帝以雲名官，炎帝以火名官，共工以水名官，大皥以龍名官，而少皥時恰好有鳳鳥飛來，故以鳥名官。具體的官職，根據各種鳥類的特點來配置。如鳳凰總管鳥類，燕子掌管春天，伯勞掌管夏天，鷃雀掌管秋天，錦雞掌管冬天。有五種鳥掌管日常事務，如孝順的鵓鴣掌管教育，凶猛的鷙鳥掌管軍事，公平的布穀掌管建築，威嚴的雄鷹掌管法律，善辯的斑鳩掌管言論。有九種鳥掌管農業，使人民不至於安逸享樂。有五種雞分別掌管匠人，如木工、漆工、陶工、染工、皮工等。少皥根據諸鳥的表現來論功行賞，其中雎鳩是一種水鳥，平時執著誠懇而善辨是非，所以被命名為主管法制的官名，相當於後世的司馬。雎鳩氏的後代，簡稱雎氏。

　　雎氏的發源地在東夷。上古時期，少皥領導的部落聯盟東夷屬徐國範疇，地在江蘇泗洪，又稱泗水郡，後來才散居各地。據說中國大陸姓雎的人不足一

萬，主要集中居住在江蘇揚州儀徵、陝西西安臨潼兩地。揚州儀徵的雎氏人口有數千人。西安臨潼有雎家堡、溝南雎、雎溝三個雎姓自然村。揚州原是東夷故地。據調查，揚州南郊和儀徵新城、新集、朴席、張集等地均有雎姓，是中國大陸雎姓人口集中的地域，約占中國大陸雎姓人口的三分之一。西安的雎氏應是移民的結果。除了雎家堡、溝南雎、雎溝，鐵爐原的小金鄉東雎嘴、西雎嘴，也以雎姓人口居多。

雎氏的堂名不多。主要有綠竹堂，因為祖先住在深山竹海，平日支竹搭棚，以避寒暑，荒年刨筍充飢，以度春秋，遂以綠竹為堂號。另有渤海堂，因以渤海為郡望，故名。

關於雎氏的排行用字，資料不多，略有：

江蘇儀徵雎氏的排行用字是：「正庭長德萬學有，承恩澤嘉胡廣久。年天開文運福慶，保根敬綠竹中留。青楓江尚森帆遠，源泉建樹應浩秋。」

四川內江雎氏的排行用字是：「章叢世德，榮華富貴。正家遠主，大清堅惠。」

內蒙托縣雎氏的排行用字是：「世英維成，元在亮世。」

雎氏名人，史載甚少，而且常常雎睢混用。古代以「雎」字作為人名的，間或有之，如戰國時魏國策士唐雎、謀略家范雎等，其中「唐雎不辱使命」的故事流傳甚廣。〈唐雎不辱使命〉是《戰國策》中的一篇文章。秦始皇滅魏之後，想以「易地」之名強占安陵，安陵君派唐雎出使秦國，最終折服秦王。在文章中，秦王的色厲內荏、前倨後恭，唐雎的不畏強暴、英勇沉著，寫得栩栩如生。但朱東潤《中國歷代文學作品選》認為，唐雎脅迫秦王之情節當出於虛構，不能視為真實的歷史。

相傳女媧開始姓雎，後來姓風，但並不可信。寫入史書的雎氏名人，有楚國雎大夫，秦國大將雎義，漢代雎真，元代散曲家雎景臣、弘文館學士雎明義，明初監察御史雎稼、成化舉人雎澤、雎淳、雎淵，清朝臨潼名人雎文淵等。

雎景臣字景賢，揚州人，在元代散曲家當中是一位特立獨行的人物。一生著有雜劇三種，詞一卷，均已失傳，惟有散曲尚存三套。其中〈般涉調·哨遍·高祖還鄉〉為其代表作，也是元散曲套數中非常獨特的名篇。

　　睢景臣自幼讀書刻苦，心性聰明，尤其酷好音律。他同關漢卿等人一樣，是勾欄瓦肆中的常客。他目睹社會下層人民的生活，對權貴們的驕橫跋扈深惡痛絕。他的生活十分窘困，寄棲廟祠，頗多感慨。現實的遭遇，敏銳的感受，和當時揚州民間流行的各種民歌、小調、俗曲，促使他用一種充滿民間情趣的方式去反映社會。元代戲曲家鍾嗣成在《錄鬼簿》中說：「維揚諸公，俱作〈高祖還鄉〉套數，惟公〈哨遍〉製作新奇，諸公皆出其下。」可見他當時已負聲望。

　　睢景臣的代表作品〈高祖還鄉〉，是元散曲中現實性最強的作品，也是同類題材之中的新奇之作。它不僅是元散曲中的珍品，在中國文學史上也絕無僅有。〈高祖還鄉〉寫的是漢高祖劉邦衣錦還鄉時，鄉民眼中所見的情景。睢景臣以獨特的藝術構思、辛辣的描寫，對封建最高統治者進行了大膽的揭露和無情的諷刺。原文是：

　　【哨遍】社長排門告示，但有的差使無推故，這差使不尋俗。一壁廂納草也根，一邊又要差夫，索應付。又是言車駕，都說是鑾輿，今日還鄉故。王鄉老執定瓦臺盤，趙忙郎抱着酒胡蘆。新刷來的頭巾，恰糨來的綢衫，暢好是粧么大戶。

　　【耍孩兒】瞎王留引定火喬男婦，胡踢蹬吹笛擂鼓。見一颩人馬到莊門，匹頭裏幾面旗舒。一面旗白胡闌套住箇迎霜兔，一面旗紅曲連打着箇畢月烏，一面旗雞學舞。一面旗狗生雙翅，一面旗蛇纏葫蘆。

　　【五煞】紅漆了叉，銀錚了斧，甜瓜苦瓜黃金鍍。明晃晃馬鐙槍尖上挑，白雪雪鵝毛扇上鋪。這幾箇喬人物，拿着些不曾見的器仗，穿着些大作怪的衣服。

　　【四煞】轅條上都是馬，套頂上不見驢，黃羅傘柄天生曲。車前八箇天曹判，車後若干遞送夫。更幾箇多嬌女，一般穿着，一樣粧梳。

　　【三煞】那大漢下的車，眾人施禮數，那大漢覷得人如無物。眾鄉老展腳舒腰拜，那大漢挪身着手扶。猛可裏擡頭覷，覷多時認得，險氣破我胸脯。

　　【二煞】你身須姓劉，你妻須姓呂，把你兩家兒根腳從頭數：你本身做亭長耽幾杯酒，你丈人教村學讀幾卷書。曾在俺莊東住，也曾與我喂牛切草，拽壩扶鋤。

【一煞】春採了桑，冬借了俺粟，零支了米麥無重數。換田契強秤了麻三秤，還酒債偷量了豆幾斛，有甚胡突處。明標着冊曆，見放着文書。

【尾聲】少我的錢差發內旋撥還，欠我的粟稅糧中私准除。只道劉三，誰肯把你揪扯住。白甚麼改了姓、更了名，喚做漢高祖？

「哨遍」是曲牌名，又作「稍遍」。全曲使用了大量口語方言，顯得生氣勃勃。如「無推故」是不要藉故推辭，「一壁廂」是一邊，「鄉老」是鄉村中的頭面人物，「忙郎」是一般農民的稱謂，「瞎王留」是好出風頭的農村青年。曲詞還以極其輕蔑的語氣形容皇帝的儀仗，如「雞學舞」指舞鳳旗，「狗生雙翅」指飛虎旗，「蛇纏葫蘆」指蟠龍戲珠旗等。

雎景臣一開頭便為全篇定下詼諧嘲諷的基調。本應是莊嚴高貴的場面，在老鄉看來都怪裡怪氣，莫名其妙，實際上諷刺皇家氣派和帝王尊嚴。接下來數落漢高祖當年的寒酸和劣跡，一下子就揭穿了隱藏在黃袍之後的真面目。最後是全篇的高潮，恨不得一把抓住劉三，跟他討債。「劉三」是作者根據史書杜撰的劉邦小名，鄉民呼出，形神酷似。散曲把不可一世的漢高祖作為嬉笑怒罵的對象，矛頭直指封建最高統治者，表現出對皇權至上的強烈不滿和對封建秩序的無比蔑視。劉邦是一個很虛榮的人，《史記》說他看到秦始皇出巡時的氣派羨慕不已，認為大丈夫應當如此。作者沒有被史書所記載的高祖還鄉時嘉惠百姓的「浩蕩皇恩」所迷惑，而是揭出了劉邦欠錢不還等無賴行徑，通過藝術誇張，無情戳穿了帝王的醜惡嘴臉。

雎景臣是元代有影響的散曲作家。大德年間他從揚州到杭州，與《錄鬼簿》作者鍾嗣成會面，具體生卒年不詳。《錄鬼簿》說他「心性聰明，酷嗜音律」。當時的揚州散曲作者，有很多人以高祖還鄉題材寫作套曲，只有雎景臣所撰最為新奇，壓倒諸人。漢高祖蕩平天下，當了皇帝，卻殺了淮陰侯韓信，又率兵攻打淮南王黥布，威風凜凜地回到故鄉沛縣。《史記‧高祖本紀》載：「高祖還歸，過沛，留。置酒沛宮，悉召故人父老子弟縱酒，發沛中兒得百二十人，教之歌。酒酣，高祖擊筑，自為歌詩曰：『大風起兮雲飛揚，威加海內兮歸故鄉，安得猛士兮守四方！』令兒皆和習之。高祖乃起舞，慷慨傷懷，泣數行下。謂沛父兄曰：『游子悲故鄉，吾雖都關中，萬歲後吾魂魄猶樂思沛。且朕自沛公

以誅暴逆，遂有天下，其以沛為朕湯沐邑，復其民，世世無有所與。』沛父兄諸母故人日樂飲極驩，道舊故為笑樂。十餘日，高祖欲去，沛父兄固請留高祖。高祖曰：『吾人眾多，父兄不能給。』乃去。沛中空縣皆之邑西獻。高祖復留止，帳飲三日。」看起來劉邦還鄉不僅很神氣，而且十分熱鬧，走時也是全城送行。可是睢景臣沒有按照史實描寫劉邦還鄉的盛況，而是以嬉笑怒罵的手法，揭露他的無賴出身，剝下他的神聖面具。

〈高祖還鄉〉的藝術特色，一是採用鄉民的獨特視角，通過小人物的眼光來看待漢高祖這個不可一世的大人物，把至高無上的皇帝貶得一文不值。二是宛如一出諷刺喜劇，既有背景、人物、情節，又有鋪墊、發展、高潮，堪稱有頭有尾，結構完整。三是運用生動的口語方言，全部以鄉民口吻展開，與鄉民身分一致，令人忍俊不禁。

我認識一位姓睢的朋友，早年創業，後因人事蹉跎，鋒芒銷磨。她邀我到宗家院子小憩，這座新闢的私家園子深藏陋巷，別有洞天，給我留下了美好的印象，為之作記。也許每個人在經歷漂泊之後，都需要有個寧靜的港灣，或者是知己，或者是庭園。

二十　梁國喬氏

　　喬姓首先讓人想起古代的美人大小喬。「銅雀春深鎖二喬」，「小喬初嫁了雄姿英發」，這些傳誦千古的詩句是多麼教人浮想聯翩，心猿意馬。大約各地都有喬姓，除了漢族之外，滿族、回族、傣族、苗族、蒙古族、布依族、傈僳族、錫伯族、達斡爾族等民族，也都有喬姓。

　　與很多姓氏一樣，喬氏也源於姬姓，為黃帝之後裔。相傳黃帝死後，葬於橋山，即今陝西黃陵。其子孫有留在橋山守陵的，他們的後人就以山名為氏，稱為橋氏，後來改成喬氏。

　　橋氏改為喬氏的時間，大約在南北朝時。東漢時有太尉橋玄，其六世孫橋勤在北魏任平原內史。北魏孝武帝元修因不堪忍受宰相高歡的專權而出走，橋勤追隨北魏孝武帝，投奔宇文泰的西魏。一日，宇文泰命橋勤去掉其姓氏橋的木旁，成為「喬」字，並謂「喬」有高遠之意。橋勤聽從他的話，從此改姓喬氏。

　　少數民族的喬姓，各有來歷。如漢時匈奴有望族喬氏、韓氏、丘林氏等部落，其中的喬氏為匈奴貴族姓氏，後與漢人的喬氏混為一體。蒙古族有喬噶木克氏，世居科爾沁，清中葉以後多冠漢姓喬氏。傈僳族有薔氏族，後來也改為漢姓喬氏。達斡爾族的托莫氏族，世居黑龍江北岸，有兩個分支陶氏和喬氏，後多與漢人喬姓混淆。滿族的喬佳氏，祖先原為漢人，後融入鮮卑，又化為女真，後人均冠以漢姓喬氏。

　　喬氏發祥於北方，漢晉時主要活動在山西、陝西、河北、河南、內蒙古等

地。南北朝時漸漸遍及黃河和長江流域，而在河南東部和安徽北部形成梁國喬氏望族。唐宋時喬姓向江浙發展，明清時仍以豫魯為中心聚集，河南始終為喬氏的中心。

喬氏的郡望，一是梁國，一是頓丘。

梁國為漢代所置，治所在睢陽，地域相當於今河南商丘、虞城、民權一帶。宋時改為梁郡，北魏又恢復舊治。

頓丘原是漢初的頓丘縣，地在今河南清豐。西晉時建頓丘郡，治所在頓丘（今河南清豐），下領四縣。南北朝時北齊廢之，唐五代將頓丘改為澶州。

喬氏的堂號，有以地望立堂的，如梁國堂、頓丘堂、金陵堂等。更多的是別有寓意，如純潔堂、三友堂、善益堂、愛竹堂、問心堂、積慶堂、世胄堂等，顧名思義，其來有自。也有以先人的德行命名堂號的，如宋人喬行簡，歷任淮西轉運官，常向朝廷上疏論政，被拜為右丞相，諡號文惠，故後人號稱文惠堂。

喬氏的排行用字，各處不同。如：

河南商丘喬氏的排行用字：「戀德傳家寶，同文慶國祥。立新維聖道，勤學繼書香。積善聲明廣，宗儒統緒長。科普登崇峰，培才樹英良。育人承功業，中華久遠昌。」

山東泰安喬氏的排行用字：「若義允永光，恭敬節天方。賢明崇盛世，蘭桂代書香。」

江蘇新沂喬氏的排行用字：「天廷偉，繼增漢。萬業建，滿堂紅。」

重慶萬州喬氏的排行用字：「世士承先，道在敦本。戀德正新，光裕榮景。家修廷獻，經綸克展。燮理洪熙，文武同炳。長發其祥，輔國盛鼎。億萬斯年，芳徽慶永。」

安徽阜南喬氏的排行用字：「開慶傳如印，恩龍繼世昌。書田昭盛瑞，德壽啟繁祥。懷新承家潤，學道振庭芳。」

湖南株州喬氏的排行用字：「世德紹良始，家聲肇衛新。命道盛庭用，萬慶正光明。啟迪文禮運，大開日升平。宗風千古秀，孫支萬代寧。」

喬氏宗祠的對聯也都寫得很好。如：

「學先經術；望重威嚴。」上聯指宋人喬執中，通經術，王安石薦其編修《熙寧條例》。下聯指明人喬宇，寧王朱宸濠反叛時，他嚴為警備，使寧王不敢妄動。

「相推文惠；邑號神君。」上聯謂南宋喬行簡，曾上疏論朝政得失，提出任用人才，死後諡文惠。下聯謂十六國前趙喬智明，以德行著稱，百姓多擁戴，號稱「神君」。

「為官厚寬有仁；銓政聲望猶高。」上聯言宋人喬執中。下聯言明人喬宇。

「壯士同偕小鳳；淑女俱配乘龍。」全聯說三國時大喬、小喬。《三國志‧吳書‧周瑜傳》：「時得喬公兩女，皆國色也。策自納大喬，瑜納小喬。」

「喬公女生成國色；碧玉奴死報主恩。」亦言二喬之事。

「居官卅年，天下清正；歷令二縣，郡邑愛深。」上聯指清朝封疆大吏喬光烈，勸民蠶桑，後人稱喬公桑，潔己奉公，譽為天下清正吏。下聯指十六國時前趙將軍喬智明，以德行著稱，民深愛之，號為「神君」。

喬姓的名人，歷代多有記載。略如：

三國時有美人二喬，係東漢末年喬公之女。二女均國色天香，傾國傾城，大喬嫁孫策，小喬嫁周瑜。

唐代才俊喬知之，以文詞知名，生平略見《舊唐書》本傳，《全唐詩》存詩一卷。

南宋大臣喬行簡，曾任參知政事，後官右丞相、左丞相，封魯國公。著有《周禮總說》、《孔山文集》。

元代曲家喬吉，散曲風格清麗，雜劇跌宕多姿，人以他與張可久並稱為元散曲兩大家。劇本存《杜牧之詩酒揚州夢》、《李太白匹配金錢記》、《玉簫女兩世姻緣》等。

清代賢臣喬光烈，歷任寶雞知縣、湖南巡撫、甘肅布政史等職，為官廉明，兩袖清風。親教農民種桑養蠶，人稱喬公桑。著有《最樂堂集》。

晉商喬致庸，山西祁縣喬家之後。出身商賈，自幼孤苦，由兄長撫育。本欲走上仕途，因兄長故去，只得從商。所建宅第，人稱喬家大院。喬致庸待人隨和，講究誠信，以德經商，多行善事。

關於喬氏最傳奇的豔史，是三國時美人二喬的故事。唐人杜牧〈赤壁〉詩云：

> 折戟沉沙鐵未銷，自將磨洗認前朝。
>
> 東風不與周郎便，銅雀春深鎖二喬。

大喬、小喬都是絕色佳人，一嫁孫策，一嫁周瑜，為後人豔羨。據說孫策在狩獵時遇刺負傷，大喬日夜和衣陪伴，不吃不睡，不棄不離。小喬嫁與周瑜，生有兩子周循、周胤，還有一女。

杜牧所謂「銅雀春深鎖二喬」，是指邯鄲臨漳城西古鄴城遺址上的五層崇樓銅雀臺。銅雀臺樓宇連闕，飛閣重簷，雕梁畫棟，氣勢恢宏，最初為曹操所建。大喬和小喬的美麗容顏，讓曹操和曹植父子羨慕不已，赤壁之戰據說就是曹操為得到二喬而進行的戰爭。沒想到赤壁一場大火，斷送了曹操的美夢。曹操為此耿耿於懷，仍然幻想一攬江東二喬的蠻腰，置之銅雀臺上，以度餘年。不過銅雀臺雖然建成，與二喬作樂的夢想最終落空。

銅雀臺後來成為文人雅集的場所。曹操、曹丕、曹植、王粲、劉楨、陳琳、徐幹等人，經常詩酒銅雀臺，悲憫動亂，感歎人生。曹操的〈短歌行〉是在赤壁之戰慘敗後寫的：

> 青青子衿，幽幽我心。但為君故，沉吟至今。
>
> 呦呦鹿鳴，食野之蘋。我有嘉賓，鼓瑟吹笙。
>
> 明明如月，何時可掇？憂從中來，不可斷絕。

詩中「但為君故」的君，是指二喬嗎？在小說《三國演義》中，寫曹植曾作〈銅雀臺賦〉，其中有「攬二喬於東南兮，樂朝夕之與共」之句，明確說到了二喬。杜牧〈赤壁〉曾說「東風不與周郎便，銅雀春深鎖二喬」，宋人《彥周詩話》云：「杜牧之作〈赤壁〉詩……意謂赤壁不能縱火，為曹公奪二喬置之銅雀臺上也。孫氏霸業，繫此一戰。社稷存亡，生靈塗炭都不問，只恐捉了二喬，可見措大不識好惡。」意思是批評杜牧，把赤壁一戰的目的只看成保護二喬。這一批評引起許多人不滿，如《四庫提要》云，杜牧〈赤壁〉詩為何不說社稷存亡，只說美人二喬呢？因為大喬乃孫策婦，小喬為周瑜婦，二人若入曹魏，即吳亡可知，還需要詩人直說嗎？二喬並不是尋常的美女，而是權貴的

夫人。大喬是東吳國主孫策之妻，小喬是東吳水陸兵馬統帥周瑜之妻，只要東吳不亡，她們就不可能走上銅雀臺。詩人有詩人的語言，並不是社論。

喬家姐妹嫁給兩個英傑，堪稱郎才女貌，天造地設。但她們是否真的幸福呢？至少大喬是不幸的。她嫁給孫策之後，孫策整天戎馬倥傯，夫妻相聚甚少。一年後，孫策被前吳郡太守許貢的家客刺成重傷，英年早逝，年方三十歲不到，此時的大喬不過二十出頭，便已做了寡婦。小喬比大喬稍好些，她初嫁周郎後，過了十年好日子，周郎才在準備攻取益州時病死巴丘，而當時的小喬也不過而立之年的樣子。這一對姐妹，真是紅顏薄命。

喬氏最有才的文人，要數元代的喬夢符。他和雜劇名優李楚儀的恩愛故事，不下於後來的唐伯虎點秋香。清人小說《揚州夢》第十五回談到名妓小興化時，曾以古代兩位李姓美人來形容她，一是李夫人，一是李楚儀。關於小興化，《揚州畫舫錄》也說到她：「小興化姓李，色中上，豐肌弱骨，霧鬟烟鬢，足小不及三寸，望之亭亭，疑在雲中。」李夫人事見《漢書》，李延年歌曰：「北方有佳人，絕世而獨立；一顧傾人城，再顧傾人國。寧不知傾城與傾國，佳人難再得！」李楚儀一名李芝儀，史有其人，乃是元代揚州著名藝伎，以唱歌出名，時人把她比作唐代名妓李端端。李端端在揚州善和坊裡以貌美著稱，有「白牡丹」的雅號，想必李楚儀的容貌也是很美的。李楚儀的女兒童童和多嬌，都繼承了母親的藝伎職業，她們母女三人可以稱得上是個優伶之家。李楚儀的生平，元人夏庭芝在《青樓集》中有簡略的記載：

> 李芝（楚）儀，維揚名妓也。工小唱，尤善慢詞。王繼學中丞甚愛之，贈以詩序。余記其一聯云：「善和坊裏，驊騮搆出繡鞍來；錢塘江邊，燕子啣將春色去。」又有〈塞鴻秋〉四闋，至今歌館尤傳之。喬夢符亦贈以詩詞甚富。女童童，善雜劇。間來松江，後歸維揚。次女多嬌，尤聰慧，今留京口。

這一段文字雖然不長，對於我們瞭解李楚儀卻十分重要。李楚儀工於小唱，尤善慢詞，分明是個藝伎，但時人卻把她視為娼妓。「伎」與「妓」，在古代經常是混為一談的，李楚儀不過是一系列可悲事例中的又一個小小例子。王繼學中丞用「善和坊」的典故來寫李楚儀，也是把李楚儀與唐代妓女李端端相提並論的意思。為李楚儀而作的〈塞鴻秋〉今雖未見，但從「至今歌館尤傳之」

一語，可以想見李楚儀在當時名聲遠播的盛況。李楚儀如果只是一個以色事人的名妓，而沒有藝術方面的造詣，怎麼可能眾口傳誦並且經久不衰呢？

值得注意的是李楚儀同喬夢符的關係。

喬夢符即喬吉，後人稱他為散曲中的李白。喬吉是太原人，據說他美儀容，擅詞章，以威嚴自飭，人敬畏之。但這僅是他人格的一個側面。他的人格的另一個側面，是風流浪蕩，逐色尋歡。他寫曲題贈過的妓女，就有張天香、瞿子成、崔秀卿、周士宜、王玉蓮、江雲、王柔卿、朱阿嬌、李玉真、常鳳哥、朱翠英、顧觀音、孫梅哥、郭蓮兒、劉牙兒等等。不過，這些妓女在喬吉看來不過是過眼雲煙。他為她們寫的曲子，每人不過一二首而已。

喬吉真正傾心的女子，是李楚儀。在他的散曲作品中，標明題贈給李楚儀的就有多首：〈楚儀來因戲贈之〉、〈別楚儀〉、〈賈侯席上贈李楚儀〉、〈會州判文從周自維揚來道楚儀李氏意〉、〈席上賦李楚儀歌以酒送維揚賈侯〉、〈楚儀贈香囊賦以報之〉、〈嘲楚儀〉等。在這些即興的詠歡之後，隱藏著一個風流才子與多情藝伎的戀愛故事。趙景深《中國戲曲初考》中有一篇〈喬吉與李楚儀〉，對喬、李的戀愛故事作了鉤稽。

喬夢符是在維揚賈侯席上遇見李楚儀的。他一見李楚儀，便覺得「劣燕嬌鶯」盡是「冗冗」下品，惟有「默默情懷，楚楚儀容」的李楚儀才是「雪色芙蓉」。喬夢符的〈賈侯席上贈李楚儀〉熱情謳歌道：

> 洗妝明雪色芙蓉。
>
> 默默情懷，楚楚儀容。
>
> 甚煙雨江頭，移根何在？
>
> 桃李場中，盡劣燕嬌鶯冗冗。
>
> 笑落花飛絮濛濛，湘水西東。
>
> 悵望寒衣，玉立秋風！

喬夢符對李楚儀的容貌人品讚賞備至。從這以後，喬、李兩人卿卿我我，大有相見恨晚之慨。李楚儀贈給喬吉香囊，似乎是訂情之物。喬夢符在〈楚儀贈香囊賦以報之〉中說：「芳心偷付檀郎，懷兒裡放，枕袋裡藏，夢繞龍香。」恰如一場芳馨旖旎的夢。誰知好事多磨，賈侯竟奪其所歡。喬夢符一面為賈侯

餞行，一面心中大為不快。他在〈席上賦李楚儀歌以酒送維揚賈侯〉中說：「鴛鴦一世不知愁，何事年來盡白頭？芙蓉水冷胭脂瘦！」表面上好像稱頌賈侯豔福不淺，其實是罵賈侯不該「滿樹梨花壓海棠」。李楚儀雖是「侯門一入深如海」，但仍掛念著陌路的「蕭郎」，她托人向喬夢符轉達自己的心意。以後李楚儀也曾來看望過喬夢符兩次，喬夢符在〈楚儀來因戲贈之〉中說：「殷勤謝伊，雖無傳示，來探了兩遭兒。」然而他們之間的熱戀，卻是無可奈何地結束了。

喬夢符的一生沒有什麼功名，但所撰雜劇倒有十餘種。因無力刊刻，作品多散佚，所存雜劇中有一種是《揚州夢》。關於樂府的作法，他曾提出「鳳頭、豬肚、豹尾」的精闢之論，認為開頭要美麗、中間要浩蕩、結尾要響亮，至今閃爍著智慧之光。他所愛的李楚儀，終被賈侯奪去，這不但是喬、李二人的悲劇，也是古今一切女伶的悲劇。在《全元散曲》裡收有喬夢符寫的〈上巳游嘉禾南湖歌者為豪奪扣舷自歌鄰舟皆笑〉、〈嘲人愛姬為人所奪〉諸篇，可以看做是喬、李愛情的挽歌。他的雜劇《揚州夢》中的女主人公張好好，即以李楚儀為原型。

我的朋友喬妍，是一位女中豪傑，現在是中國集郵界呼風喚雨的人物。她請我為她設計郵票，我為她設計了〈鑒真〉和〈揚州美人譜〉等郵冊文案，一時暢銷南北。我有〈集句贈喬妍女史〉，序曰：「余與喬妍相識多年，今集蘇軾、莊周句贈之。上句謂其生活美滿，下句謂其事業有成。久不習書，美人為余正腕云。」集句是：

> 小喬初嫁了；
> 大道能包之。

上句出自東坡，下句出自莊子。在我認識的女性成功者之中，數喬妍最思維敏捷，決策果斷，言談穩重，應付裕如，可謂女界之佼佼者。

大喬小喬像

二一 天水趙氏

趙氏在宋人編纂的《百家姓》中排名第一，因為宋朝是趙家的天下。其實趙氏在歷史上建立過好幾個政權，如戰國七雄的趙國，嶺南趙佗的南越國，以及趙匡胤建立的宋朝。在我們周邊的親戚朋友中，趙是最常見的姓氏。總的印象，趙姓人大抵相貌堂堂，文質彬彬，也許有幾分皇冑的餘風。

趙姓原出嬴姓，始祖一般認為是周穆王時的造父。造父本姓嬴，是古代著名的御者。傳說他在桃林得到八匹駿馬，馴好後獻給周穆王，穆王配備上好的馬車，讓造父為他駕駛。有一次周穆王西行至崑崙山，見到西王母，樂而忘歸，而這時聽到了徐偃王造反的消息。周穆王非常著急，不意造父駕車，日馳千里，使得周穆王迅速返回鎬京，平定了叛亂。因為造父立了大功，穆王便把趙城即今山西洪洞賜給他作為封邑，此後造父一族就以趙氏為姓。《史記》記載：

> 穆王使造父御，西巡狩，見西王母，樂之忘歸。而徐偃王反，穆王日馳千里馬，攻徐偃王，大破之。乃賜造父以趙城，由此為趙氏。

即謂此事。

趙氏的圖騰，是一個疾走巨人和一隻玄鳥燕子，據說這是御車如飛之意。趙氏因御車有功，才得到趙地，所以「趙」與「御」本為一字。

趙姓也有帝王賜姓或外族改姓的。歷史上的匈奴人、女真人也曾被賜予姓趙。如漢代有匈奴人趙安稽，南蠻人有趙曳夫，五代人有牂牁酋長後裔趙國珍，

均是賜姓趙氏的。元代蒙古族人則有成吉思汗三弟合赤溫的後裔，隨母姓而改姓趙氏。

趙姓著名的郡望，有天水、涿郡、下邳、南陽、金城、潁川、敦煌、酒泉、扶風、新安、平原等。

天水郡，西漢時所置，包括今甘肅天水、隴西。秦滅趙後，代王趙嘉之子趙公輔率族人入主西隴（今甘肅臨洮）。趙姓族人與當地土著關係融洽，將中原先進生產技術傳到當地，同時從土著身上汲取剽悍之氣，以尚武為家族傳統。漢隋之間，天水趙氏以擅長軍事知名於世。隋唐時代，朝廷崇文，趙氏一面尚武，一面習文，在天水趙氏中出了不少文官。在唐代，高居相位者有五位趙姓，出於天水者就占了三位，即趙仁本、趙憬和趙彥昭。宋代天水趙氏發展達到頂峰，趙弘殷生五子趙匡濟、趙匡胤、趙匡義、趙匡美、趙匡贊，趙匡胤發動陳橋兵變建立宋朝，稱宋太祖。

在趙氏的其他郡望中，涿郡是漢時所置，係潁川趙氏分支。南陽郡是戰國時秦國置郡，係天水趙氏分支。潁川郡是秦時所置，係京兆趙氏。

趙氏的堂號，主要有半部堂和琴鶴堂。

首先是半部堂。後周時，趙普協助趙匡胤建立宋朝，後任宰相，治國有方。太祖問他：「愛卿，你是怎樣把國家治得這麼好的？」趙普回答道：「我不過靠半部《論語》罷了。」趙普死後，家人整理他的遺物，果然只有《論語》，後人遂以此為堂號。

其次是琴鶴堂。宋時殿中侍御史趙抃是清廉愛民的好官，因其臉黑，人稱「鐵面御史」。他做成都知府時，一身正氣，兩袖清風，見人民安居樂業，就欣然彈琴取樂。他養了一隻鶴，用鶴羽之白告誡自己廉潔，用鶴頂之紅勉勵自己忠誠。因他別無長物，唯有一琴一鶴，後人便以琴鶴為堂號。

趙氏始於趙城，後遷晉地，建立趙國，趙姓始昌。趙國的疆域包括今陝西一部分，到趙武靈王時開疆拓土，疆域擴充至河套。秦朝宗室趙佗建立南越國，把趙氏活動的範圍拓展至今兩廣和越南。西漢趙王遷的後裔遷居涿郡，稱為涿郡趙氏或河間趙氏。南朝時，天水趙氏的一支遷居江南。唐初，有趙姓將士開赴福建並定居。趙匡胤建立宋朝，大封宗室為郡國王公。靖康之亂後，趙姓宗室倖存者紛紛逃出汴京，流散各地。其中一支赴臨安即今杭州，建立南宋，成

為趙姓家族在江南繁衍的主脈。現在趙氏在中國大陸的分布，主要集中於山東、河南、河北，其次分布於黑龍江、重慶、江蘇、雲南、四川、陝西、山西、安徽、遼寧等地。

歷代趙氏名人甚多。如：

春秋末期政治家趙武，晉國執政大夫。曾祖趙衰為晉文公時大夫，輔佐文公成就霸業。祖父趙盾是晉國執政大臣，歷事襄公、靈公、成公三朝。父趙朔在晉景公時，繼任大夫之職。趙武是《趙氏孤兒》的原型。奸臣屠岸賈滅趙氏，下令屠殺全城嬰兒，因程嬰的庇護，趙武得以復仇。

趙武靈王趙雍，戰國時趙國國君，因倡導「胡服騎射」，提高了戰鬥力，使趙國成為能與秦國抗衡的軍事強國。趙雍晚年傳位於子趙惠文王，自號主父，諡號為武靈王，墓在山西大同靈丘。

平原君趙勝，戰國四大公子之一，趙武靈王之子，以食客數千人而著稱。秦軍圍趙都邯鄲時，形勢十分危急，趙王派趙勝向魏和楚求援。食客毛遂自告奮勇，同趙勝去楚國求援，終解邯鄲之圍，即所謂毛遂自薦。

南越武王趙佗，秦時恆山郡真定即今河北正定人，秦朝名將，南越國創建者，號稱南越武帝。

三國蜀漢名將趙雲，身長八尺，姿顏雄偉，隨劉備參加博望坡之戰、長阪坡之戰、江南平定之戰，獨自指揮入川之戰、漢水之戰、箕谷之戰，戰無不勝，人稱常勝將軍。

宋朝開國皇帝趙匡胤，小名香孩兒、趙九重，原為五代後周大將，陳橋兵變後建立宋朝。在位期間依據宰相趙普「先南後北、先易後難」的策略，先後殲滅割據政權，完成全國統一。兩次「杯酒釋兵權」，罷去禁軍將領與地方藩鎮的兵權。

開國功臣趙普，以「半部《論語》治天下」出名。早年擔任趙匡胤的掌書記，建宋後拜相，協助朝廷削奪藩鎮，集中兵權，改革官制，安定邊防。累封韓王，賜諡忠獻。其「半部《論語》治天下」之說對後世影響很大。

元代畫家趙孟頫，與歐陽詢、顏真卿、柳公權並稱為楷書四大家。博學多才，能詩善文，擅金石，通律呂，以書法和繪畫成就最高。

　　清代篆刻家趙之謙，後改字撝叔。篆刻成就甚大，對後世影響深遠。近代吳昌碩、齊白石等都從趙之謙受惠良多。

　　在趙氏掌故中，以戲文《趙氏孤兒》最為有名。奸臣欲誅滅趙氏滿門，趙氏門客誓死保護趙氏孤兒，不惜犧牲自己的親子，最終趙氏復仇成功。其中有感天動地的情義，有價值千金的忠誠，使得這個故事在中外流傳。但是它的歷史真相，據說並不是這樣的。趙朔作為晉國大將率兵救鄭，大戰楚莊王，並娶晉成公姐姐趙莊姬做夫人。趙朔死後，趙莊姬和趙盾的異母兄弟趙嬰齊有私，趙朔的叔叔趙括和趙同將趙嬰齊放逐到齊國。此事激怒了趙莊姬，她聯絡對趙氏有積隙的欒氏、郤氏共同對付趙氏，誣陷趙同和趙括謀反。晉景公信以為真，殺死趙括和趙同。此時趙莊姬意識到，趙括、趙同死後，趙家就只剩自己的兒子趙武了，而此時的欒氏、郤氏卻乘機壯大起來。趙莊姬把趙武帶到晉國王宮中保護起來，免遭欒氏、郤氏殺害。晉景公殺死趙同兄弟後，要把趙氏土地賞給他人，執政大夫韓厥說：「趙氏家族的趙衰、趙盾、趙朔都對國家有大功，卻沒有了後代，也失去了土地，這讓後來的人會怎麼想呢？誰還願意為國家盡忠？」結果趙氏的土地被留下，並還給了趙武，趙氏家族得以復興。

　　在趙氏家族中，有一個古今聞名的美女趙飛燕。女性之美，有所謂環肥燕瘦，楊玉環是豐腴的代表，趙飛燕是苗條的象徵。趙飛燕的名聲不限於中國，在國際上也是知名的。日本學者齋藤茂寫過一本《妓女與文人》，書中以中國文人與妓女的關係為主線，一定程度上再現了中國歷史的特殊風情。尤其對於薛濤與元稹、魚玄機與溫庭筠、李師師與周邦彥、柳如是與錢謙益等特殊的人物關係，進行了饒有趣味的解析。齋藤茂是日本漢學家，大阪市立大學教授，他的《妓女與文人》全書分為六章，分別談妓女的起源與技藝，以及妓女與文人、詩歌、小說、戲劇之間的關係等。正如論者所說，雖說風流總被雨打風吹去，但中國古代文壇騷客與青樓妓女千絲萬縷的曖昧，還是在歷史上留下了不少蛛絲馬跡。

　　《妓女與文人》第一章談到趙飛燕姐妹，說「趙飛燕是宮中奴婢的女兒，是陽阿公主家的婢女，後被微服來訪的漢成帝看中，被迎進宮中封為婕妤」，「其妹也封為昭儀，姐妹兩人雙雙受成帝專寵」。這裡說趙飛燕是宮中奴婢的女兒有誤。趙飛燕原名宜主，為漢成帝劉驁最寵幸的皇后。因其身輕如燕，成帝賜名為「飛燕」。趙飛燕的母親是姑蘇郡主，江都王劉建的孫女，嫁給江都

中尉趙曼。她的生父馮萬金是江都王府舍人，精通音樂。唐代李白在歌頌楊貴妃的豔美時，有「借問漢宮誰得似，可憐飛燕倚新妝」之句。相傳趙飛燕穿著雲芙紫裙，在高樹之上表演歌舞，忽然起風，飛燕隨風欲去。因怕大風把趙飛燕吹跑，成帝特地大興土木，築了「七寶避風臺」。後因宮廷鬥爭，趙飛燕被廢為庶人，被迫自殺。趙合德是趙飛燕妹妹，與飛燕是雙胞胎，姊妹均姿色超人。因父親擅長音樂，合德從小受音樂薰陶，歌聲輕柔動聽，富於抒情。飛燕得到皇帝專寵後，想起手足之情，乘機向成帝稟奏，於是派人將合德召入宮內，封為昭儀。《妓女與文人》還談到上官婉兒，說她深得武則天信任，又得到唐中宗寵愛，封為昭容。上官婉兒和趙飛燕不同的地方，是「不僅以美貌受寵，其非凡的文采也深受皇帝賞識」。趙飛燕、趙合德姐妹和上官婉兒，分別是漢代的皇后、昭儀和唐代的昭容，在女性中地位顯赫。齋藤茂將她們列入「官妓」一節，顯然不妥。

我在《揚州戲曲博物館陳列文案》中，專設了趙飛燕一條：

〔趙飛燕歌舞〕趙飛燕原名宜主，是江都王劉建的曾外孫女，漢成帝劉驁的皇后。趙飛燕舞姿輕盈，身輕如燕，故名「飛燕」。她善作「掌上舞」，是漢代著名舞蹈家，也是揚州最早的表演藝術家。

趙飛燕還和漢代遊戲鬥鴨有關。鬥鴨是一種以鴨為對象的傳統體育遊戲，西漢時開始在揚州流傳。鴨之為戲，分為三類，即鬥鴨、射鴨、搶鴨。將鴨蓄於池中，觀其相鬥以取樂，是為鬥鴨。歷史上最有名的鬥鴨池在揚州，清雍正《江南通志》卷三三云：「鬥鴨池，在江都縣。漢江都易王故姬李陽華嘗畜鬥鴨於池上。」江都即今揚州，但今鬥鴨池已經無跡可尋。另據《趙飛燕外傳》云：「憶在江都時，陽華李姑畜鬥鴨水池上，苦獺齧鴨。」可知趙飛燕未作皇后時，應在江都觀看過鬥鴨表演。

我認識幾個趙氏女子，都長得標緻水靈，有幾分趙飛燕之風。一個是新聞記者，聰明機靈，明眸皓齒，富於才氣。我曾送她一副對聯：「趙家有飛燕；天下無莫愁。」一個是戲曲演員，伶俐機敏，顧盼生輝，令人愛憐。我也曾為她寫過一副對聯：「趙壁秦女；悅目賞心。」也許在趙氏的血統中，真有美女的基因？

韋明鏵在北京趙家樓

二二　中山湯氏

湯姓源於北方，一般認為源於商湯或成湯。

商湯也即成湯，子姓，名履，河南商丘人。湯原是夏朝一個方國商國的君主，後來征伐四方，所向披靡，成為一時強國，最終滅了夏朝。又經過諸侯大會，湯被推舉為天子，定都於亳（今河南商丘），國號為商。

《詩經》中說：「昔有成湯，自彼氐羌。莫敢不來享，莫敢不來王。」就是寫湯的強大武功，各地諸侯無不臣服。湯死後，被後世諡為成湯。湯的後裔，遂以湯為姓氏。

湯氏在先秦時期，主要活動在中原，漢時漸漸東移江東，南播嶺南。唐朝時再次移民南下，分布到安徽、浙江、江西、湖南、四川、福建等地。明清時進入臺灣。

湯氏的郡望，為中山郡。中山郡在戰國時為中山國，國都在顧（今河北定縣）。一度為魏所滅，後遷靈壽（今平山東北），又為趙所滅。漢置中山郡、中山國。隋廢。

又有范陽郡，秦時置郡，轄地在今河北定興。三國時，曹魏改涿郡置范陽郡，治所在薊（今河北薊縣）。西晉時改范陽國，北魏時改回范陽郡。

湯氏的堂號，有安徽日新堂、江蘇義士堂、廣東中山堂、湖南又新堂、河南嚴孝堂、江西思永堂、湖北三新堂、上海忠義堂等。

　　此外，有搯星堂，因南唐湯悅夢見飛星入盤而得名。湯悅是安徽貴池人，夢見飛星入盤，從而文思日進，官至南唐宰相，宋拜其為正一品光祿大夫、上柱國。

　　又有玉茗堂，因為明人湯顯祖得名。湯顯祖是江西臨川人，他的書房叫做玉茗堂。他官至吏部主事，性格直爽，敢於直諫，終被罷官。著有《玉茗堂集》。

　　最著名的，還是中山堂。寫作本文時，揚州公道姑娘湯霜林告訴我，她家有《湯氏族譜》，封面上注明是中山堂。霜林說，她們一個村子都姓湯，每年正月十二日召開家譜會，2021年正好輪到她家。修家譜時，附近的菱塘、邵伯、黃珏以及無錫、鎮江都有湯氏後人前來參加。她發給我的照片上，有一面巨大的黃旗，上端用紅字寫著：「中山堂湯氏家譜」。她還給我看了《中山堂湯氏祖訓》云：

> 嘗聞先人云及吾族，于初時因抽丁，分撥一支自蘇閶遷居揚郡郝鄉，始名湯家泮，務農。邇來湖水漸漲，田產淹沒，即撐舟為業，東泊西蕩，天各一方。由此宗支失緒，相近百有餘年，無人繼續，時代逾遠，每一念及，竊歎而喟之。修譜之餘，恐不可復望矣。惟將我高祖以下所知者，編成一冊，以待後賢纂修，是願。
>
> 時光緒十二年歲在丙戌季秋中旬，裔孫錦發

　　湯姓的排行用字，皆有規定，如：

　　江西餘江湯姓：「開明國鍾安，寬濟輝根植。」

　　雲南昆明湯姓：「一之惟世啟，宗道克承先。仕學傳家永，人文定必昌。心思培祖蔭，利用在觀光。」

　　湯姓名人薈萃，略舉數例：

　　南朝宋詩人湯惠休，字茂遠。早年為僧，人稱惠休上人。因善於寫詩，被徐湛之賞識。孝武帝劉駿命其還俗，官至揚州從事史。

　　元代書畫理論家湯垕，精於古物鑒賞，特別是書畫鑒別，多從筆墨氣韻辨別真偽。著有《畫鑒》。

　　明代戲曲家湯顯祖，所著《紫釵記》、《還魂記》、《南柯記》、《邯鄲記》，

合稱《臨川四夢》或《玉茗堂四夢》。其中《還魂記》最負盛名。

　　清代武官湯貽汾，精騎射，嫻韜略，精音律，並通天文、地理及百家之學。書畫宗董其昌，淡雅閒逸。著有《琴隱園詩集》等。

　　其中湯顯祖在文學上名聲最高。2016 年是湯顯祖與莎士比亞逝世四百周年。我曾寫過一篇〈湯顯祖逝世四百周年祭〉，談到湯顯祖在揚州的軼事。崑曲《牡丹亭》自明代登臺後，便有無數癡男怨女為之傷心淚下，甚至有一些閨閣淑女如醉如癡地追求湯顯祖。很多詩話筆記記載了這類事情。如《石間房蛾木堂隨筆》中的杭州商小玲，《柳亭詩話》中的婁江俞二娘，《三借廬筆談》中的揚州金鳳鈿等。據說明代揚州有一女子叫金鳳鈿，讀《牡丹亭》成癖，一心想嫁給湯顯祖為婦。後來聽說到湯顯祖已有家室，而且在京師待試。金鳳鈿思之再三，仍「願為才子婦」，便大膽地給湯顯祖寄去一信，表達了自己的仰慕之情。書信幾經輾轉，才抵湯顯祖手中。等到南宮報捷，湯顯祖被金鳳鈿的衷腸所感動，便星夜兼程趕到揚州。不料此時金鳳鈿已因相思而死一月有餘，臨終時留下遺言道：「湯相公非長貧賤者，今科貴後，倘見我書，必來見訪。惟我命薄，不得一見才人，雖死目難瞑。我死須以《牡丹亭》曲殉，無違我志也。」湯顯祖感其知己，親為出資經營葬事，並守墓一月有餘方返。

　　湯顯祖字義仍，號若士，亦號海若，又號清遠道人，別號玉茗堂主人，江西臨川人，明代戲劇家、文學家。湯顯祖天資聰穎，加上刻苦攻讀，對於詩文、樂府、醫藥、卜筮等無不涉獵。他不但博覽群書，而且廣交朋友，生性正直剛強，不肯趨炎附勢。年輕時因不肯接受首輔張居正的拉攏，兩次落第。直到三十三歲，居正死後次年，始中進士。但他仍不肯趨附新任宰相申時行，故僅能在南京任太常博士。後改官南京詹事府主簿，又遷南京禮部祠祭司主事。在這期間，他與東林黨人鄒元標、顧憲成等交往甚密。萬曆間上〈論輔臣科臣疏〉，歷數朝政腐敗、科場舞弊、弄臣賄賂、言路阻塞，因而觸怒神宗，被謫遷廣東，後又調任浙江遂昌知縣。湯顯祖清廉簡樸，體恤民情，提倡文教，平反冤獄，深得民心。後棄官回鄉閒居，在玉茗堂中，以戲劇活動終其一生。

　　湯顯祖與揚州有密切聯繫。他曾師事泰州學派哲學家羅汝芳，而當時的泰州屬於揚州府管轄。在他的詩文集中，我們可以看到許多揚州的痕跡。如〈揚州袁文穀思親〉詩，是寫給揚州興化人袁文穀的。〈為維揚李孝廉催歸作〉，

是寫給揚州人李孝廉的。〈坐故椅懷揚州蕭成芝〉，是寫給揚州瓜洲故人蕭成芝的。〈口號付小葛送山子廣陵三首〉，是寫給寓居揚州的朋友謝廷贊（號山子）的。〈揚州送郅上客〉，應是在揚州送客之作。

萬曆二十六年，湯顯祖辭去浙江遂昌知縣回江西臨川隱居，路過揚州時與遂昌吏民作別，賦有〈戊戌上巳揚州鈔關別遂昌吏民〉詩：「富貴年華逝不還，吏民何用泣江關？清朝拂綬看行李，稚子牽舟雲水間。」在揚州的見聞，顯然給湯顯祖留下了難忘的印象。

他在揚州遊覽了名勝瓊花觀，寫下〈瓊花觀二十韻〉長詩，其中有「樓臺尚覺江都好，絲管能禁海月遲；四海一株今玉茗，歸休長此憶瓊姬」之句，對瓊花充滿了感慨。揚州的旅程給他許多感悟，他的〈廣陵偶題二首〉寫道：「歲月隨人去，風塵可自如。偶然流淚處，翻着舊時書。」「忽忽知何意，悠悠向此方。怯知新涕淚，還是舊衣裳。」沈際飛評曰：「所謂『衝口出常言，情真理亦至』者，妙，妙！」傳說湯顯祖寫《牡丹亭》時，一日家人忽然尋他不見，最後發現他躺在庭院的柴堆上掩袂痛哭。問他什麼緣故，他說寫到「賞春香還是你舊羅裙」一句時，不禁悲從中來。「賞春香還是你舊羅裙」與「怯知新涕淚，還是舊衣裳」非常相似，或許靈感即來自揚州。

多情的湯顯祖，也許在揚州有過豔遇。他的〈廣陵有贈〉五律詠道：「儂住曲江臺，臺門一點開。蛾眉今夜淺，斜月剪江來。」似乎表白他與揚州某位風塵女子有曖昧的關係。另一首〈廣陵夜〉七律詠道：「金燈颯颯夜潮寒，樓觀春陰海氣殘。莫露鄉心與離思，美人容易曲中彈。」詩中的意蘊與前一首十分近似。

湯顯祖在揚州的時間並不多，但他對揚州的印象特別深刻，所以儘管《牡丹亭》假託的是宋代故事，寫的卻是當時揚州風光。《牡丹亭》第三十一齣〈繕備〉有詞云：「邊海一邊江，隔不斷胡塵漲。維揚新築兩城牆，釃酒臨江上。」「三千客兩行，百二關重壯。維城風景世無雙，直上城樓望。」揚州嘉靖年間築新城事，成了他寫作的資料。湯顯祖的另一部傳奇《南柯記》，是寫的發生於唐代揚州的故事。《南柯記》第二齣〈俠概〉有這樣的道白：「小生東平人氏，複姓淳于，名梦……家去廣陵城十里，庭有古槐樹一株，枝幹廣長，清陰數畝，小子每與羣豪縱飲其下。」可喜的是，這株古槐樹至今猶在。

　　《牡丹亭》在女性讀者心中引起的反響，是深刻而且深遠的。揚州女子金
鳳鈿的故事，只是一個代表。《紅樓夢》第二十三回〈西廂記妙詞通戲語，牡
丹亭豔曲警芳心〉，是《牡丹亭》的影響在小說的反映。至於金鳳鈿式的真實
事件，也可以舉出。一部不朽的作品，問世之後常能引起強烈的反響，百年之
後魅力也不會衰減。湯顯祖的《牡丹亭》就是這樣一部不朽的作品。它不僅感
動了金鳳鈿，而且感動了揚州人。

二三　京兆韋氏

　　我在本書序言的開頭說，小時候我看見家裡用的白燈籠上，貼著三個扁扁的老宋體紅字：「京兆堂」。當時不解其意，後來漸漸明白，京兆堂是韋氏的郡望。郡望是誰都有的，無論富貴貧賤。

　　韋氏族人大多奉元哲為得姓始祖。元哲是彭祖的玄孫，而彭祖又是顓頊的五世孫，顓頊又是黃帝的三代孫，所以元哲屬於黃帝的後裔。

　　韋氏形成於夏朝少康時代，在商朝發展為上古五霸之一。被商滅國後，子孫以國為姓，北上東北與蒙古，南下雲貴與嶺南，西遷陝西與甘肅。北遷到東北地區的韋氏，演變為室韋族。南遷到西南地區的韋氏，演變為壯、瑤、布依等民族。韋氏在遷徙過程中，留下了一些帶韋、潭等字的地名和水名。

　　韋氏長期聚居在京兆一帶，至漢時逐漸分布於河南、山東、陝西、山西、河北等地。三國兩晉南北朝時，韋氏的一部分避亂南遷，大部分仍在原地生息，京兆郡於是成為韋氏的主要集聚地。隋唐時，韋氏的繁衍仍以京兆郡即陝西一帶為盛，那時候的韋氏名人如韋應物、韋莊等，皆出於京兆。因韋氏的顯赫之家多住長安，從而長安有韋曲，也即韋氏莊園。從五代十國到宋元明清，韋氏陸續南遷，直至廣西和嶺南。宋時韋氏的足跡幾乎達到南方各地，成為廣西的大族了。明清時，韋氏足跡踏上臺灣島。

　　關於韋氏的起源，諸說不一。

一說出自彭姓，為顓頊高陽氏大彭之後裔，以國名為氏。據記載，夏朝少康時，封大彭氏的子孫於豕韋，即今江蘇徐州一帶。豕韋國又稱韋國，商時稱為韋伯，周時失國，後裔遂以國名為姓，稱為韋氏。簡單地說，韋姓出於高陽氏顓頊之後。

一說出自風姓，為三皇五帝之首包羲風姓的後裔，其地也叫豕韋，在今河南滑縣。質言之，韋氏出自風姓彭祖之後。豕韋氏一度十分強大，與大彭氏列為夏商時代的五霸。豕韋，也即韋，夏末滅於商，不久復國，又為商王所滅，改封子姓韋侯於此。漢丞相韋賢詩曰：「蕭蕭我祖，國自豕韋。黼衣朱紱，四牡龍旂。」在甲骨卜辭中，證實商朝確有「韋侯」存在。豕韋亡國後，子孫四散，以國為氏，或稱豕韋氏，或稱韋氏。

一說韋氏出自子姓，卜辭中有子韋，乃商王的後裔。

最可信的一說，是韋氏可能出自治理皮革的職業。古代有一種服裝，就叫「韋弁」。或說韋的本義，原是指背離。在甲骨文中，韋字像兩人相背之形，乃是違字的本字，同時也像雙手搓揉豬皮的形狀。古人生活多用獸皮，凡去毛的生皮稱為革，經過加工鞣製的熟皮稱為韋。因此韋的另一層意義，是柔軟的皮。古人為了提醒自己的言行不要過於暴烈，常常身佩柔皮（「佩韋」），以便警告自己要和顏悅色，就是這個道理。最早擅長養豬的氏族，必然精於製作皮衣、鎧甲之類，其中一種特技是將堅硬的獸皮鞣製為軟皮。他們居住的地方稱為「豕韋」，城堡稱為「鄣」，不但有了國，而且發展成姓。

其他又說韋氏出自韓姓，為韓信後裔，韓氏為避難，改姓韋氏。西漢初年，功臣韓信為呂后所殺，蕭何暗中派人將韓信的兒子送往南粵躲避。韓氏後人為了避免追殺，取韓字半邊「韋」作為姓氏。

還有說韋氏出自漢代西北的疏勒國。疏勒國在今新疆喀什，其國有韋姓。唐時桓彥範因功受賜韋姓，其後人以韋姓自居。清代廣西、貴州、湖廣、海南的苗、瑤、水、仫佬等民族，也有韋姓。

韋氏的郡望，主要是京兆和平陽。

京兆郡，漢初將右內史東部改為京兆尹，三國曹魏改京兆尹為京兆郡。此支韋氏，為漢丞相韋賢少子韋玄成之後。

　　平陽郡，三國時曹魏所置，郡治平陽縣，故址在今山西臨汾堯都，轄地大致與臨汾相仿。平陽之名，此後長期使用。明清有平陽府，範圍較平陽郡更大。

　　韋氏的堂號有一經堂，出自漢儒韋賢事。《三字經》云：「人遺子，金滿籝；我教子，惟一經。」鄒魯諺云：「遺子黃金滿籝，不如教子一經。」韋氏一經堂由此而來。有扶陽堂，也源於韋賢，韋賢官至宰相，封扶陽侯，故以扶陽作堂號。有京兆堂，漢人韋玄成為少傅、太子太傅，直至御史大夫，位列三公。後舉家遷居京兆，子孫繁盛，故以京兆立堂。有五雲堂，唐人稱「長安韋杜，離天尺五」，故江淮韋氏以五雲為堂號。有蓋文堂，貴州安順和黔南一帶的韋氏，常以蓋文為堂號。

　　各地韋氏的排行用字，多有不同。如：

　　廣東中山韋氏排行用字：「永乾佑寧嘉，延國安靖始。」

　　湖北仙桃韋氏排行用字：「智思守先訓，敦厚乃本元。」

　　山東淄博韋氏排行用字：「賢孝忠良節，福祿壽禎祥。恭寬信敏惠，繁衍世澤長。」

　　貴州都勻韋氏排行用字：「應永廷恩毓，忠良繼國邦。榮華昌萬世，慶喜福壽長。」

　　廣西壯族韋氏排行用字：「元銀顯照，加成祖子。」

　　江蘇大豐韋氏排行用字：「春慶元和廣，龍海萬家遷。立德貞吉昌，有餘才成林。」

　　京兆堂韋氏的排行用字十分複雜：「祖啟福基，海文世應。成朝克振，儒志聯慶。國秀昆榮，逢光顯定。經汝良嘉，英華善永。修得賢才，昌潤建景。恆舒端薄，祥茂遠興。」我所在的揚州江都京兆堂韋氏，只知道從曾祖父以來的排行用字是「學長國華」，其他不詳。

　　韋氏宗祠有各種楹聯，與先人的郡望和德行相關。如：

　　「望出京兆；源自高陽。」此聯言韋氏的源流和郡望。

　　「歷事四帝；勇麾三元。」上聯出唐代賢相韋處厚，歷事憲、穆、敬、文四帝，一時推為賢相。下聯出清代三元里抗英首領韋紹光。

「一經教子；五世揚名。」上聯謂西漢韋賢，以《詩》授徒教子，與少子韋玄成相繼為丞相，故諺云：「遺子黃金滿籝，不如教子一經。」下聯謂韋孟，至韋賢前後五世，稱鄒魯大儒。

「蚌珠有兩；鳳閣聯雙。」上聯指東漢韋端，有子韋康、韋誕，孔融讚曰：「想不到雙珠出於老蚌。」下聯指唐代韋承慶，官至鳳閣侍郎、同平章事。

「恥賣公道；倨見權貴。」上聯出明人韋斌，嘗曰：「假彈劾以快私仇，投細微以賣公道，吾所深恥。」下聯出唐人韋方質，權貴登門，據床自若。

「好男兒豈為降將；真宰相莫若劻公。」上聯言北周韋孝寬，齊國招降，對曰：「孝寬為鎮關西男子，必不為降將軍。」下聯言唐人韋安石，數番折辱武則天寵臣，眾人曰：「真宰相也。」

「紅袖書箋，五雲散彩；繡袍覆體，一枕留芳。」上聯云唐韋陟事。下聯云唐韋綬事。

「五世大儒，鄒魯流芳奕葉；一家賢相，父子濟美當年。」上聯謂韋賢。下聯謂韋孟。

歷代韋氏的名人，自也不少。如：

韋方國君韋遐，協助周武王伐紂有功，後封為伯國，遷於故國韋地（今河南滑縣），稱為韋伯國，韋遐亦稱為韋伯遐。西週末韋國亡，族人遷居彭城（今江蘇徐州）。

秦漢詩人韋孟，因秦政苛暴，躬耕不仕。劉戊與劉濞通謀作亂，韋孟在劉戊亂前作詩諷諫。傳到子孫韋賢，五世皆鄒魯大儒，以詩為「韋氏之學」。韋孟詩僅存〈諷諫詩〉、〈在鄒詩〉兩首，前者諫王，後者述志。

鄒魯大儒韋賢，韋孟第五代孫，被召舉家遷入長安做官。性質樸，善求學，精通《詩》、《禮》、《尚書》，進宮授昭帝以《詩》。封扶風侯，卒諡節侯。

漢代丞相韋玄成，少而好學，明於詩禮，謙遜俠義，尤敬貧賤，曾為太子太傅。父韋賢死後，佯狂而讓爵於兄，朝議高其節操。

三國時韋昭，著名學者，少即能文。任丞相掾、太史令等職，作〈博弈論〉，為時所稱。著有《官職訓》、《辯釋名》等。

南朝將軍韋叟，善相術，給尚未登上皇位的宋武帝劉裕看相時說：「君相貴不可言。」後武帝果然成事。

南朝虎將韋睿，南朝梁武帝時任豫州刺史、雍州刺史、護軍將軍等職。指揮果斷，謀略過人。因多次率軍大敗北魏，被魏人稱為「韋虎」。

北朝兵家韋孝寬，早年在北魏多次參戰，立功而升遷。後為西魏重用，以劣勢擊敗東魏。又幫助北周打敗北齊，統一北方。

隋代飛虎將韋桃符，初為韋袞僕人，從其習武，勇而有謀。韋袞每次出征，韋桃符跟隨於後，橫衝直撞，無人能敵，人稱「飛虎將」。

唐代韋貴妃，名珪，北周太傅韋孝寬曾孫女，北周驃騎大將軍韋總孫女，隋開府儀同三司郿國公韋圓成女兒。嫁李世民為妃，死後陪葬昭陵。

賢士韋弘機，出使西突厥，將諸國風俗物產撰為《西征記》。為唐高宗建造宮室，將園林、建築、自然完美結合。

駙馬韋思安，出身雍州韋氏，即後來的京兆韋氏，官至嵐州刺史，尚唐太宗第十三女晉安公主，與公主陪葬昭陵。

唐中宗韋皇后，姿色極美，先立為太子妃，後立為皇后。因勾結武三思專擅朝政，事敗被殺，貶為庶人。

大臣韋堅，曾任長安縣令，以才能卓越、辦事精幹聞名。渭水曲折淤淺，不便漕運，韋堅徵調民工，修築運渠，引渭水入渠，渠成後每年運糧兩百餘萬石，提高效率十倍。

詩人韋應物，曾任蘇州刺史，世稱韋蘇州。其詩寫景優美，感受深細，清新自然，此外又有慷慨悲憤之作。著有《韋江州集》、《韋蘇州集》等。

畫家韋偃，善畫鞍馬，傳自家學，與曹霸、韓幹齊名，杜甫賦詩對其畫備加讚賞。亦善山水、松石、人物。所畫山水風格高超，屬王維一派。

南康郡王韋皋，曾任劍南西川節度使，經略滇南，大破吐蕃。因赫赫事功被唐天子封為南康郡王，給韋氏帶來榮耀，終使韋氏成為「離天尺五」的名門巨族。

史學家韋述，小時將家藏兩千卷書閱盡，中進士時年紀還小，身材不高。

考官宋之問說：「韋學士童年有何事業？」韋述對曰：「性好著書。」宋之問說：「本求異才，果得遷固。」撰有《開元譜》、《兩京新記》。

唐末詞人韋莊，宰相韋見素之後，詩人韋應物四代孫，曾任後蜀宰相。詞風清麗，有名於世。著有《浣花詞》、《秦婦吟》。

清代武解元韋仲魁，聰穎好學，性情豪放，白日識文，夜間習武。後在雲貴戰績卓著，清廷授予雲貴協鎮孝督要職。

三元里抗英首領韋紹光，菜農出身，喜習武術。英軍曾竄至三元里肆行淫掠，調戲其妻，即與鄉民奮起反擊，怒殺敵兵十餘名。旋與鄉眾聚集三元古廟，以三星旗為號，斃敵兩百餘人。

太平天國北王韋昌輝，原名志正，或作正、政。因受官吏欺壓，參加拜上帝會，獻出家產，開爐製械，積極準備起義。金田起義時，全家從征。後在天京事變中造成慘劇，被洪秀全處死。

另外，因韋氏而產生的成語典故有：

韋編三絕——春秋時的書籍，主要是竹簡，就是把竹子做成一根根竹簽，烘乾後在上面寫字。一部書要由許多竹簡構成，竹簡之間用堅固的皮帶將其編連起來。《易》是由許多竹簡編起來的書，孔子讀了好多遍，才理解其內容。因為讀的次數多，使得串連竹簡的皮帶磨斷幾次。後來稱人苦讀，叫做「韋編三絕」。

韋弦之佩——《韓非子》說：「西門豹之性急，故佩韋以自緩；董安於之心緩，故佩弦以自急。故以有餘補不足，以長續短之謂明主。」古人知道眼睛不能看到本人的儀容，所以用鏡子來照看自己。知道自己不能辨別言行的對錯，所以用道義來匡正自己。西門豹性情急躁，所以常佩一條柔軟的皮子，以警醒自己不要性急。董安於性情遲緩，所以常佩一張繃緊的弓弦，以勉勵自己不要遲慢。這就是「韋弦之佩」。

明目張膽——見《新唐書·韋思謙傳》。韋思謙是唐高宗時的監察御史，為人剛正不阿，不畏權勢，經常出外巡察，揭發貪官汙吏。有一次韋思謙發現中書令褚遂良有錯，於是上書揭發，致褚遂良降職。後來褚遂良重新起用，就報復韋思謙，把韋思謙降為縣令。即便如此，韋思謙仍然不屈不撓，說：「大

丈夫當正色之地，必明目張膽，以報國恩，焉能碌碌保妻子邪？」後來韋思謙再任御史大夫。「明目張膽」原來是說擦明眼睛，膽大直行，後來由褒義變為貶義。

遺子黃金滿籯，不如教子一經——意為與其留下滿筐金銀，還不如傳授一經給子孫。因為給子孫留下再多的遺產，他們也可能很快揮霍乾淨，所以不如教給他們安身立命的道理好。原見《漢書·韋賢傳》：「賢四子。長子方山為高寢令，早終；次子弘，至東海太守；次子舜，留魯守墳墓；少子玄成，復以明經歷位至丞相。故鄒魯諺曰：『遺子黃金滿籯，不如一經。』」顏師古注運：「今書本籯字或作盈，又是盈滿之義。」韋氏後人有一經堂，即源於此。

我一直關注我的先祖是從哪兒來的，但是迄今並無結論。很多年之前，《揚州晚報》記者採訪我，發表的採訪文章題為〈韋明鏵：揚州文化成就了我〉。開頭的「人物名片」寫道：「韋明鏵，一級作家，文化學者。1949 年生於揚州，現為揚州文化研究所所長，揚州市政協常委，揚州市民間文藝家協會副主席，揚州市曲藝家協會副主席兼秘書長。揚州市有突出貢獻的中青年專家。」接下來是「家族之謎」，寫道：「對家族源頭的考證不得其果，令他無法釋懷。」有兩條線索，讓我一度探究了好些時日。祖父提及，先祖可能來自廣西，也即古蒼梧之地。按此說法，我們這支韋姓或是壯族人。另一條線索來自家中燈籠上的「京兆堂」。按此堂號，我的家族發祥地有可能是長安，唐人有諺語：「城南韋杜，離天尺五。」無論蒼梧也好，長安也罷，均不能斷定。

唯一可考的是《揚州歷史文化大辭典》關於我曾祖父韋學芳的傳記：

> 韋學芳（1867-1942），民間音樂家。揚州江都人。自幼聰穎卓異，從塾師習經史、詩文、詞曲，過目成誦，澹泊功名，惟以聞道為樂。稍長，酷愛藝術，尤好文學、書畫、戲曲與音樂。曾拜揚州崑曲（大曲）與揚州清曲（小曲）名家為師，學習各種聲腔與唱法。同時精研伶人舞臺實踐，博覽先賢文獻樂譜，考鏡聲腔源流與曲詞演變，著力在大曲中注入小曲的清新韻味，在小曲中增添大曲的典雅氣質，並以工尺譜一一記錄。音色清圓瀏亮而宛轉動人，聲腔嚴守矩矱而別創一格，深受讚譽與敬重。在民間樂器中，最擅琵琶與洞簫，善於融戲劇、民歌、佛樂、道曲之精華於傳統曲調的演奏之中，臻於點石成金、出神入化之境。晚年悉心培養長孫韋人，使其受到良好

的藝術啟蒙，走上戲曲創作和研究之路。

對家族起源的考證雖無結果，但卻讓我知曉，我對文藝的熱愛原來承襲自我的曾祖父和祖父。關於江都韋氏的我家一支，就只能說到這個程度。

韋學芳先生像

二四　陳留孫氏

　　我的祖母姓孫。在我的老家揚州一帶，姓孫的人極多。到鄉下去，可以碰見許多孫家莊，為了區別起見，它們常常叫做大孫家莊、小孫家莊、前孫家莊、後孫家莊等。走到任何一個地方，都能遇到姓孫的人。因此孫姓是最常見的姓氏。

　　孫氏的起源，來自古老的姬姓、媯姓、姚姓、芊姓等。

　　一是源於姬姓。周公姬旦封康叔於衛，在今河南淇縣，建立衛國。至春秋衛武公時，他有一個兒子名叫惠孫，惠孫的孫子叫武仲乙，將祖父惠孫的字作為姓氏，他的後代就以孫為姓。孫武、孫臏、孫權都是惠孫的後裔。

　　二是源於媯姓和姚姓。此說比較拉雜，大致是說齊景公時，大夫田無宇之子田書因為伐莒有功，齊景公封田書於樂安，並賜姓孫氏。

　　三是源於芊姓。春秋初，楚國有個孫叔敖，擔任令尹。孫叔本來是字，但他的子孫以其字為氏。

　　四是源於荀姓。漢宣帝名叫劉詢，為了避詢的音諱，下令荀氏不得再姓荀，一律改為孫氏。

　　五是源於其他賜姓和改姓。例如三國時東吳將領俞河因功而被賜姓孫氏，因稱孫河。山東鄄城李集鄉李氏，原姓軒轅，因遭奸臣陷害，將軒轅氏改為孫、軒、李三姓。新羅初期，朝鮮遺民多以朴為姓，後來分別賜姓，其中的茂山大

樹部改名漸梁部，並賜姓孫氏。五代時，契丹和大賀氏結盟，契丹的審密氏被賜姓孫氏。明初，朱元璋禁止使用複姓，將公孫、叔孫、長孫、土孫、王孫、孟孫、仲孫、季孫之類，全部改為孫氏。清朝時，滿洲八旗的孫佳氏改為孫氏。

孫氏的得姓始祖，有孫乙和孫書。孫乙是姬姓孫氏的得姓始祖，孫書是媯姓孫氏的得姓始祖。

孫乙，字武仲，又稱武仲乙。據史籍記載，周文王第八子衛康叔的後人中間，有一位名惠孫。惠孫的兒子叫耳，耳的兒子叫武仲。從這位武仲開始，以他祖父惠孫的字為姓氏，所以孫乙是孫氏得姓的始祖。

孫書，原名田書。春秋時，陳國的陳完逃到齊國，改姓田氏，古代田、陳發音相似。田完的子孫中，有一位田書，在齊國做大夫。因為他伐莒有功，齊景公把他封在樂安，並賜他孫姓。孫書從此成為孫氏的始祖。

孫氏一直活躍在河南、山東一帶。自春秋戰國之後，孫氏由北而南遷徙。戰國時，孫氏出了軍事家孫武，其子孫明因父親之功而封富春侯，封地在今浙江富陽，形成了孫氏在南方的郡望。秦漢以後，孫氏由山東向四周拓展，西進山西，南達浙江，西至湖北。三國時，孫堅父子在江南建立吳國，孫氏的地位達到頂峰。魏晉南北朝後，中原和江南的孫氏都得到迅速的發展，出現了一批名門望族。宋朝時，孫氏為人口較多的大姓，主要集中在安徽、河南、山東、浙江、江蘇等地。在淮河流域和長江流域，形成了兩個孫姓聚集區。明朝時，孫氏主要分布於浙江、山東、江蘇、江西等地。

孫氏的郡望，有吳郡、汲郡、樂安郡、陳留郡等，堂名有樂安堂、富春堂、太原堂、映雪堂等。

吳郡，東漢所置，原屬會稽郡，治所在吳縣（今蘇州姑蘇）。所轄之地，包括今江蘇、浙江的一部分。三國時，孫吳定都吳郡，即江蘇蘇州。晉時改為吳國，南朝時復為吳郡。隋唐時，或稱吳郡，或稱蘇州。

汲郡，西晉所置，治所在汲縣（今河南衛輝）。北魏時，遷郡治於枋頭（今河南浚縣），後遷汲縣。北周時廢汲郡。隋朝改衛州為汲郡，郡治衛縣（今河南浚縣）。唐時改衛州為汲郡，轄境相當今河南衛輝、新鄉、輝縣、獲嘉、修武等地。

　　樂安郡，東漢時置，一度改為千乘國，郡治在臨濟（今山東高青）。轄境大致相當於今山東濱州東、淄博北、東營南一帶。三國魏時移治高苑（今山東博興）。

　　陳留郡，春秋時鄭地，因為陳所侵，故曰陳留，今河南開封有陳留鎮。秦始皇一統中國後，廢分封，置郡縣，設立陳留縣。漢高祖劉邦在西進滅秦的途中，曾攻占陳留。武帝時分河南郡置陳留郡。至董卓亂國，曹操乃自陳留興兵倡義。晉時為陳留國，隋時為郡，明清為縣。《史記》記劉邦伐秦時，謀士酈食其說：「夫陳留，天下之衝，四通五達之郊也。」《陳留縣志》亦云：「陳留既大郡，而首邑為名都，實封爵衣冠、人材禮樂之所聚，蓋極盛矣。」陳留郡為大多數孫氏的郡望。

　　孫氏的堂名，有平治堂、樂安堂、富春堂、映雪堂等。

　　平治堂是因為孫叔敖把楚國治理得民富國強，故名。樂安堂是因為孫書伐莒有功，被封於樂安，故名。富春堂是因孫武帶著兵法見吳王，吳王把他封到富春，故名。映雪堂係出自樂安郡，東晉御史大夫孫康幼時家貧，買不起燈油，冬天映雪讀書，終成大儒，故號映雪堂。其他還有東莞堂、太原堂、江東堂、安慶堂等，均以地望立堂。

　　孫姓的宗祠，都有自家的對聯。如：

　　「兵家祖；循吏宗。」上聯指春秋齊國孫武。下聯指楚國孫叔敖。

　　「閉門聯榻；漱石枕流。」上聯謂清人孫鎮不事舉業，與其弟構古棠書屋，閉門聯榻，談古論今。下聯謂晉人孫楚隱居，枕流欲洗其耳，漱石欲礪其齒。

　　「江東立國；冀北空群。」上聯說三國孫權繼承兄業，稱帝武昌，國號為吳。下聯說春秋孫陽善於相馬，韓愈稱：「伯樂一過冀北之野，而馬群遂空。」

　　「三孫威振華夏；兩賦名留神州。」上聯言東吳孫堅、孫策、孫權三父子。下聯言東晉孫瓊有〈悼艱賦〉、〈箜篌賦〉。

　　「願乘風破萬里浪；甘面壁讀十年書。」此乃孫中山自題。

　　「兵法卓絕傳後世；藥方回春救蒼生。」上聯謂《孫子兵法》和《孫臏兵法》。下聯謂唐代醫家孫思邈。

　　「十三篇用兵如神，有文經必有武備；千金方活人無算，能治國亦能齊

家。」見安徽蕪湖白馬山孫氏宗祠。上聯出孫武。下聯出孫思邈。

「法效鬼谷，賦著天台，乃武乃文，垂芳徽於不朽；源溯贛江，派分湘水，在茲在彼，將怵惕以同深。」見湖南單家井孫氏宗祠。上聯謂孫臏、孫綽。下聯謂本支孫氏的來源和遷徙。

孫氏的名人，歷代甚多。如：

春秋戰國時楚國令尹孫叔敖，曾主持治水，傾盡家資，歷時三載，終於築成中國歷史上第一座水利工程芍陂，借淮河古道洩洪，築陂塘灌溉農桑，造福黎民。孫叔敖輔佐楚王，施教導民，寬刑緩政，偃武修文，休養生息，使農商並舉。

秦國相馬大師伯樂，本名孫陽，以善相馬聞名。傳說天上管馬的神仙叫伯樂，因孫陽精於識馬，故人稱伯樂。楚王請伯樂尋找千里馬，伯樂買來一匹拉鹽車的瘦馬，楚王見狀，很不高興。經過半個月調理，馬變得精壯神駿。楚王跨馬揚鞭，但覺兩耳生風，頃刻間已到百里之外。

春秋末期軍事家孫武，後人尊其為孫子。孫武的曾祖父、祖父都是名將，他受家教薰陶，自小喜研兵法。孫武作《兵法十三篇》即《孫子兵法》，覲見吳王，吳王任命他為將軍。孫武與伍子胥協助吳王闔閭伐楚，五戰五捷，攻占楚國，打敗越國，大破齊軍，使吳確立了霸主地位。

三國梟雄孫堅、孫權、孫策，均稱霸一方。孫堅號稱江東之虎，武藝高強，膽識過人。長子孫策，次子孫權，都是人傑。孫堅英年早逝，孫策帶領周瑜一眾人等橫掃江東，為東吳打下基礎，人稱小霸王。孫策也英年早逝，孫權當政。曹操曾經感歎：「生子當如孫仲謀。」仲謀是孫權字。辛棄疾〈南鄉子‧登京口北固亭有懷〉詠道：「何處望神州？滿眼風光北固樓。千古興亡多少事？悠悠。不盡長江滾滾流。年少萬兜鍪，坐斷東南戰未休。天下英雄誰敵手？曹劉。生子當如孫仲謀。」又有孫夫人，孫權之妹，相傳名叫孫尚香，曾為左將軍劉備之妻。《三國志》稱為孫夫人，在戲曲中不斷描繪成富於個性的女性。

唐朝醫學家孫思邈，後人尊為「藥王」，著有《千金方》。孫思邈醫術高明。他在路上遇到一支送葬隊伍，死者是難產婦。他發現棺材裡滴出鮮血，立刻叫人打開棺材，為產婦診斷扎針。片刻後，產婦甦醒，生下嬰兒。孫思邈擅長婦科、兒科、外科、五官科。在中醫學上，他首次主張治療婦女兒童疾病要單獨設科，

並在著作中首先論述婦、兒醫學。

書法家孫過庭，胸懷大志，博雅好古，曾任右衛冑參軍、率府錄事參軍。擅楷書、行書，尤長草書，取法王羲之、王獻之。宋人米芾認為唐草得二王法者，無出其右。孫過庭的傳世書跡，有《書譜》等，其中成就最高的是《書譜》。他的〈書譜序〉在古代書法理論史上有重要地位。

明清學者孫奇逢，明亡後隱居不仕，與黃宗羲、李顒並稱三大儒。孫奇逢的學術以陸象山、王陽明為根本，提倡慎獨，重視天理，而又切合日常。他對己修身嚴格，對人從不作態，即使是擔夫走卒，也誠意相待，因此名聞天下而無人嫉妒。著有《理學宗傳》、《讀易大旨》等。

革命先行者孫中山，原名文，號逸仙。曾經行醫，後組織同盟會，領導辛亥革命，推翻清朝專制，建立中華民國，被推舉為臨時大總統。1925 年在北京逝世，根據其遺願，葬於南京紫金山，被尊稱為中華民國國父。著有《建國方略》、《建國大綱》、《三民主義》等。

有人統計，在歷代狀元中，孫氏至少有十多位。但在孫氏名人中，影響最深遠的還是軍事家孫子。可是，孫子的名字到底是孫武還是孫臏，長期來爭議不斷，人們一直分不清孫武和孫臏究竟是一個人還是兩個人。《漢書·藝文志》寫到《吳孫子》和《齊孫子》，但《隋書·經籍志》只寫到《吳孫子》。唐宋之後，人們認為《孫子兵法》是經過曹操刪改成書的，也有人說根本就沒有孫武其人。1972 年 4 月，在山東臨沂銀雀山發掘的兩座漢代墓葬中，同時發現寫在竹簡上的《孫子兵法》和《孫臏兵法》。直到兩部兵書同時放在人們面前時，千年的爭議才得到澄清。

孫武是齊國人，因為避難而來到吳國，並受到重用。他主張以少勝多，三次擊敗楚國，使吳國成為霸主，他所著的《孫子兵法》被後人奉為經典，不但用於打仗，還用於經商。孫臏是孫武的玄孫，出仕後到魏國做官，被人陷害，受到臏刑。後來被救到齊國，指揮齊軍，兩次擊敗魏軍。他的《孫臏兵法》，也是軍事學經典。

《孫子兵法》又稱《孫武兵法》，是中國現存最早的兵書，也是世界上最早的軍事著作。全書共十三篇。它的主要內容，第一至第三篇寫戰略運籌，第四至第六篇寫作戰指揮，第七至第九篇寫戰場機變，第十至第十一篇寫軍事地

理，第十二至第十三篇寫特殊戰法。全書語言簡潔，內容富有哲理，後代武將深受其影響。

《孫臏兵法》共十六篇。第一至第四篇記孫子與齊威王、田忌的問答，第五至第十五各篇的開頭都稱「孫子曰」，第十六篇也記述了孫子與齊威王的問答。通過《孫臏兵法》，可以證實《史記・孫武吳起列傳》有關孫武仕吳、孫臏仕齊以及各有兵法傳世的記載。

還有一位家喻戶曉的孫氏名人，是《西遊記》裡的孫悟空。孫悟空之所以姓孫，是因為它是猢猻，其實與孫氏無關。吳承恩在《西遊記》第二回寫道：

> 祖師道：「既是逐漸行來的也罷。你姓甚麼？」猴王又道：「我無性。人若罵我，我也不惱；若打我，我也不嗔，只是陪個禮兒就罷了。一生無性。」祖師道：「不是這個性。你父母原來姓甚麼？」猴王道：「我也無父母。」祖師道：「既無父母，想是樹上生的？」猴王道：「我雖不是樹生，卻是石裡長的。我只記得花果山上有一塊仙石，其年石破，我便生也。」祖師聞言，暗喜道：「這等說，卻是天地生成的。你起來走走我看。」猴王縱身跳起，拐呀拐的走了兩遍。祖師笑道：「你身軀雖是鄙陋，卻像個食松果的猢猻。我與你就身上取個姓氏，意思教你姓『猢』。猢字去了個獸傍，乃是古月。古者，老也；月者，陰也。老陰不能化育，教你姓『猻』倒好。猻字去了獸傍，乃是個子系。子者，兒男也；系者，嬰細也。正合嬰兒之本論。教你姓『孫』罷。」猴王聽說，滿心歡喜，朝上叩頭道：「好！好！好！今日方知姓也。萬望師父慈悲！既然有姓，再乞賜個名字，卻好呼喚。」祖師道：「我門中有十二個字，分派起名到你乃第十輩之小徒矣。」猴王道：「那十二個字？」祖師道：「乃廣、大、智、慧、真、如、性、海、穎、悟、圓、覺十二字。排到你，正當『悟』字。與你起個法名叫做『孫悟空』好麼？」猴王笑道：「好！好！好！自今就叫做孫悟空也！」

這麼隨便起的名字，不想如今四海皆知，誰不知道孫悟空、孫行者、孫大聖！胡適曾以「孫行者」對「祖沖之」，算是妙對。

因為我的祖母姓孫，所以親戚中有許多姓孫的，但是都不大聯繫。據我父

親回憶說，他想起外婆一家人的命運，心裡就很難過。因為他親眼目睹這個像模像樣的家庭，和有一定文化和技能的老老小小，為舊時的鴉片惡習所毀滅，最後只剩他的一位小舅，以及大舅死後留下的一雙兒女。

父親說，他的外公叫孫兆鶴，是個讀書人，寫得一手好字，可惜不知道從什麼時候起吸上了鴉片，使他的精神老是萎靡不振。他有三個兒子，兩個女兒。其中，大女兒是我的祖母，二女兒在上海紗廠做擋車工，大兒子是皮匠，二兒子學打燒餅，三兒子做搬運工。大兒子、二兒子都吸食鴉片，錢財用盡，家破人亡。父親的這一篇回憶錄，題為〈外婆一家的悲劇〉，寫得痛徹骨髓。

我的那些姓孫的親戚，多有年輕時寄養在我家的，後來一個個出去，便再無音信。我感到韋氏有恩於孫氏，而他們信義薄弱，情商低迷，最終沒有一個成功也是必然。

韋明鏵在臺北國父紀念館前

二五　延陵吳氏

　　外婆家姓吳，母親自然也姓吳，兩個表哥及其子女們，也都是吳氏子孫。但我一直不知道吳氏的郡望在哪裡。

　　吳原來是個國號，出於姬姓，也是黃帝軒轅氏的後裔。相傳黃帝之後建立周部落，傳至周文王姬昌。姬昌出世時，有祥瑞出現，泰伯、仲雍得知此事，就自動讓賢，一起南下，給當時落後的江南帶去了中原的先進文化，並被當地土著推為首領，號稱句吳。泰伯死後，仲雍繼位，改國號為吳，追封泰伯為「吳伯」。至壽夢時稱吳王，建都於今江蘇蘇州。壽夢的第四子季札本該繼承王位，但他避而不受，逃到延陵以耕田為生。從此吳王壽夢的後裔分為兩支，一支是在政壇縱橫捭闔的吳王闔閭、吳王夫差等國君，另一支是季札及其後裔繁衍成當今的普通吳姓。吳國被越國所滅，子孫以國為姓，也即吳氏。

　　也有其他說法。一說是舜的後代有封在虞地的，因「虞」與「吳」音近，故舜的後人有姓吳的。一說是顓頊帝時有吳權，其後人稱吳氏。一說是少康時有神箭手吳賀，其後人為吳姓。一些少數民族，如錫伯族、朝鮮族、赫哲族、柯爾克孜族，因長期與漢族融合，也有了吳姓。

　　吳氏的郡望，有渤海、延陵、濮陽、陳留、吳興、長沙、武昌、汝南、江浙等，大部分郡望的吳氏都認為是季子的後裔。

　　吳氏最大的郡望是渤海郡。按理說，渤海郡應該位於渤海灣周圍的地方，包括今天河北和山東等地。奇怪的是，江浙一帶的吳氏亦自稱渤海吳氏，據說

這個「渤海」其實是指東海，也即長江下游的江浙。所以，吳氏的渤海郡望，既包括北方冀魯的吳氏，也包括南方江浙的吳氏。連福建吳氏的後裔，也多稱渤海吳氏。

江南吳氏又號延陵郡，其實與渤海郡之說在本質上一樣。延陵是春秋時季子的封邑，位於蘇南常州一帶。季札為讓王位，遂入延陵，成為延陵始祖，人稱「延陵季子」，乃是春秋時代的風雲人物。季子飽讀群書，博學多才，懂得軍政，精通禮樂，關於他「讓國」的美德傳頌至今。古人甚至將季子與孔子並稱，曰「南季北孔」。

濮陽郡，春秋時衛國領地，地在今河南濮陽一帶。濮陽吳氏歷史悠久，人口眾多，後裔分布極廣。最早見於史書的濮陽吳氏名人，有三國曹魏文學家吳質。

陳留郡，在今河南開封一帶，陳留吳氏自漢魏至隋唐都是當地的望族。名人有漢代的吳恢、吳祐父子，《後漢書》有傳。

南方吳氏的總堂號是延陵堂，分堂號很多。如至德堂、源遠堂、思敬堂、怡德堂、有秩堂、三讓堂、崇禮堂、讓德堂、思讓堂、均安堂、履成堂、敦厚堂、德讓堂、源德堂、樹德堂、仁澤堂、世享堂、世德堂、世篤堂、世讓堂、永思堂、永懷堂、至德堂、自求堂、孝言堂、孝敬堂、吳詒堂、奉先堂、尚德堂、金陵堂、怡清堂、治平堂、承先堂、思源堂等，多達數十個。這些堂名都有來歷，如至德堂、三讓堂的來源，就出自周太王的三個兒子泰伯、仲雍、季歷相互禮讓的故事。孔子說：「泰伯，其可謂至德也已矣！三以天下讓，民無得而稱焉。」後世吳家就以孔子說的「至德」、「三讓」作為宗祠的堂名，以示紀念。

每一支吳氏的輩分排行是不同的。例如：

浙江嵊縣吳氏排行用字是：「子丑寅卯，辰巳午未，申酉戌亥。」

湖南岳陽吳氏排行用字是：「祥肇起文新世澤，先勳自古遠騰芳。傳家之道惟仁讓，懋德千秋載寵光。」

福建永定吳氏排行用字是：「念萬仕譚志，國以毓瑞集。其子仁光裕，乃昌宜宗禮。」

我的外公吳氏住在江蘇揚州江都。外婆居住的村子叫馬家莊，但就我所知，這個村子沒有一家姓馬的。關於外婆這支吳氏的排行，我只知道我母輩的排行

是「寶」，接下來是「志」，其他一無所知。我的姨娘名叫吳寶蘭，我的一位遠房舅舅叫做吳寶發，我的母親按理來說應該叫做吳寶某。但是，我母親的名字實際上卻叫吳桂蘭，這是因為當初起名時沒有嚴格按照排行用字的結果。我的兩位表哥分別叫做吳志源、吳志龍。到他們的子女這一輩，又完全不講排行了。

歷代吳氏名人甚多，各有建樹。

在政治領域，首推戰國時兵家吳起，衛國人。吳起善於用兵，初為魯將，繼為魏將，後奔楚國任令尹，主持變法，最終被殺。吳起是軍事家、政治家、改革家，也是法家和兵家的代表人物。他在內政、軍事方面，都有成就。仕魯時擊退齊國，仕魏時屢次破秦，仕楚時主持改革，史稱「吳起變法」。後世把他和孫武並稱為「孫吳」，《吳子》、《孫子》又合稱《孫吳兵法》，在古代軍事典籍中占有重要地位。

另一位知名的政治人物，是秦末農民起義領袖吳廣。朝廷徵發閭左屯戍漁陽，陳勝、吳廣為屯長。他們行至大澤鄉即今安徽宿縣時，為大雨所阻，不能按期到達。按照秦法，過期要殺頭。陳勝、吳廣便發動戍卒起義，陳勝自立為將軍，吳廣為都尉，號召群眾反秦。起義後不到一個月，已經擁有戰車六七百輛，騎兵千餘人，步兵幾萬人。在控制了安徽、河南交界的大片地區後，起義軍決定進攻戰略要地陳縣。隨著反秦鬥爭的開展，起義軍內部矛盾逐步暴露，吳廣被殺，起義失敗。但是陳勝、吳廣起義時的口號「王侯將相寧有種乎」，依然激勵民心。

《水滸傳》裡的吳用，綽號「智多星」，雖然是梁山好漢，其實是虛擬人物。根據書中的描寫，他滿腹經綸，足智多謀，常以諸葛亮自比，在梁山泊排名第三。他是梁山上掌管機密的軍師，山寨中幾乎一切軍事行動都由他一手策劃。受招安後，因宋江被害後托夢給他，他與花榮一同在楚州南門外蓼兒洼宋江墓自縊，也是悲劇的人生。

吳氏在文學藝術方面人才尤多。

隋宮女子吳絳仙，因為畫眉而出名。吳絳仙原為殿腳女，後入宮作女官，封為崆峒夫人。才貌出眾，擅畫蛾眉，受煬帝青睞，宮中紛紛效仿。其畫眉材料為螺子黛，產自波斯，價格昂貴。相傳煬帝最喜隔簾看吳絳仙畫眉，以至忘食，稱其秀色可餐。吳絳仙被譽為畫眉聖手，古代傳有〈絳仙畫眉圖〉。

　　唐代畫家吳道子，所繪人物，時號「吳家樣」。吳道子善畫衣褶，有飄舉之勢，時稱「吳帶當風」，又有「吳裝」之稱，後被尊為畫聖，民間畫工則尊其為祖師。吳道子使得山水畫成為獨立畫種，不再是人物畫的附庸。

　　明代小說家吳承恩，科舉屢遭挫折，嘉靖中補貢生，後任浙江長興縣丞。因為恥為五斗米折腰，拂袖而歸，專意著述，著《西遊記》，另有《射陽先生存稿》等。有人說過，一個人的一生哪怕只寫《西遊記》一本書，便可不朽。

　　清代小說家吳敬梓，因家中有文木山房，晚年自稱文木老人，又因移家南京秦淮河畔，故又稱秦淮寓客。幼穎異，善記誦，性情豪邁，不善治生，不數年家產揮霍殆盡。晚年客於揚州，落拓縱酒，卒於揚州瓊花觀。著有《文木山房詩文集》、《文木山房詩說》等，尤以諷刺小說《儒林外史》傳世。

　　書家吳讓之，包世臣的入室弟子。善書畫，精篆刻。少時追摹秦漢印作，後直接取法鄧石如，得其神髓。又綜合自己的學識，發展完善「鄧派」篆刻藝術，在篆刻史上具有舉足輕重的地位。

　　畫家吳昌碩，別號缶廬、苦鐵，同治秀才。曾任安東知縣，僅一月即去。工詩，善書，尤精篆刻，曾為西泠印社社長。著有《缶廬集》、《缶廬詩存》、《缶廬印存》及多種書畫集。

　　吳氏還有幾個異才。如清代科學家吳其濬，著有植物學著作《植物名實圖考長編》和《植物名實圖考》。中國科學院院士吳征鎰，從事植物學研究和教學七十年，是中國植物分類學、植物系統學、植物區系地理學、植物多樣性保護以及植物資源研究的開拓者。圍棋名家吳清源，有神童之稱，在日本做職業棋士，號稱「昭和棋聖」。

　　我喜歡的吳氏名人，主要是吳敬梓。很多年前，我曾到安徽全椒去瞻仰過吳敬梓的故居。據說在中國文學史上，如果要列出前六部小說，那就是明代的《三國演義》、《水滸傳》、《西遊記》，清代的《聊齋志異》、《儒林外史》、《紅樓夢》。被魯迅稱為偉大小說的只有兩部，《儒林外史》和《紅樓夢》。這兩部書猶如古典小說的巔峰，恰似雙子星座。巧的是，這兩部小說都與揚州有密切關係。《儒林外史》的作者吳敬梓有揚州情緣，生前經常念叨唐人張祜的詩句：「人生只合揚州死，禪智山光好墓田。」誰料一語成讖，最終他真的死在揚州，由他的親朋好友出錢把他的靈柩送回安徽。《儒林外史》寫到揚州的地方不少，

特別寫到一位有反封建鋒芒的女性沈瓊枝。沈瓊枝被揚州鹽商宋為富騙娶為妾，但她不甘伏低做小，攜帶宋家財物逃奔南京，靠刺繡自謀生計。她對於禮教清規、婦道戒律、人言可畏、官府脅迫，都鄙夷不屑。正如學者所說，沈瓊枝的出現像一道閃電劃破夜空，放射出叛逆思想的光芒。

　　吳敬梓生活在繁華盛世，看到的卻是世態百相，這才寫出不朽名著來。這也是他別具隻眼的結果。

　　另外在吳氏女性之中，金陵女子大學校長吳貽芳最受人尊敬。吳貽芳是中國第一批女大學生，第二位大學女校長，先後主金陵女大二十餘年，將學校掌管得蜚聲海內外。另一位是核子物理學家，被譽為「東方居里夫人」的吳健雄。吳健雄畢業於中央大學物理系，獲得加州大學伯克利分校物理學博士學位，為美國科學院院士，曾獲美國國家科學勳章。

韋明鏵在揚州吳氏有福讀書堂

二六　上黨樊氏

　　最早知道的樊姓名人，是樊梨花。那個在戲臺上身穿白色鎧甲，手執刀槍，英姿颯爽，武藝高強，所向披靡的巾幗英雄，一直活在我兒時的記憶裡。她和花木蘭、穆桂英、梁紅玉、白娘子等一起，構成了中國古代文學中英雄女性的群像。

　　與樊梨花的英武氣概形成對比的，是白居易的愛姬樊素，與小蠻齊名。《舊唐書·白居易傳》云：「樊素、蠻子者，能歌善舞。」據說白居易對樊素相當喜愛，寫她的詩不止一首，有名句曰：「櫻桃樊素口，楊柳小蠻腰」，千載傳誦。

　　樊氏，一說出於姬姓，一說出於子姓，和很多姓氏一樣，以國為氏。在孔子弟子七十二賢人中，有一個樊遲，字子遲，那是早期的樊氏名人。

　　樊姓也是西南少數民族的姓氏。漢時巴郡、南郡有五姓，即巴氏、樊氏、䓮氏、相氏、鄭氏，其實都來自陝西。瑤族、苗族、滿族、蒙古族、土家族、布依族都有樊姓。

　　樊字的本義，是馬的負擔過重，停足不前。在甲骨文和金石文中，樊字像一匹馬的背上馱了很多沉重的東西，馬本身反而變得很小。同時，樊字的上部又像是籬笆或籠子，引申為牢籠、藩籬、圍繞、邊緣等意。籠子是原始人類捕捉和馴養獸類的工具，擅長編製樊籠的族群，稱為樊氏。樊是樊人所住的地方。因為樊氏族人擅長編製樊籠，他們自然也擅長建築圍牆、籬笆、城堡，最後發展為國名和姓氏。據考古發現，在河南信陽的古樊城地下，出土了樊國的器皿，

銘文表明古樊國是東夷嬴姓的後裔。東夷是以鳥為圖騰的部落，捕捉飛禽和編製鳥籠是他們擅長的特技。

據說堯帝時有個酋長，名叫樊豎，字仲文。他是擁戴堯為帝的，後來被封到山東的西南立國為君。夏商時，樊氏遷到陝西長安東南，後人稱樊仲氏。又相傳樊姓是伏羲氏之後、高辛氏之後、顓頊氏之後、商湯氏之後等，不一而足。有一種說法是，商朝中期形成了七個大族，即陶、施、樊、繁、錡、幾和終葵，樊氏為七族之一。周武王滅商後，商代遺民分別遷往各地，樊氏望族多在山東、山西一帶，所以山西的上黨郡成為樊氏主要郡望。

先秦時，樊氏活動主要在河南和陝西一帶。秦漢以後，西部、北部和中原的樊姓發展相對較快。隋初，山西的上黨、河南的南陽形成樊氏望族。進入唐宋時期，樊姓向南和向東部發展，很快進入皖贛蘇浙。有意思的是，唐人杜環在遊歷黑衣大食國後所寫的《經行記》書裡，提到在阿拔斯王朝的城市裡遇到了在那裡作畫的長安人樊淑，這位樊淑可能是把中國繪畫藝術帶到西方的第一人。兩宋時江南始有樊姓見諸史冊。到明清時，各地都有樊氏的足跡了。現在看來，陝西、河南、江西等省的樊氏最為常見，三省的樊氏約占了中國大陸樊氏人口的一半。其次則是江蘇、湖北、河北、江西、甘肅等地。

在歷史上，樊氏的遷徙有好幾次。第一次是南宋時，漢人紛紛逃亡江南各地。世居任城一帶的樊姓人也南逃至蘇州、杭州、嘉興各地。第二次是元朝末年，黃河多次決口，難民紛紛逃生山西，後來部分樊氏又從山西遷返。第三次是明初，樊氏族人避戰外逃甚多，山東、江蘇交界處均有屯邊記載。第四次是清初，進士樊毓敦反清復明，聚眾三萬，號稱「樊家軍」，兵敗後四散隱居。

樊氏的始祖，據說是仲山甫，他是周文王的後代，是周宣王的賢臣。當時周王朝邊境動亂不安，仲山甫率領一些卿士，北伐獫狁，南征荊蠻，東定淮夷、徐戎，天下得以安定，成就了周王朝的中興大業。因為仲山甫戰功顯赫，受封於樊地，一說在今湖北樊城，一說在今河南濟源。仲山甫受封後，稱為樊仲，後代遂以國號為氏。

樊氏的郡望主要有兩個，一是上黨郡，一是南陽郡。

上黨郡，最早見於春秋時晉國，趙魏韓三家分晉，韓國置上黨郡。秦統一天下後，分地為三十六郡，上黨郡是其中之一，治所在山西長子。漢時沿置。

三國時，郡治遷移到壺口關，今山西長治。西晉時，郡治向東北遷移到今山西潞城。十六國時，後周改上黨為潞州。隋朝建立後，將上黨郡治遷往上黨縣（今山西長治）。唐時，改上黨郡為潞州。

南陽郡，在春秋戰國時指泰山以南、汶水以北一帶。此外，晉國的南陽指太行以南、黃河以北的地方。魏國的南陽指伏牛山以南、漢水以北的地方。兩漢之際，南陽郡轄二十六個縣。隋朝廢黜，後又復置。唐初廢黜。元、明、清三朝，南陽府治皆在南陽。

樊氏的郡望還有盧江郡、沛國郡等。堂號則有上黨堂、南陽堂、舞陽堂等。

浙江有樊氏大宗祠，又稱博龍祠，位於招賢鎮樊村，建於清乾隆年間。宗祠分前、中、後三進，前進為戲臺，引人注目的是戲臺八卦井和木雕獅子球，雕刻尤其精美。樊氏大宗祠現為浙江省文物保護單位。山東有樊子祠、樊子墓，有碑刻數十通。樊子祠祭祀的是舞陽侯樊噲，包括廟、府、墓、林，現為山東省文物保護單位。洛陽新安玉梅村有樊氏祠堂，地處新安、澠池、宜陽三縣結合部，重建於中華民國年間。

樊氏宗祠的楹聯有：

「鉅鹿賢守；屠狗英雄。」上聯指漢儒樊準，自幼學習儒術，歷官御史中丞、鉅鹿太守、河內太守、尚書令等。在鉅鹿任上時，安撫百姓，發展農桑，抵禦羌族進犯，境內得以安定。下聯指漢將樊噲，漢初隨劉邦平定叛亂，官左丞相，封舞陽侯。

「彭城醫聖；猗樂文魁。」上聯言三國名醫樊阿，華佗弟子，擅於針灸。下聯言北齊文人樊遜，以孔子「見賢思齊」為座右銘，激勵自己。

「下床答拜；盡室登仙。」上聯謂東漢樊英有疾，其妻遣婢拜問，樊英下床答拜。下聯謂《列仙傳》中樊夫人善道術，舉室仙去。

「李謙文學；子蓋清廉。」上聯出北齊樊遜，以文著稱。下聯出隋朝樊子蓋，人稱清廉。

「南陽世澤；營國家聲。」全聯說唐人樊興，征戰立功，封營國公。

「隱樂湖山之跡；補袞詩歌之章。」上聯言漢代樊英事。下聯言西周樊穆仲事。

「隴西出謀獲全勝；鴻門斥項解危機。」上聯出東漢樊志張，博學多才，遊隴西時，將軍段潁請見之，他說：「向東南角乘虛引出，及百里，還師攻之，可以全勝。」將軍從之，果勝。下聯出樊噲事。

「不以榮華耀鄉里；常將道德養祥和。」此為漢人樊敏碑聯。

「高風清節超巢許；豐功偉烈並蕭曹。」上聯謂西周樊仲甫事。下聯謂漢初樊噲事。

「壺山隱居，術滅風火；杏堂高弟，學有師傳。」上聯言東漢學者樊英事。下聯言魯國名人樊遲事。

樊氏的排行用字，各地不一。如：

湖南張家界樊氏排行用字：「金學傳世永，文章定能云。」

湖北襄樊樊氏排行用字：「自西達於清，世開永在興。仁義禮智信，曉雨玉堂春。」

安徽蕪湖樊氏排行用字：「世開經國秀，道勝繼周卿。」

四川南充樊氏排行用字：「乾坤定榮華富貴。」

歷史上的樊氏名人，略有：

秦國大將樊於期，避罪於燕時，得燕太子丹庇護。後荊軻欲替太子丹殺秦王，願得首級入秦，樊於期自刎而死。

西漢將軍樊噲，謀士范增打算設鴻門宴謀殺劉邦，樊噲持盾闖入，斥責項羽，使劉邦生還。滅秦後，諫劉邦不要貪圖安樂，後封舞陽侯。

術士樊英，通曉陰陽地理，擅長推測災異。在壺山隱居時，求學者絡繹不絕，州郡請他，則從不答應。

北齊哲學家樊遜，批判神仙方術，認為皆虛妄之術。

大唐功臣樊興，處世謹慎，為人忠誠。官至檢校右武候將軍、襄城郡公。陪葬獻陵。

巾幗英雄樊梨花，父樊洪為西突厥守將，後投唐朝。樊梨花美貌絕倫，智勇雙全，是著名女將。

　　明代名士樊繼祖，著有《雙岩奏疏》、《十友傳》、《山海紀程》、《金丹集》等。

　　明清畫家樊圻，擅畫山水、花卉、人物，「金陵八家」之一。

　　晚清詩人樊增祥，別字樊山，撰有〈彩雲曲〉、〈後彩雲曲〉等。

　　樊於期仗義獻頭，樊噲捨身救主，都是歷史上令人驚心動魄的典故。唯有樊梨花的故事，充滿了嫵媚之感。但是，樊梨花是不是也和花木蘭、穆桂英、梁紅玉、白娘子等人一樣，是傳說中的人物呢？查閱有關資料，說她姓名樊梨花，國籍西涼與大唐，民族漢，丈夫薛丁山，兒子薛剛、薛強，曾任天下都招討、征西兵馬大元帥、一品誥命鎮國夫人、威寧侯等。有這樣一份檔案，似乎可以證明樊梨花是一個真實的人物。要言之，樊梨花是唐貞觀年間人，因與薛丁山平定西北邊亂而家喻戶曉。她的事蹟在方志、稗史中都有記載。其父樊洪，是西突厥寒江關的關主，原係隋將，後依突厥，最終投大唐。樊梨花智勇雙全，美貌絕倫，協助薛丁山登壇掛帥，南征北戰，所向無敵。因為小說《說唐》、《薛家將》和戲曲《薛剛反唐》、《三請樊梨花》等民間文學藝術的渲染，樊梨花的名字廣傳民間，反而讓人覺得她似乎是一個虛構的人物。

　　各地都有一些有關樊梨花的遺跡與實物。河北蔚縣有千年木瓜樹，據《蔚縣志》記載是樊梨花手植。遼東有威寧營，因樊梨花被冊封威寧侯而得名。寧夏賀蘭山蘇峪口有樊家營子，為樊梨花紮營之地。新疆塔城草原上有石人名樊梨花，不遠處有樊梨花點將臺。河南南召有樊梨花古城寨遺址，是目前保存最完整的樊梨花遺跡。

　　但是樊梨花後來的確被神話了。西安有一座青華宮，不知建於何年。有信眾前來朝拜，說青華宮乃是唐代護國英雄樊梨花元帥修道成仙之處。還有人說，青華宮在唐代已經存在，規模宏大，香火旺盛，到民國時重建。2012 年 5 月，臺灣中國太上全真道教會一行專程來西安青華宮，朝拜樊梨花元帥。而青華宮裡，也真的塑起了樊梨花的神像。

　　神化後的樊梨花，也產生了許多神奇的傳說，如鳴沙山的傳說。鳴沙山在巴里坤哈薩克自治縣和乃楞格爾草原交匯的地方，其實就是一大堆沙子而已。沙山的四周是無邊無際的莽原，風吹過時，沙山發出嗚嗚的聲音。相傳樊梨花有一次西征時，看這裡水草豐美，就讓一營女兵在這裡安營紮寨。夜間狂風大

作，飛沙走石，黃塵彌漫，天地莫辨，連續刮了七天七夜。風停後，這裡出現一座沙山，駐紮在此的女兵全部葬身沙山。從此以後，每當夜深人靜時，沙山就會傳出低沉的雷霆似的聲音，那是女兵孤魂的哭泣。另一個傳說有所不同，說樊梨花西征至此，遭遇敵軍，一場惡戰之後，女兵集體遇難。此時，突然狂風大作，遮天蔽日，待風停後，發現女兵的遺體都被沙山掩埋。鳴沙山，就這樣成了遠征女兵的豐碑。

在我的朋友中，有一位琴人樊繼健。我為她編的《廣陵琴話》寫過序，序中說：「樊繼健的名字，我是在幾年前討論揚州市非遺傳承人的專家會上得知的，她在那次會上被確定為古琴的市級傳承人。後來與她有幾次接觸，覺得她性格沉靜，舉止穩重，待人誠摯，言語中肯，便心生好感。又得知旅居加拿大的琴人林敏是她習琴的引路人，彼此便愈加信任。」樊繼健，字綠綺，號枯木禪室主人，揚州人。自幼酷愛傳統文化，舉凡古詩、中醫、太極、琴棋、書畫，無所不好。琴之外，又學醫，習武，弈棋，撫箏，皆有所成。九十年代初，師從廣陵琴派大師梅曰強，深得要旨，在繼承綺麗細膩、跌宕多變、剛柔相濟、音韻並茂的廣陵派風格的基礎上，形成了細膩深沉、古樸幽遠的琴風，尤擅〈高山〉、〈流水〉、〈龍翔操〉、〈普庵咒〉、〈秋夜讀易〉、〈漁樵問答〉、〈梅花三弄〉、〈墨子悲絲〉諸曲。現為綠綺琴館館長，廣陵老年大學、邗江老年大學等特聘琴師，廣陵古琴學會會長，廣陵琴社副社長，揚州市琴箏藝術協會副會長。

我的外孫女，名叫樊帆，中學生。她的名字是我起的。樊是負重之馬，帆是助航之物，我希望她認準目標，不斷前行。樊帆的作文很好，都說是繼承了我的基因。現在抄一篇她最新的作文，題目是〈攀爬的姿態〉：

我抬起頭，看著那塊雜草叢生的平臺，看著外公向上攀爬的背影。

屋前有一堵牆。牆不高，上面穿著一根水管。牆的那邊是一個寬闊的平臺，站在牆下看，只能看到上面高高的雜草，一叢一叢的。而牆面上佈滿了一種不知名的綠藤，從牆根一直伸到頂部。

外公是個愛冒險的人。那天，他把我拉到那堵牆前：「想知道那上面有些什麼嗎？」我搖頭。外公笑了：「那兒是個童話世界，充滿了奇妙，想不想去看看？」

我遲疑起來。在當時的我看來，想攀上那堵牆似乎是不可能的事。但不等我拒絕，外公便兩手抓住了牆上的水管，一隻腳小心地避開綠藤，踩住突出的磚塊，用力登了上去。他握緊了那根水管，再向上攀，動作一點兒也不顯得遲鈍。外公雖已不如年輕時那麼有力，但一位老人都能做到的事，我難道做不到嗎？我仰頭看著，慢慢邁出了第一步。

再跳下牆的時候，我扭頭看著那些綠藤，它們似乎也正以自己的姿態努力向上攀爬著。

以你自己的姿態攀過那一堵牆吧，不管你是如何爬上去的，牆那邊總有最美的風景。

這是一篇初一學生寫的作文，我看了後覺得很是滿意。作文後面寫著一行小字：「樹人中學初一（9）班樊帆」。

二七　南陽姬氏

中國最古老的姓氏是姬。姬是黃帝的姓，周朝的姓，也是吳國、魯國、燕國、衛國、晉國、鄭國、曹國、蔡國等諸侯國的姓氏。

姬氏的始祖是華夏人文初祖黃帝，因為黃帝居住在姬水之畔，故以姬為姓。由姬氏直接衍生的姓氏有四百多個，如周、吳、鄭、王等等，占了《百家姓》總數的一大半。由這些姓衍生出來的姓氏更多，所以姬氏可謂名副其實的萬姓之祖。

黃帝其實是遠古時期部落聯盟的首領，與生於姜水之畔的炎帝並稱為中華始祖。黃帝住在軒轅之丘，故號軒轅氏。建都於有熊之地，故又稱有熊氏。因為有土德之瑞，故叫做黃帝。據說黃帝有四位夫人，也即嫘祖、女節、麗娛、嫫母。

在三代以前，姓和氏是兩個概念。姓是為了區別家族，釐清婚姻，而氏是在姓之下，二者有主次、從屬的不同。西周初年大封諸侯的時候，姬姓國多達五十來個。《左傳》云：「凡、蔣、邢、茅、胙、祭，周公之胤也。」又云：「虞、虢、焦、滑、霍、揚、韓、魏，皆姬姓。」秦滅周後，周王朝的宗族以周為姓。姬姓封國的後代也多以被封之地為姓，出現了吳、魯、魏、胡、楊、蔡、韓、霍、蔣、鄭、毛、衛、閻等姓，姓姬的人反而不多了。到唐開元年間，因「姬」與唐玄宗李隆基之「基」同音，為了避諱而將姬姓改為周姓，姬氏的族人愈益減少。

　　不過，也有外姓改為姬姓的。如漢平帝時，封姬相如為襃魯節侯，更姓為公孫氏，後又改為姬姓。南北朝陳時，尚書右僕射周弘正為了避諱，改為姬姓。金國時，山西高平人雍翼為了避諱，改姓為姬。白族原有雞氏，後據諧音改為姬姓。滿族格格氏，意為姐姐，後也冠漢姓為姬氏。

　　姬姓族人多次遷徙。如周公率部分族人遷至洛陽，周公之子伯禽帶領族人遷至山東。周朝滅亡之後，族人散居河南、山西、陝西等地。今陝西、河北、江蘇、安徽以及北京、上海、天津、重慶、臺灣、香港等地，均有姬姓。姬姓主要為漢族，此外滿、回、白、壯、苗、水、布依、傈僳等民族也有姬姓人家。

　　姬氏的望郡是南陽郡和太原郡。南陽郡即今河南南陽，太原郡即今山西太原。

　　姬氏的堂號，有壽丘堂。因黃帝是姬姓的始祖，而黃帝生於壽丘，故名。又有赤舄堂，因為〈赤舄〉是歌頌周公旦的詩，故名。

　　姬氏宗祠的楹聯，略有：

　　「源自黃帝；望出南陽。」此為姬姓宗祠通用聯，言其源流和郡望。

　　「紅衣國士；赤舄元公。」上聯謂明代監生姬序，英宗曾夢中見他身紅衣，於是提拔任用。下聯謂西周姬旦，也即周公。

　　「明代西安知府；漢時信義將軍。」上聯言明代知府姬敏，德行純備，節操過人。下聯言後魏將軍姬澹，征戰有功，朝廷封侯。

　　「教稼田官，肇周家始祖；行仁者王，徙岐山古公。」上聯指姬姓祖先后稷。下聯指姬姓先人遷岐。

　　據說清康熙帝賜給周公七十五代孫排行二十字：「枝興衍聖緒，隆茂慶脈長。廣生忠厚嗣，永遠潔正方。」

　　歷史上姓姬的名人甚多，如：

　　高陽氏顓頊，相傳是黃帝的後代。屈原自稱是顓頊的後裔。

　　高辛氏帝嚳，為黃帝的曾孫，前承炎黃，後啟堯舜。

　　古公亶父，上古周族領袖，是周文王祖父，姬發追諡他為周太王。

　　周朝始祖后稷，被堯舉為農師，被認為是開始種稷和麥的人。

周文王姬昌，商末周族領袖，相傳曾推演《周易》。

周武王姬發，姬昌次子，滅商建周，並改帝為王。

周公姬旦，周武王之弟。武王死後，成王年幼，由他攝政。

周成王姬誦，周武王之子。與其子康王統治期間，社會安定，百姓和睦，被譽為成康之治。

周穆王姬滿，史稱穆天子，西周第五位君主。他是歷史上最富於傳奇色彩的帝王之一，見《穆天子傳》。

春秋法家管仲，人稱管子，周穆王的後代，軍事家、政治家、經濟學家。

吳國第一代君主泰伯，本名姬泰，史稱泰伯、太伯，古公亶父長子。逃至江南，成為吳國一代君主。

晉文公重耳，春秋時政治家，晉國國君，春秋五霸之一。

吳王闔閭，以伍子胥為相，以孫武為將軍，國勢日益強盛。

名醫扁鵲，本姓姬。因醫術高超，時人借用上古神話中神醫「扁鵲」之名稱呼他。

燕太子丹，策劃荊軻刺秦王事，失敗後被燕王斬首。

南北朝高僧慧可，俗名姬光，得達摩衣缽真傳，是禪宗代表性人物，被尊為「禪宗二祖」。

明朝西安知府姬敏，孟津人，律學家、數學家。

神拳姬際可，創六合槍法，是心意拳、六合拳、形意拳的始祖。

在姬氏名人中，最為悲壯的一位人物是燕太子丹，也即姬丹。他是荊軻刺秦王事件的策劃人，燕國的太子。秦王意欲滅韓的前夕，太子丹被送到秦國做人質，後來回國，發誓復仇，請荊軻去暗殺秦王。可惜刺殺未成，荊軻反而被殺。最後，燕王擔心秦王滅國，便拿太子丹的頭顱獻給秦王求和，而燕國終被滅。

其實燕太子丹和秦王嬴政在少年時代是朋友。當嬴政做了秦王之後，他的臉色就變了。秦王要統一六國，燕國在秦王的刀俎之下。這時忽然發生了一件事，秦國將軍樊於期叛逃到燕國，太子丹收留了他。有人勸燕太子丹不能收留

他，那樣會激怒秦國。但是太子丹出於仁義，還是收留了樊於期。這時候有個謀士田光來找太子丹，推薦自己的好朋友荊軻。田光也是一個異人，他為了激勵荊軻報效太子丹，當場刎頸自殺。太子丹善待荊軻，終於和他談起對於秦國的計畫。太子丹尊奉荊軻為上卿，讓荊軻住上等的房屋，吃豐盛的肴饌。荊軻表示願意去見秦王，條件只有一個，那就是用樊將軍的腦袋和燕國的地圖來換取秦王的信任。樊於期又是一個異人，聽了荊軻的話，就毅然割下自己的頭，被荊軻裝到匣子裡。荊軻不能一個人出發到秦國去，得找一個助手，那就是秦舞陽，十三歲就敢殺人。荊軻和秦舞陽兩人出發了。太子丹在易水河邊為他們餞行，高漸離擊筑，荊軻就唱了那首千載之後尚催人淚下的歌：

> 風蕭蕭兮易水寒，
> 壯士一去兮不復還！

荊軻見到秦王，展開地圖。在那一剎那，他操起匕首刺向秦王。不料秦王躲開了，秦舞陽嚇得發抖。在一場短兵相接之後，荊軻與秦舞陽兩人當場斃命。而燕國，就此成為秦王的眼中之釘。面對秦軍壓境，燕王只得殺死自己的兒子太子丹，將他的首級獻給秦王，以求寬恕。秦國雖然得到太子丹的首級，但還是馬不停蹄，很快滅了燕國。今河北保定易縣，有姬丹與荊軻的衣冠塚。

關於燕太子丹的有名典故，是太子丹在秦國當人質時，被秦王政囚禁起來。太子丹請求放他回國，秦王說：「烏頭白，馬生角，乃許耳。」太子丹聽了仰天長歎，恰巧這時牢房外面飛來一隻白頭烏鴉，秦王只好送太子丹回國。「烏頭白，馬生角」比喻不可能出現的事。《東周列國志》第一百〇六回云：「燕王依其計，遣使至秦。秦王政曰：『燕王不死，太子未可歸也。欲歸太子，除是烏頭白，馬生角，方可！』」從此以後，世間不可能的事都可以喻為「烏頭白，馬生角」。

韋明鏵在陝西黃帝陵前

二八　咸陽嬴氏

　　知道嬴姓，是因為秦始皇的緣故。在我的一生中，從未遇到過姓嬴的人。據說現在嬴氏在江蘇、山東、四川、雲南、北京、河北、福建、浙江等省均有分布，江蘇最多，但我周邊竟無一人姓嬴。其他如山東、四川的嬴姓人口也數以千計，但是中國大陸的嬴姓人口可能也就萬餘人。嬴姓的人雖然沒有見過，秦始皇兵馬俑博物館倒是去過幾次。

　　可是嬴姓在歷史上實在是非比尋常。嬴是秦的國姓。起先，有皋陶姓嬴，被禹選為繼承人，但卻意外死亡，後來禹選了伯益做接班人。相傳上古有八大姓，也即姜、姬、姚、嬴、姒、妘、妊、嬀，嬴氏是其中之一。後來，由嬴氏又分衍出廉、徐、江、秦、趙、黃、梁、馬、葛、谷、繆、鍾、費、瞿等姓氏來，號稱嬴姓十四氏。

　　關於嬴姓的來歷，《史記·秦本紀》的記述是：

> 秦之先，帝顓頊之苗裔孫曰女脩。女脩織，玄鳥隕卵，女脩吞之，生子大業。大業取少典之子，曰女華。女華生大費，與禹平水土。已成，帝錫玄圭。禹受曰：非予能成，亦大費為輔。帝舜曰：咨爾費，贊禹功，其賜爾皂游。爾後嗣將大出。乃妻之姚姓之玉女。大費拜受，佐舜調馴鳥獸，鳥獸多馴服，是為柏翳。舜賜姓嬴氏。

　　文中的柏翳，一作伯益，就此成了舜的重臣。又相傳伯益善於畜牧、狩獵，

並發明了鑿井之術。他實際上掌管山林川澤、草木鳥獸之事。伯益生子二人，老大叫大廉，老二叫若木，是舜賜給了伯益姓氏——嬴。

清人段玉裁認為，嬴氏始於皋陶，本應姓偃，偃和嬴在古代乃一聲之轉。舜帝禪位於禹後，伯益被任命為執政官。禹晚年效堯舜禪讓之例，欲讓位於伯益，但伯益謙讓不就，隱居於箕山，即今河南登封。實際上，禹死之後，由其子夏啟繼位，建立了古代第一個君主制國家——夏。夏啟也知道自己的王位是伯益所讓，就分封他的長子大廉為葛國的國君，葛國後來為商湯所滅。夏啟又分封伯益的次子若木為徐國的國君，徐國後來被吳王所滅。

伯益的後人秦非子，姓嬴氏，名非子，號秦嬴，是周朝諸侯國秦國的開國君主。他善於養馬，得到周孝王的賞識，獲封秦地，成為秦國第一代君主，史稱秦嬴。經過若干代的傳承，秦國日益強大，至嬴政並六國，建一統，書同文，車同軌，才有中國第一個中央集權的秦王朝。

秦朝殘暴，焚書坑儒，很快滅亡，嬴姓也隨之式微。為了趨吉避禍，嬴氏族人紛紛改姓逃散。據說在秦之後，正史中可考的嬴姓人物不過一二人，真可駭歎。直至明朝末年，才有個將軍嬴啟高為人所知。嬴氏後人重修《嬴氏族譜》時，都自稱是嬴啟高之後。

嬴氏的郡望，大致有四種說法，即咸陽郡、西秦郡、天水郡、隴西郡。實則四郡所指，均在同一西北區域。

嬴氏以咸陽郡為自己的主要郡望，應該較為合理，因為那裡是嬴氏的發祥地。在正史中，西秦郡並非正式的地名，只是鮮卑人在秦國故土之西建立過西秦政權。西秦也是天水的俗稱，但並未建郡。嬴氏的望地，在秦屬隴西郡，在漢屬天水郡，唯有咸陽係秦之都城，所以咸陽是嬴氏鼎盛時代的活動地域。至於天水郡和隴西郡，雖然隴西置郡在先，但天水的管轄地域更符合嬴氏的繁衍生息範圍。

嬴氏的名人，大致有：

嬴氏第一人是柏翳，也即伯益、伯翳、柏益、伯鷖。因為他佐舜養畜，助禹治水，從而載入史冊。《史記·秦本紀》云：「昔伯翳為舜主畜，畜多息，故有土，賜姓嬴。」可知柏翳乃是嬴氏之祖。

　　秦國開國君主贏非子，建立了周朝諸侯國秦，住在犬丘。周孝王為振興周室，抵禦戎狄，正需要大量繁殖馬匹。孝王得知秦非子擅長養馬，旋即召見，並詢問養馬之道。秦非子對馬匹的調養、訓練、繁殖和疾病防治，無不精通，孝王於是讓他主管馬匹，並封於秦地，建立城邑。秦非子由此成為秦國始封君，開啟了贏秦由遊牧部落向國家形式逐步過渡的新紀元。

　　救周封爵的秦襄公，秦莊公次子。周幽王時，遇險於驪山下，秦襄公以兵救之。周平王時，被封為諸侯。此即《史記》所載：「秦襄公將兵救周，戰甚力，有功。周避犬戎難，東徙雒邑，襄公以兵送周平王。平王封襄公為諸侯，賜之岐以西之地。曰：『戎無道，侵奪我岐、豐之地，秦能攻逐戎，即有其地。』與誓，封爵之。襄公於是始國。」秦襄公因為仁義救周，得到了封爵的機會。

　　秦始皇贏政，又名趙正、秦政，或稱祖龍，明人李贄稱其為「千古一帝」。贏政生於趙國都城邯鄲，即王位後除掉呂不韋、嫪毒等人，重用李斯。他先後滅韓、趙、魏、楚、燕、齊六國，奠定中國本土的疆域。贏政認為自己勝過三皇五帝，採用三皇之皇、五帝之帝而構成「皇帝」的稱號，自稱始皇帝。同時以三公九卿管理國家大事，廢除分封制，代以郡縣制，修築長城和靈渠。後期耽於求仙，苛政虐民，扼殺民智，致使速亡。

　　史傳的「贏姓十四氏」中，廉氏源於大廉，後人有廉頗，趙之良將也。徐氏的由來是若木，因若木封於徐，成為徐姓之始。若木的後代，又分為四支，分別是徐氏、趙氏、黃氏、馬氏。伯益第十三世孫名叫造父，生活於周朝，善於馴馬和駕車，深得穆王寵愛。因造父在平定徐偃王叛亂中護駕有功，穆王將趙城賜他，子孫就以趙為姓。伯益再傳幾十代，經夏商到西周，有裔孫名贏元仲，受封於江，建立江國，子孫便以江為氏。周平王時，秦仲討伐西戎有功，其少子康受封於夏陽梁山，在今陝西韓城，其後姓梁氏。伯益又有後裔封於黃國，即光州定城之西。黃國為楚所滅，子孫以黃為姓。趙國大將趙奢因戰功封於馬服，地在河北邯鄲西北，稱為馬服君，其後人以馬為姓。贏氏葛國在今河南寧陵，葛國滅亡後，後人以葛為姓。伯益治水有功，受封於大費，後代以費為姓。秦人的先知非子，居住於秦谷，在今甘肅天水，其後分為二支，一支為秦氏，另一支為谷氏。春秋時，秦穆公稱霸西戎，諡號為繆，後人以繆為姓。這些都是從贏氏衍生出來的各種姓氏。

　　嬴氏最有影響的名人當然是嬴政，也就是秦始皇。

　　秦始皇在民間有不少故事，有名的是《秦始皇趕山填海》。揚州香火戲有這齣戲，我沒有看過。劇情大意是說，秦始皇築長城餓死了許多老百姓，觀音菩薩扮成民女來到人間看個究竟，看到萬里神州屍骨遍野。她見成群結隊的民工像牛馬一樣弓背拉石，磨破的肩膀一滴一滴地淌血，不覺大發慈悲之心，扯下一把頭髮分給民工，要他們用髮絲抬石頭。民工們一試，很重的大石頭輕輕一抬就起來了，高興得唱起歌來。秦始皇知道後，心想一根髮絲能夠拉得動大石，如果聚在一起不是威力更大嗎？就下令收繳髮絲，編成一條鞭子。他用鞭子一抽，山就移動起來，於是將它命名為趕山鞭，用它趕山填海，擴展疆土。趕山填海之事惹怒了海龍王，龍王召集蝦兵蟹將，商量對策。一天，秦始皇在趕山途中遇見一位美女，欲納為妃。誰知少女是龍王的女兒，晚上乘秦始皇熟睡之機換走趕山鞭，悄悄返回龍宮。第二天秦始皇繼續用鞭子趕山，抽了幾下，山也不動，才發現鞭子被換了，美女也不見了，只得氣憤回宮。

　　在這個故事裡，秦始皇的貪婪好色暴露無遺。但人們最恨的，還是他的焚書坑儒。他為了一姓的江山，不惜毀掉前人的思想結晶，乃至他人的肉體。他究竟為什麼要這樣幹呢？他真的以為只要燒掉別人的書，坑死識字的人，大秦的江山就會千秋萬代嗎？糟糕的是他開了一個萬惡的先例。後來凡想獨霸中國的暴君，無不效法他焚書坑儒那一套。魯迅曾經談過這事。

　　希特勒執政後，實行文化專制政策，禁止所謂「非德意志」即不符合納粹思想的書籍出版和流通。1933 年 5 月起，曾在柏林和其他城市焚燒書籍。魯迅寫了一篇〈華德焚書異同論〉說：「德國的希特拉先生們一燒書，中國和日本的論者們都比之於秦始皇。然而秦始皇實在冤枉得很，他的吃虧是在二世而亡，一班幫閑們都替新主子去講他的壞話了。」秦始皇的燒書，據《史記‧秦始皇本紀》載，是因為丞相李斯覺得當時博士中有人懷疑郡縣制，就向秦始皇建議：「史官非秦記，皆燒之。非博士官所職，天下敢有藏《詩》、《書》百家語者，悉詣守尉雜燒之。有敢偶語《詩》、《書》者，棄市。以古非今者，族。吏見知不舉者，與同罪。令下三十日，不燒，黥為城旦。所不去者，醫藥、卜筮、種樹之書。若欲有學法令，以吏為師。」秦始皇採納李斯建議，把秦以前除農書和醫書之外的古籍燒毀。「不燒，黥為城旦」。城旦是秦漢時的一種刑罰，意思是築城，凡是犯此罪的人服四年徒刑，夜裡築城，白天站崗。

魯迅說：

> 不錯，秦始皇燒過書，燒書是為了統一思想。但他沒有燒掉農書和醫書；他收羅許多別國的「客卿」，並不專重「秦的思想」，倒是博採各種的思想的。秦人重小兒；始皇之母，趙女也，趙重婦人，所以我們從「劇秦」的遺文中，也看不見輕賤女人的痕跡。

魯迅認為希特勒卻不同，他所燒的首先是「非德國思想」的書，沒有容納客卿的魄力；其次是關於性的書，這就是毀滅以科學來研究性道德的解放，結果必將使婦人和小兒沉淪在往古的地位，見不到光明。「而可比於秦始皇的車同軌，書同文……之類的大事業，他們一點也做不到。」燒書的結果，往往和英雄們的預想不同。「始皇想皇帝傳至萬世，而偏偏二世而亡，赦免了農書和醫書，而秦以前的這一類書，現在卻偏偏一部也不剩。」

我到秦始皇陵去過幾回，留下印象的是那些兵馬俑。那麼多沒用生命的士兵僵硬地站立在那裡，不是少胳膊短腿，就是身首分離。我忽然為秦始皇悲哀，他的強國夢和他的求仙一樣，到頭來還是一場空。

嬴姓的最後一位名人，是明末的武舉人嬴啟高，他因為平定奢崇明、安邦彥、安孝良之亂有功，封驃騎將軍，詔命恢復嬴姓。後來，嬴啟高參與阻擊張獻忠軍，陣亡於四川綿陽沉香鋪。明廷追念其功勳，授其子嬴洲以錦衣千戶之官，世襲龍營守備。至清順治年間，嬴洲請辭世襲，解組歸川。這一支嬴氏族人就定居在川黔交界的地方。

還有一種說法是，秦始皇的後人流落到朝鮮半島，後來又東渡日本。起初他們中有人掌管日本朝廷的出納工作，並且為天皇養蠶織絹，天皇賜姓「太秦公」。明治維新時期，日本要求所有日本人必須有姓，並讓秦始皇的後代改姓羽田、波多等姓。這樣，嬴氏在日本也就徹底滅跡了。

韋明鏵在陝西秦始皇兵馬俑博物館前

二九　蘭陵蕭氏

　　有一個著名的字謎，謎面是「無邊落木蕭蕭下」。這是杜甫的一句詩。謎底很絕，是一個字：「日」。為什麼會是「日」呢？解開這個謎語的關鍵，是要理解「蕭蕭下」的深刻含義。

　　中國的南朝，是四個短命的王朝──宋、齊、梁、陳構成的。其中齊、梁兩個王朝的皇室都姓蕭，所以「蕭蕭下」要理解為齊、梁兩朝之下的一個王朝，也就是「陳」。「無邊」是除掉偏旁，「落木」是刪落木字。「陳」字去了偏旁是「東」，「東」字去了木字是「日」。所以「無邊落木蕭蕭下」的謎底，是「日」字。如果歷史上沒有連續的兩個王朝都姓蕭，也就不會有這個謎語了。

　　實際上，蕭氏不但是南齊、南梁皇帝的國姓，還是西梁的國姓和遼朝王后的姓氏。

　　蕭氏源於夏朝，始於蕭國。《通志‧氏族略》云：「蕭氏，古之蕭國也，其地即徐州蕭縣，後為宋所并。微子之孫大心，平南宮長萬有功，封於蕭，以為附庸。宣十二年楚滅之，子孫因以為氏。」和許多姓氏一樣，蕭氏來自一個叫做蕭的國家。

　　蕭氏的郡望是蘭陵郡、廣陵郡、河南郡。

　　蘭陵郡，是蕭氏的主要郡望。但是歷史上有兩個蘭陵。北蘭陵在今山東棗莊一帶，西晉所置，隋時廢郡。南蘭陵在今江蘇武進一帶，東晉所置，是蕭姓

南遷後的主要聚居地。

廣陵郡，戰國時楚為廣陵邑，秦時置廣陵縣，地均在今江蘇揚州。西漢置廣陵國，東漢改廣陵郡，隋朝改江陽縣，南唐又恢復廣陵原名。北宋併入江都，即今揚州。

河南郡，在秦代名三川郡，西漢時改河南郡，治所在雒陽（今河南洛陽）。東漢時為提高河南郡地位，長吏不稱太守而稱尹。隋初廢，後復為豫州河南郡。唐為洛州河南府，元為河南路，明清均為河南府。

蕭氏的堂號，有蘭陵堂、河南堂、廣陵堂，均以望立堂。又有定漢堂，為紀念丞相蕭何協助漢高祖劉邦奠定漢朝，故名。又有制律堂，和定漢堂一樣，因漢朝一切律例典制均為丞相蕭何制定，故名。

蕭氏堂號還有師儉堂、友愛堂、八葉堂、同文堂、敬愛堂等，各有來歷。此外有四序堂，為潮陽蕭氏始祖蕭洵的生祠。祠堂坐東向西，按中軸線對稱佈局，前後三進，天井二方。匾額上書寫「蕭氏始祖祠」，背面書寫「蘭陵世胄」。

蕭氏的由來，有如下數說：

一是以國為姓。相傳伯益善於用火，大禹時掌管火種，焚燒荊棘，驅趕禽獸，開闢耕田，疏通水道。後人分封至蕭地（今安徽蕭縣），建立蕭國，其後裔以國為姓。

一說出自子姓。周代宋國有個微子啟，後裔名叫大心。大心立功，分封於蕭，後建蕭國，自為蕭國君主。蕭為楚所滅，子孫復國未得，遂以國為姓。

一說外族改姓。漢時有巴哩、舒嚕、伊蘇濟勒三族被賜姓蕭。魏晉南北朝時，北方戰亂，士族南逃，有人改姓為蕭。北宋末，遼國契丹族的拔里氏族、回鶻族的述律氏族等均改姓蕭氏。

徽州有蕭江祠堂，規模很大，我曾去參觀過。根據祠堂簡介說，蕭江宗祠又名永思祠，始建於明朝萬曆年間，後毀於太平天國戰火。民國時重建，「文革」期間又被拆毀。蕭江宗祠曾被譽為江南七十座著名宗祠中最好的一座宗祠，為婺源古代四大古建之首。新世紀之後第三次重建。蕭江宗祠以規模大、占地廣、雕刻精、材料好，為國內罕見。祠堂一般都是單姓的祭祖場所，為什麼這是蕭、江兩姓的祠堂呢？據介紹，宋神宗時，有蕭氏一族避難到雲灣，因其先世從北

渡江而來，遂易蕭姓為江氏。結果，從蕭姓改江姓的「蕭江」子孫繁衍成雲灣巨族，乾脆把村名改成江灣。而該地蕭氏的始祖，據說是西漢名相蕭何。另一說是唐末江南節度使蕭禎避亂南渡，易姓為江，始有「蕭江」。

　　先秦時，蕭國被滅，族人輾轉於魯、宋、楚之間，後來多居於豐沛一帶。秦漢時社會動盪，蕭氏四處播遷。漢時因蕭何拜相封侯，蕭氏一時顯貴，族人多有為官者，陝西、河南、河北、山西等地皆有蕭氏遷入。西晉永嘉之亂後，北方士族大舉南遷，蕭氏紛紛遷往江蘇、湖北一帶。其中蕭彪後裔蕭整一支定居在江南的蘭陵，從此蘭陵成為蕭氏的主要聚居地之一。南朝時，蕭整的後人蕭道成和蕭衍分別建立南齊和南梁。同時，蕭氏在劉宋、南陳、北齊、北魏、北周也位居要津。隋唐兩代，蕭氏族人既為皇親，又為顯宦。安史之亂和唐末五代時，蕭氏族人遷移到江西、安徽、湖南、廣東和福建等地。隨著「湖廣填四川」的推行，蕭氏大規模進入四川，成為四川的大姓。清康熙之後，蕭氏開始遷入臺灣。如今蕭姓主要集中於湖南、四川、湖北、江西等地，約占中國蕭姓總人口的一半。其次分布於廣東、山東、河南、福建、廣西、貴州。

　　蕭氏宗祠的楹聯，有：

　　「收圖興漢；輔政匡君。」上聯指漢初蕭何輔佐劉邦，建立漢朝。下聯指漢臣蕭望之，對時政多有匡正。

　　「相傳八葉；文著六朝。」上聯謂唐初蕭瑀，家中八代任宰相。下聯謂南朝蕭統，所編《昭明文選》為現存最早的詩文選集。

　　「三瑞御史；八葉相公。」上聯言宋代蕭定基為御史，仁宗嘗稱彭齊文章、楊佋清操、定基政事為「三瑞」。下聯言唐代蕭瑀之後，八世宰相。

　　「鳳簫引侶；虎穴衛親。」上聯指蕭史娶秦穆公之女弄玉為妻，教弄玉吹簫，能作鳳鳴，成仙而去。下聯指清人蕭啟奉母避亂，墮虎穴中，蕭啟以身蔽母。

　　「蘭陵世澤；文選家聲。」出南朝梁蕭統編撰《文選》之事。

　　「聚書三萬卷；為政十二州。」上聯謂南朝蕭統。下聯謂南朝宋尚書左僕射蕭思話，官拜郢州刺史，先後歷十二州，愛才好士，人咸歸之。

　　「高帝以廉治國；名臣惟儉傳家。」上聯言南朝齊建立者蕭道成，以清儉自奉，卒諡高帝。下聯言漢初大臣蕭何，不置廣屋，以儉自律。

「制律功高能固漢；選文心瘁繼傳經。」上聯指蕭何。下聯指蕭統。

「昴宿騰輝，應延鄷侯祥瑞；忠心報赤，特呼宗老芳名。」上聯指蕭何。下聯指梁代江夏太守蕭琛，少明悟，有才辨，不事產業，特進金紫光祿大夫。

各地蕭氏的排行用字，略有：

福建安溪蕭氏排行用字：「學乃身奇寶，儒如席上珍。君賜為宰相，必為讀書人。」

湖南麻陽蕭氏排行用字：「守典崇詩禮，敦倫尚敬恭。美懷江左右，秀髮海西東。」

江蘇泰州蕭氏排行用字：「世澤丕顯，克振家聲。尚榮爾宗，孝謹其敦。」

安徽涇縣蕭氏排行用字：「支傳群俊英，隆盛必文光。」

河南湯陰蕭氏排行用字：「敬宗尊祖，乃可長延世澤。崇德象賢，自克丕振家聲。」

湖北黃岡蕭氏排行用字：「雲日光常被，功名大顯揚。家風鴻作述，祖澤自綿長。裕德輝先緒，祚隆慶吉祥。世第皆榮盛，宗傳紀遠芳。」

江西贛州蕭氏排行用字：「彥美繼家聲，篤厚輝光遠。」

蕭氏名人，歷史上多有。如：

西漢相國蕭何，早年任秦沛縣縣吏，後輔佐劉邦起義。攻克咸陽後，蕭何接收了秦宮的律令、圖書，掌握了全國的山川、戶冊，對日後制定政策和取得勝利起了重要作用。蕭何採摭秦法，重新制定律令制度，作《九章律》。

太傅蕭望之，蕭何七世孫，歷任大鴻臚、太傅等官。以儒家經典教授太子，建議和親烏孫，善待匈奴。主治《齊詩》，兼學諸經，是漢代《魯論語》的知名傳人。李白〈客中行〉所讚「蘭陵美酒」相傳即蕭氏家釀。

南朝名臣蕭思話，涉獵經史，擅長隸書，精通音律，善於騎射，襲封父爵，封陽縣侯，被宋武帝劉裕讚為棟梁之材。先後十二次擔任州刺史，清廉自律，禮賢下士，人多歸附。

齊高帝蕭道成，南齊開國皇帝，蕭何二十四世孫。少時師從名儒，性情深沉，通習經史。曾任南兗州刺史，後漸攬劉宋朝權，終即帝位，建國號齊，史

稱南齊。有圍棋專著《齊高棋圖》。

梁武帝蕭衍，南北朝時梁朝的建立者，為蕭何二十五世孫。蕭衍是接受蕭寶融的禪讓而建立南梁的。初時尚能留心政務，改革弊端，晚年漸漸怠於政事，沉溺佛教。後來蕭衍被囚死於建康臺城，諡號武皇帝。

南朝梁代文學家蕭統，梁武帝蕭衍長子，雖被立為太子，但英年早逝，未及即位便去世，諡號昭明，後世稱為昭明太子。曾主持編撰中國現存最早的詩文總集《文選》。

唐朝宰相蕭瑀，南朝梁明帝第七子。從小以孝道聞名天下，剛正不阿，光明磊落。初封新安郡王，後降唐受封宋國公，任光祿大夫。太宗李世民即位後，六次擔任宰相，又因故六次被罷免。

宋代畫家蕭照，拜李唐為師，入南宋畫院為待詔。喜為奇峰怪石，望之有波濤洶湧、雲屯風卷之勢。作品有〈山腰樓觀圖〉、〈秋山紅樹圖〉、〈岳祠漢柏圖〉、〈光武渡河圖〉、〈竹林七賢圖〉等。

明代名臣蕭良有，生而穎異，譽為神童。萬曆時升為翰林院修撰，後任國子監祭酒。三次出任鄉會試主考官，所取之人多為名臣。杜絕干謁，嚴格考選，後遭彈劾請求終養。著有《龍文鞭影》等。

太平天國西王蕭朝貴，原姓蔣，因過繼蕭氏為子，故改姓蕭。自幼家境貧苦，靠種菜燒炭度日。後得洪秀全器重，將其妹洪宣嬌嫁與他為妻。太平軍陷桂林、克興安、攻全州、進湖南，均由蕭朝貴指揮。進攻長沙南門時，被炮彈擊中而死。

在蕭氏名人中，有一位生在皇家，身為太子，卻和政治疏離而與文化結緣的人物，就是蕭統。蕭統因為編纂一部《文選》而彪炳千秋。《文選》又稱《昭明文選》，收錄梁代以前的優秀文學作品，歷來受到重視。古人認為熟讀此書，便可充當半個秀才，所謂「文選爛，秀才半」。而蕭統編選《文選》的遺址，自然成了讀書人朝聖的地方。早在《全唐詩》裡，就常有人提起文選樓。如李益〈送襄陽李尚書〉：「俗尚春秋學，詞稱文選樓。」齊己〈聞貫休下世〉：「爭得梁太子，重為文選樓。」然而，文選樓究竟在何處，歷來頗多異說：

一說在湖北襄陽。襄陽是蕭統出生之地，自古有昭明臺，以為紀念。《襄

陽府志》云：「昭明臺在郡城中央，其跡甚古。」《方輿勝覽》云：「文選樓，梁昭明太子立，聚賢士共集《文選》。」後人以為昭明臺即文選樓。

一說在浙江臨安。臨安有天目山，山中有太子庵，庵內有蕭統讀書臺，或說此即是《文選》成書之地，故又名文選樓。畫家葉淺予在此寫生時，見其破敗，曾賦〈太子庵破廟吟〉詩：「天目古跡多，此庵最負名。敢問當局者，何以慰昭明？」

一說在安徽貴池。貴池縣城西鄉有山，山中野花雜草，亂藤矮松，有文選樓與杏花村相鄰。清人顧敏恆〈重修梁昭明太子祠碑文〉云：「貴池縣西廟者，故梁太子祠也……廟之規模，夙稱巨麗，璇題納月，金爵承雲，曰文選樓，存古跡也。」

一說在安徽和縣。香泉鎮古稱平局鎮，據說昭明太子滿身疥瘡，久治不癒，後移居香泉，一日三浴，不久病癒。相傳蕭統在此一邊沐浴，一邊著書，故此地有文選樓，還有昭明塔、昭明亭、昭明書院等。

一說在江蘇常熟虞山。虞山讀書臺位於東南麓，今闢為公園。園中奇石兀立，古木參天，原有土墩隆起，上有方亭，亭內嵌有三塊碑石，當中一塊草書「讀書臺」三字，為清人覺羅雅爾哈善所書。俗稱此即文選樓。

一說在江蘇江陰顧山。顧山狀如蹲貓回顧，故名。山上有梁代古剎香山寺，寺中紅豆樹相傳為昭明太子所植。據說蕭統曾在此編修《文選》，故清人有〈重修顧山文選樓碑記〉和〈重修昭明太子讀書樓碑記〉。

一說在江蘇鎮江南郊。招穩山群峰環繞，谷深林密，松柏修竹，景色幽絕，山間有昭明太子讀書臺和增華閣。相傳蕭統在此編著《文選》，如《江蘇省鎮江市地名錄》載，招隱寺內的讀書臺和增華閣，即當年蕭統讀書和編書的地方。

還有一說是在江蘇揚州。傳為唐人顏師古所著《大業拾遺記》載：「帝嘗幸昭明文選樓，車駕未至，先命宮娥數千人昇樓迎侍。微風東來，宮娥衣被風綽，直泊肩項，帝覩之，色荒愈熾，因此乃建迷樓。」此言隋煬帝事。一般認為隋煬帝之迷樓在揚州，據此文選樓亦當在揚州。清人程穆衡《燕程日記》云：「乾隆二年二月初三日，天晴……三岔河十里至揚州……文選樓，即今文選巷是。」近代學者朱自清也認為，文選樓就在揚州。他的〈說揚州〉寫道：「揚州遊覽以水為主，以船為主，已另有文記過，此處從略。城裡城外古跡很多，

如『文選樓』、『天保城』、『雷塘』、『二十四橋』等，卻很少人留意；大家常去的只是史可法的『梅花嶺』罷了。」

其實，在揚州，文選樓也有兩處，一在仁豐里的旌忠寺，一在毓賢街的阮元家。文選樓何其多也！

先談旌忠寺文選樓。晚清況周頤《選巷叢談》云：「揚州有昭明文選樓，在太平橋北旌忠寺，見唐楊夔〈揚州文選樓序〉及宋王觀〈揚州賦〉。又有隋曹憲樓，在文選巷，見宋王象之《輿地紀勝》。則是揚州本有兩文選樓，屬昭明者在太平橋，屬曹憲者在文選巷。」民國董玉書《蕪城懷舊錄》據《揚州府志》說，揚州的旌忠寺有仁豐里和三元巷兩處，但包含文選樓遺址的只有一處，「文選樓遺址之旌忠寺，即今仁豐里之旌忠寺」。關於仁豐里旌忠寺裡的文選樓，近人王振世《揚州覽勝錄》卷六載：「文選樓在小東門北旌忠寺內，相傳為梁昭明太子蕭統文選樓故址。太子選錄秦漢三國以下詩文凡六十卷，名曰《文選》，樓以是名。唐楊夔有〈揚州文選樓序〉。煬帝遊江都，常幸此樓，見宮娥倚靠欄，風飄彩裙，因而色荒愈甚，廟社為墟，不若太子敝簏一編流傳千古。民國初年，樓將圮，寺僧法權募資重建大樓五楹，備極壯麗。樓上中楹供太子塑像，首戴角巾，儼然儒者氣象。樓前題『梁昭明太子文選樓』額，樓下題『六朝遺址』額。千餘年文化故跡煥然一新，其功不可沒也。」

再談阮元家文選樓。阮元字伯元，揚州儀徵人，乾隆進士，曾任提督山東學政、浙江巡撫、兩廣總督、雲貴總督等，著有《揅經室集》、《小滄浪亭筆談》、《定香亭筆談》，主持文壇風會數十年。嘉慶間，遵其父遺志，於揚州舊城毓賢街家廟西建文選樓，樓下為私塾，樓上祀隋秘書監曹憲，以唐李善等配之。阮元認為，曹憲是文選學的開創者，而李善為文選學的集大成者，故名為「隋文選樓」。阮元幼時即為文選學，而且藏有宋版《文選》，故對文選樓情有獨鍾。關於阮氏文選樓建造的原因和過程，阮元〈揚州隋文選樓記〉述之甚詳：「揚州舊城之文選樓、文選巷，考古者以為即曹憲故宅……文選巷當是曹氏故居，即今舊城旌忠寺文選樓西北之街也。今樓中但奉昭明栗主，元以為昭明不在揚州，揚州選樓因曹氏得名，當祀曹憲主，以魏模、公孫羅、李善、魏景倩、李邕、許淹配之……」「嘉慶九年，元既奉先大夫命，遵國制立阮氏家廟。廟在文選樓、文選巷之間，廟西餘地先大夫諭構西塾，以為子姓齋宿飲餕之所。元因請為樓五楹，題曰『隋文選樓』。樓之上，奉曹君及魏君、公孫君、李君、許君七栗主；

樓之下，為西塾。經營方始，先大夫慟捐館舍，元於十年冬哀敬構之。越既祥，書此以示子孫，俾知先大夫存古跡、祀鄉賢、展廟祀之盛心也。」

其實，無論昭明太子的文選樓是否在揚州，文選學在揚州的成就是有目共睹的。對《文選》的研究，在《文選》編選之後不久就開始了。最早是蕭統的侄兒蕭該，著有《文選音義》，可惜早已散失。其後有隋末揚州人曹憲，被稱為「選學之父」。唐劉肅《大唐新語》云：「江淮間為《文選》學者，起自江都曹憲。貞觀初，揚州長史李襲譽薦之，徵為弘文館學士。憲以年老不起，遣使就拜朝散大夫，賜帛三百疋。憲以仕隋為祕書，學徒數百人，公卿亦多從之學，撰《文選音義》十卷，年百餘歲乃卒。其後句容許淹、江夏李善、公孫羅相繼以《文選》教授。」因此，至揚州曹憲始，才有文選學。曹憲著有《文選音義》十卷，可惜已佚。其後研究《文選》的學者，有許淹、李善、公孫羅等人。其後，揚州人李善著《文選注》六十卷，學界以為《文選注》集大成之作，對後世影響深遠。

美國梅爾清女士近年著有《清初揚州文化》一書，第三章為〈文選樓〉，她把文選樓作為清代揚州文化精英的象徵。而在揚州民間，文選樓同樣有崇高的地位。清代揚州府泰州人著有通俗戲曲《紅樓夢灘簧》，其價值在於語言的淺近性和內容的地方性。劇中林黛玉有一段曲詞，字字皆明白曉暢，句句用揚州掌故，其中幾句是：「也曾在觀中著意把瓊花品，也曾在閣東乘興把早梅看。也曾在文選樓斂衽參前哲，也曾在玉鉤斜灑淚弔嬋娟。」可見瓊花觀、東閣梅、文選樓、玉鉤斜在揚州是婦孺皆知的。

一座城市有兩座文選樓，也算是文選學盛事。近代揚州鄉賢臧穀寫過一首〈文選樓〉，說他親見兩座文選樓。詩云：「閑踏小東門裡路，蕭梁遺跡試尋求。來瞻此日旌忠寺，慨想前人注選樓。阮氏藏書重締構，梅庵題額擅風流。十年兵燹還鄉後，遙指靈光殿尚留。」

儘管昭明太子蕭統可能沒有來過揚州，然而他在天之靈會感到格外欣慰，因為這座古城有他的知音。

三十　弘農楊氏

　　楊姓對我來說，是再熟悉不過了。我出生的老家，叫做楊家莊，雖然在我生活的整個少年時代，沒見過楊家莊有一戶楊姓人家，但想必若干年前這裡的楊姓人家一定很多，後來慢慢消失了。譬如揚州城裡的地名，有很多叫做轅門橋、宛虹橋、流水橋的，其實那裡既沒有河，也沒有橋。那是由於年深日久，世事變遷的緣故。

　　楊氏的起源並不複雜。一說源自姬姓。周武王的孫子，封邑於楊，稱為楊侯，是為楊姓的始祖。或謂周宣王將子長父封到楊國，號為楊侯，後裔以楊為姓。或謂晉滅楊後，封楊地為大夫羊舌肸的食邑，羊舌氏被滅後，族人以封地楊為姓。

　　二說源自揚姓。古時楊、揚二字不分，以邑為氏。關於楊、揚二字的通假，有地名揚州可證。九州之一的「揚州」，漢時皆作木旁的「楊州」，唐後皆作手旁的「揚州」。這也證明古時楊、揚二字可以通假。

　　三說源於改姓而來，主要由同源、避難、收養、過繼、賜姓及少數民族改姓等構成。如三國時，諸葛亮平定湖南、貴州的獠族，賜當地土著趙、張、楊、李等姓。北魏孝文帝遷都洛陽後，推行漢化政策，其中的莫胡盧氏改為楊姓。隋代的楊義臣本姓尉遲氏，鮮卑人，為北魏勳臣八姓之一，隋文帝為表彰尉遲氏，賜國姓楊氏。宋代的龍圖閣學士倪炤因反對王安石變法，遭到流放，幼子倪順因外家庇護得以生存，改為楊姓。

　　楊氏最早出於古時的楊國，地在今山西洪洞。楊國是周代的諸侯國，姬姓，爵位為侯爵。周宣王為防止獫狁的進攻，封其子尚父為楊侯，建立楊國，以楊樹為圖騰，活躍在今山西洪洞、臨汾、浮山一帶。楊國在唐、虞、夏、商、西周初年一直存在，後為晉國所滅。楊國亡後，楊氏便向西發展繁衍，起先遷入陝西，然後遷入山西，繼而來到河南。戰國時，有楊氏族人遷入湖北，後因楚國勢力不斷加強，他們向東南遷至江西。同時，又有楊氏自山西遷至江蘇和安徽。秦漢時期，楊姓廣泛分布於北方。後因西晉的永嘉之亂、唐時的安史之亂、宋代的靖康之亂，楊氏子孫為避亂大舉南遷，直至福建沿海。元末明初，江西、浙江的楊姓遷往湖廣一帶。隨後，楊姓開始向海外遷移，東南亞一帶也有楊氏的蹤跡。今楊姓主要集中於四川、陝西、山西，而以四川為楊姓第一大省。

　　楊氏的郡望，主要是弘農郡、天水郡、河內郡。

　　弘農郡，西漢所置，地在今河南靈寶。所轄範圍歷代有變化，漢時包括河南西部的南陽、陝西東南的商洛等，歷來是軍事政治要地。唐時，弘農郡分為陝州、虢州。宋時，弘農縣改為常農，從此弘農不再使用。

　　天水郡，得名源於「天河注水」的傳說。這裡原來人煙稠密，山水靈秀，秦末因戰亂和乾旱，致使民不聊生。傳說有一天，狂風呼嘯，雷電交加，天上河水傾瀉而下，形成一湖，名曰天水湖。後來漢武帝設郡，名曰天水郡，治所在平襄（今甘肅通渭）。後世天水郡屢廢屢設。

　　河內郡，也是漢代所置之郡，地在今河南焦作、濟源、新鄉、安陽等地。古人以黃河以北為河內，以南、以西為河外。隋設河內縣，唐設懷州，元設懷慶路，明清設懷慶府。而河內縣之名不變，常為治所。直至民國時，改河內縣為沁陽縣。

　　楊氏的堂號，有弘農堂、關西堂、四知堂等。

　　弘農堂來自弘農郡，以望立堂。關西堂源於東漢時關西人楊震，博覽明經，時稱「關西孔子」。四知堂也出自楊震，他當荊州刺史時非常清廉，拒絕行賄時曾說：「這件事有天知、地知、你知、我知，怎麼說沒人知道呢！」後人遂以「四知」為堂號。此外，楊姓的堂號還有光裕堂、賜書堂、崇本堂、清白堂、務本堂、紹興堂、瑞本堂、紹先堂、河東堂、棲霞堂、秦和堂、鴻儀堂、安陽堂、鴻山堂、新楊堂、道南堂、信海堂、北山堂、洪洞堂等。

　　各地都有楊氏宗祠，其楹聯略有：

　　「三公澤世；四傑傳芳。」上聯指東漢楊震，列三公之位。下聯指楊炯，與王勃、駱賓王、盧照鄰合稱「初唐四傑」。

　　「關西世第弘農郡；河內家聲光裕堂。」全聯謂楊氏的名郡名堂。

　　「程門立雪尊師道；孔聖傳家立美名。」上聯言北宋楊時，有程門立雪之說。下聯言東漢楊震。

　　「三相才華齊鳳闕；千金詩賦重鍾山。」上聯出明人楊士奇、楊榮、楊溥三宰相。下聯出楊廉夫，能詩，明太祖朱元璋稱讚他的〈鍾山〉詩「值千金，姑且賞賜五百」。

　　「立雪表恭，摘星見志；鱣堂集慶，雀館呈祥。」上聯說宋人楊時，楊億。下聯說漢人楊震，傳說其講堂前有冠雀銜三鱣魚飛至。

　　「眼裡有餘閒，登山臨水觴詠；身外無長物，布衣素食琴書。」此聯為清代書法家楊沂孫自題。

　　「關西孔夫子，英雄人物宗風範；北宋楊家將，文武衣冠祖廟光。」此為江西楊氏宗祠聯。

　　「忍人讓人莫去害人，行一片公道增福增壽；修己克己安分守己，存半點天理積子積孫。」此為廣東楊氏宗祠聯。

　　楊氏的排行用字，各地有別。如：

　　重慶巫山楊氏的排行用字：「志道世榮懷，錫德永發祥。敬守國庭獻，登崇孝友良。進修全大美，敏學煥文章。立念思先澤，繼承正啟芳。」

　　湖北洐陽楊氏的排行用字：「元伯光天，日月星辰。宗之源遠，世代克成。」

　　湖南湘鄉楊氏的排行用字：「堯政應洪日，名士百代昌。容讓傳國美，忠良永遠彰。」

　　安徽安慶楊氏的排行用字：「中浮鼎振，大有咸林。益千風遇，禮代同仁。」

　　江蘇六合楊氏的排行用字：「田德常林玉，昌保貴如金。」

　　遼寧撫順楊氏的排行用字：「萬金法慶常，樹立永吉祥。興家助為本，盛

世久安康。」

陝西安康楊氏的排行用字：「世遠嗣番，發祥漢佑。富本培元，鍾靈毓秀。」

山東臨沂楊氏的排行用字：「傳家惟效友，繼世尚公平。一本常敦序，同宗保令名。法權自先啟，守之在心中。敬紹興緒遠，復立鴻文通。」

貴州畢節楊氏的排行用字：「銀孟洪燦曾，居家永時春。正大光明遠，萬代世澤長。」

歷代楊氏的名人很多。略有：

楊姓始祖楊伯僑，僑亦作橋、喬，又名文實。周襄王念其先人功勳，封伯僑於楊，稱為楊侯，承繼其祖爵位，謚號賢敬。

戰國楊朱學說派創始人楊朱，主張「貴己」、「重生」、「人人不損一毫」，其思想見於《列子》、《莊子》、《孟子》、《韓非子》、《呂氏春秋》等。戰國時，「天下之言不歸楊則歸墨」，可見其學說影響之大。

韋明鏵在揚州隋煬帝陵前

隋文帝楊堅，隋朝開國皇帝，受北周靜帝禪讓為帝，改元開皇。即位後在各方面進行改革，修定刑律和制度，將州、郡、縣三級制改為州、縣兩級制。派晉王楊廣南下平陳，統一南北。

隋煬帝楊廣，隋文帝次子，隋朝第二位皇帝。先為晉王，後率軍南下滅陳。在位時開鑿運河，營建東都，遷都洛陽。多次發動戰爭，親征吐谷渾，三征高句麗，濫用民力，致使民變，天下大亂，隋朝覆亡。《全隋詩》錄存其詩。

五代十國吳國奠基人楊行密，史稱南吳太祖。封弘農郡

王、吳王。楊行密在江淮舉起割據大旗，遏止朱溫南進步伐，避免了更大範圍的動亂。他奠基的吳國，實現了由藩鎮向王國的轉型，使得南方割據勢力與北方中原政權並存。

北宋名將楊業，官至雲州觀察使、判代州，贈太尉、大同軍節度使。少時倜儻任俠，善於騎射，喜好打獵。讀書不多，但忠烈武勇，甚有智謀，以驍勇遠近聞名。屢立戰功，國人號為「無敵」。曾大破遼軍，威震契丹。後在中伏大敗，孤立無援，絕食而死。

南宋詩人楊萬里，與陸游、尤袤、范成大並稱。宋光宗為其親書「誠齋」二字，故世稱其為誠齋先生。曾任國子博士、廣東提點刑獄、太子侍讀、秘書監等職，官至寶謨閣直學士，封廬陵郡開國侯。一生作詩兩萬多首，傳世作品有四千餘首，被譽為一代詩宗。著有《誠齋集》。

明朝內閣首輔楊士奇，明代宰相，著名學者。少時喪父，遊學四方，累官禮部侍郎，拜少師、華蓋殿大學士，兼兵部尚書，身在內閣為輔臣數十年，與楊榮、楊溥並稱「三楊」。先後擔任《明太祖實錄》、《明仁宗實錄》、《明宣宗實錄》總裁。

內閣首輔楊榮，累遷至文淵閣大學士、翰林侍讀，任首輔。性警敏通達，善於察言觀色。治事謀而能斷，老成持重，尤其擅長謀劃邊防事務。史稱其「揮斥遊刃，遇事立斷」。著有《楊文敏集》。

內閣首輔楊溥，曾授翰林編修，任太子洗馬，因遭誣陷入獄。獲釋後授官翰林學士，旋陞太常寺卿，並入內閣。為人謹慎，上朝時總是低頭循牆而行。著有《澹庵文稿》、《楊文定公詩集》，參與編修《明太宗實錄》、《明宣宗實錄》。

太平天國東王楊秀清，出生於廣西桂平農家，以耕山燒炭為業。後加入拜上帝會，參與發動金田起義，被天王洪秀全封為東王，號稱九千歲，集教權、政權、軍權於一身。在天京事變中被殺，家人僚屬幾無倖免。

在古代楊氏名人中，人們最愛談論的是楊貴妃。據說她沒並有死在馬嵬坡，而是經過秘密策劃後，逃到日本去了。我曾在陝西的馬嵬坡和華清池尋找楊貴妃的遺跡，一無所獲。如今，只有她的〈出浴圖〉還在各種畫冊裡塵封著。

　　我最感興趣的是楊朱。據考，他姓楊，名朱，字子居，其言論見於《列子》、《莊子》、《孟子》諸書。《列子·楊朱》中有一段有趣的問答：

> 禽子問楊朱曰：「去子體之一毛，以濟一世，汝為之乎？」
>
> 楊子曰：「世固非一毛之所濟。」
>
> 禽子曰：「假濟，為之乎？」
>
> 楊子弗應。
>
> 禽子出語孟孫陽。孟孫陽曰：「子不達夫子之心，吾請言之。有侵若肌膚獲萬金者，若為之乎？」
>
> 曰：「為之。」
>
> 孟孫陽曰：「有斷若一節得一國，子為之乎？」
>
> 禽子默然有間。
>
> 孟孫陽曰：「一毛微於肌膚，肌膚微於一節，省矣。然則積一毛以成肌膚，積肌膚以成一節。一毛固一體萬分中之一物，奈何輕之乎？」
>
> 禽子曰：「吾不能所以答子。然則以子之言，問老聃關尹，則子言當矣。以吾言問大禹墨翟，則吾言當矣。」

　　從這裡可以看到楊朱的基本主張。楊朱的主張在《孟子·盡心》中說的更為清楚：

> 楊子取為我，拔一毛而利天下，不為也。墨子兼愛，摩頂放踵利天下，為之。

　　可知楊朱學派與墨家學派的主張是完全對立的，墨子要「兼愛」，楊子要「為我」。按孟子所說，楊子認為即使拔身上一根汗毛能使天下得利，他也不願意；而墨子認為只要對天下人有利，縱然自己磨光頭頂、走破腳板，也甘心情願。

　　歸納楊朱的思想，主要是「貴己」或曰「為我」。後世批評楊朱之說自私，其實楊朱的思想並不像後人想像的那麼簡單。所謂「貴己」，認為「古之人，損一毫利天下，不與也；悉天下奉一身，不取也。人人不損一毫，人人不利天下，天下治矣」。他是說，如果人人都自重自愛，互不侵損，天下就得到治理了，

這不是沒有道理的。所謂「為我」，是尊重每個生命的個體，不為任何所謂的國家或公權所奴役、侵犯、犧牲，其實是對於任意侵害公民個體利益的抗議。

楊朱主張的「一毛不拔」並不錯，任何冠冕堂皇的理由都不應該成為剝奪個人財產或生命的藉口。國家也好，社稷也罷，江山也行，都沒有理由要求一個人為它去犧牲。因為所有的人生而平等。

呂思勉在評價楊朱時指出，楊子的「為我」說，以哲學論，可謂甚深微妙，「或以自私自利目之，則淺之乎測楊子矣」。楊朱的政治主張，是建立一個「人人不損一毫，人人不利天下」的社會，這比披著光鮮外衣去殘害個人的利益，要正確而偉大得多。楊朱認為，生命對於人只有一次，所以人的生命比一切都重要。楊朱之所以產生「一毛不拔」的思想，有著更為深刻和現實的背景。所謂「拔毛」，從來不是拔權貴之毛，而是拔黎民之毛，況且拔一次，必有二次、三次乃至整個性命。楊朱的「一毛不拔」並不是吝嗇，而是提醒天下蒼生為自己的基本利益而鬥爭。

《列子》記載過楊朱的故事。有一次，楊朱經過宋國，在旅店裡休息。店裡有妾二人，其一人美，其一人惡，惡者貴而美者賤。楊子問其原故，有個夥計說：「其美者自美，吾不知其美也。其惡者自惡，吾不知其惡也。」楊子說：「弟子記之！行賢而去自賢之行，安往而不愛哉！」等於說，做賢德之事卻不要處處標榜自己是賢德之人，到什麼地方不會受到他人的敬愛呢？又有一次，楊朱的鄰人丟了羊，帶著許多人去追羊。楊子說：「嘻！亡一羊何追者之眾？」鄰人說：「多歧路。」回來後，楊子問：「獲羊乎？」鄰人說：「亡之矣。」楊子說：「奚亡之？」鄰人說：「歧路之中又有歧焉。吾不知所之，所以反也。」楊子忽然變色，整日都不開心。門人感到奇怪，問道：「羊賤畜，又非夫子之有，而損言笑者何哉？」楊子不答。過了一些時候，有個學生問楊子：「昔有昆弟三人，游齊魯之間，同師而學，進仁義之道而歸。其父曰：仁義之道若何？伯曰：仁義使我愛身而後名。仲曰：仁義使我殺身以成名。叔曰：仁義使我身名並全。彼三術相反，而同出於儒。孰是孰非邪？」楊子曰：「人有濱河而居者，習於水，勇於泅，操舟鬻渡，利供百口。裹糧就學者成徒，而溺死者幾半。本學泅，不學溺，而利害如此。若以為孰是孰非？」他的學生默然而去。回來之後，他才體悟到，大道因為岔路太多而丟失了羊，學生因為方法太多而喪失了命。學習的東西不是根本上不同，本質上兩樣，結果卻有這樣大的差異。只有歸到相

同的根本上，回到一致的本質上，才會沒有得失的感覺，而不至於迷失方向。

　　楊朱主張建立各人為自己而不侵犯別人的社會，這在現實中難以做到。也許正如韓非所說的那樣，楊朱雖然明察，但是行不通。雖然行不通，楊朱依然是一個思想家。

　　我們也不應該遺忘了另一位中國近代史的風雲人物——楊虎城。我在西安時，特地去拜謁了他的故居。無論怎麼評價楊將軍個人，那個時代將永遠銘刻在中國人心頭。

三一　下邳錢氏

　　有一個特殊的時期，在中國姓錢是一件可恥的事情。錢，被認為是一種骯髒的東西。例如在樣板戲《海港》中，那個搞破壞的階級敵人名叫錢守為。但在前人所編的《百家姓》裡，趙錢孫李，錢卻是位列第二的。

　　學者指出，《百家姓》前幾個姓氏的排列是有道理的。趙是宋朝皇家的姓氏，理應為首。錢是五代十國中吳越國王的姓氏，後來主動歸宋，故列第二。在五代十國之中，吳越最富，君主是錢氏。宋太祖趙匡胤以武力統一華夏，建立北宋，只有吳越尚未收入版圖。面對趙宋的強兵，錢氏不願讓生靈塗炭，便將國土和人民全部獻給了宋，和平統一中國。為感戴以民生為重的錢氏國王，《百家姓》把錢姓排在了趙姓之後。

　　錢原作籛。清人王相《百家姓考略》云：「錢，徵音。彭城郡。系出籛氏。彭祖姓籛名鏗。支子去竹，而為錢氏。」錢氏最早可追溯到大彭國始祖籛鏗，籛鏗是錢姓的始祖。籛鏗活到八百歲，是古代有名的壽翁，也是神話中壽星的原型，後人尊為彭祖。

　　錢氏早期主要是在今江蘇彭城和浙江吳興繁衍發展。魏晉之際，江南湖州的錢姓蔚成大族。烏程、長興等地的錢姓，有不少子弟出將入相。這些地方在三國孫吳時隸屬於吳興郡，所以吳興成為錢氏著名的郡望。隋唐政治文化中心在長安、洛陽等北方城市，錢姓族人也開始遷向北方，並遍布中原各地。唐末，臨安錢鏐在剿滅叛臣的過程中占有兩浙之地，被唐廷先後封為越王、吳王、吳

越王，於是錢氏王朝建立。五代時，錢氏遍布吳越全境，包括今浙江、上海、蘇南等地。宋元時，錢氏發展到河南、廣東、安徽、福建、湖南、湖北、江西等地。南宋滅亡後，錢氏宗族多棄政隱居，潛心於讀書或商賈。入元後，江南動盪，人口流動。錢氏宗族逐漸向周邊新興城市遷徙，出現了許多新興的錢氏支系，如松江、九亭、吉水的錢氏家族。明清時，雲南、河北、遼寧、四川、重慶、貴州、甘肅、陝西等地均有錢氏聚居點。很多錢氏家族背井離鄉，漂流到海外謀生，臺灣與東南亞均有大量錢氏族人。

今回族、苗族、壯族、傣族、藏族、黎族、土家族、哈尼族、布依族、納西族都有少量錢氏族人。吳越王錢鏐曾賜人姓錢。臺灣高山族土著中，有一支因忠於清廷，被乾隆帝賜姓錢氏。

錢氏的郡望，主要有下邳郡、彭城郡、吳興郡諸說。

下邳郡，東漢所置，治所在下邳。轄地北至江蘇邳縣，南至安徽嘉山，東至江蘇漣水、淮安。

彭城郡，西漢改楚國郡為彭城郡，不久復為楚國。東漢時又改為彭城國，治所在彭城（今江蘇徐州）。

吳興郡，三國時所置，治所在烏程。其地相當於今浙江臨安、餘杭一線西北，兼江蘇宜興等地。

錢氏主要的堂號，有下邳堂、彭城堂、吳興堂等，都是以望立堂。此外還有吳越堂、丹桂堂、萬選堂、錦樹堂等。

錢氏有不少陵墓或宗祠。杭州有錢王陵，是吳越國王錢鏐的墓地，中國大陸重點文物保護單位。錢王陵坐落於臨安錦城太廟山，在杭州城外。又有錢王祠，位於西湖湧金池南，供奉錢氏三世五代國王，清康熙、乾隆二帝在此留有「保障江山」、「忠順貽庥」等題字。另外，國家博物館收藏錢氏金書鐵券，是唐昭宗李曄賜給當時擔任鎮海鎮東軍節度使錢鏐的免死金牌。為紀念先祖，吳越錢氏後裔有元宵錢王祭活動，已被列入浙江非物質文化遺產名錄。又有《錢氏家乘》傳世，分為個人篇、家庭篇、社會篇、國家篇等，是歷史上影響較為廣泛的家訓。

錢氏宗祠的楹聯，略舉如下：

「馬上運槊；車旁課讀。」上聯說五代吳越王錢鏐善射，能上馬運槊。下聯說清人錢陳群幼時家貧，母親陳書課讀於紡車之旁。

「射潮靖海；廬墓旌閭。」上聯言錢塘大堤為潮水所毀，吳越王錢鏐命強弩數萬射之，潮退堤成。下聯言宋人錢堯卿童年喪父，終日守墓，舉為孝廉。

「澤承周府；名並錢郎。」上聯謂錢氏來歷。下聯謂唐人錢起。

「彭城世澤；越國家聲。」上聯云彭祖為錢氏之祖，封於彭城。下聯云吳越國王錢鏐。

「武肅功名久；彭城世澤長。」上聯指吳越王錢鏐。下聯指彭城郡望。

「錢姓周文王欽賜；鐵券唐昭宗敕封。」上聯言錢氏起源乃周文王所賜。下聯言金書鐵券乃唐昭宗所賜。

「啟匣尚存歸國詔；解弢時拂射潮弓。」全聯寫吳越王錢鏐。

「仙鳳玉露爭飄灑；密竹疏松鬥志蒼。」此為清代學者錢大昕所撰聯。

「名標鼎甲，門闈代代；秀毓錢塘，兄弟怡怡。」上聯指明代翰林修撰錢福廷對第一，禮部尚書錢士升殿試第一。下聯指宋代秘書監錢昆兄弟均為進士。

「陌上花開，鐵券王孫君獨秀；梁間燕語，烏衣子弟我重來。」此為江蘇無錫錢氏宗祠聯。

錢氏的名人很多，第一要數彭祖。其他如：

江東錢氏第一代祖錢讓，一名錢遜。博學豪邁，豁達善謀，忠誠亮直，封富春侯，食邑五千戶。

大唐功臣錢九隴，性英勇，善騎射。官至左武衛大將軍、潭州都督、巢國公。

詩人錢起，天寶年間進士，為「大曆十才子」之冠。與郎士元齊名，世稱「錢郎」。著有《錢考功集》。

吳越國創建者錢鏐，曾徵發民工，修建錢塘江海塘。又在太湖普造堰閘，促進了吳越經濟發展。

北宋文人錢惟演，累官至崇信軍節度使。博學能文，辭藻清麗，所著今存《西崑酬唱集》等。

南宋畫家錢選，入元不仕。擅長人物、花鳥、蔬果和山水。筆致柔勁，著色清麗，自成風格。

明代狀元錢福，號鶴灘，弘治進士第一，官翰林修撰，三年告歸。詩文以敏捷見長，著有《鶴灘集》。

抗倭壯士錢泮，曾任刑部主事、員外郎中等職，秉公斷案，執法嚴明。曾回鄉組織族人自發抗倭。

狀元錢士升，授翰林院修撰。友人被魏忠賢迫害入獄，錢士升蕩盡家產，竭力營救，受到東林黨特別推重。

南明清官錢肅樂，為官清正，執法嚴正，不畏權貴，愛民如子。曾率義軍堅持抗清，直至病逝。

明清文士錢謙益，精於文史，工於詞章，主東南文壇數十年，在明清兩朝俱作高官。著有《初學集》、《有學集》。

清代藏書家錢曾，好抄書。以用墨精良、校勘仔細著稱，世稱「錢抄」，與毛晉抄本媲美。

考據學家錢大昕，善於以考證方法治史。著有《唐石經考異》、《元史藝文志》等。

狀元錢棨，字湘舲，自幼飽讀詩書，勤學不輟，才華過人，遠近聞名。

文人錢泳，著有《履園叢話》。傳其手稿《記事珠》抄錄了沈復的《浮生六記》第五記〈海國記〉，中有證明釣魚島屬於中國的內容。

國學大師錢穆，歷史學家，移居臺北。著有《國史大綱》、《中國思想史》、《中國文化史導論》等。

學者錢鍾書，致力於中國和西方文學的比較。著有《管錐編》、《談藝錄》與小說《圍城》等。

錢氏的排行用字，具有地方色彩。如在吳越一地，有所謂排行百字：

聖神功德厚，光盛武林春。敦券傳家寶，文章貫日清。

詩書忠孝遠，蘭桂冕尊旒。溫良恭儉讓，奕葉立尼門。

王侯從古有，英烈正今新。物華天象應，人傑地靈生。

蛟騰連鳳起，電紫與霞橫。海闊波濤大，枝繁根蒂深。

仰觀星斗近，俯視泰嵩輕。皇圖期鞏固，終始襲駢臻。

其他如：

雲南錢氏排行用字：「鑄本廣濟遠，宏以宜泰人。」

安徽錢氏排行用字：「正中大齊光，普壽新安近。」

湖南錢氏排行用字：「廣詒彰世序，永錫茂宗支。」

江蘇錢氏排行用字：「普存忠厚承先澤，兆啟科名展俊才。」

浙江錢氏排行用字：「興邦保國，崇德志道。通經博古，明體達用。」

廣東錢氏排行用字：「伯思孝友，仲懷敬恭。忠信立德，禮義衍芳。」

貴州錢氏排行用字：「國正天興順，真元世道昌。儒學登詩禮，英華大文章。」

　　在錢氏名人中，對我影響最大的是錢鍾書。我在南京時，常去成賢街的圖書館借閱他的名著《管錐編》。《管錐編》是古文筆記體著作，全書五冊，論述範圍由先秦至唐。作者考論詞章和義理，力求打通時間、地理、語言、文化和學科的界限，旁徵博引，上天入地，左右逢源，妙不可言。據統計，書中引述四千位作者的上萬種著作，讀來如入寶山，應接不暇。

　　「管錐」的意思，是以管窺天，以錐刺地。所窺者大，所見者小，所刺者巨，所中者少，這自然是作者的自謙。《管錐編》不容易讀，但如一旦投入，則比讀小說更為有趣。我常常揣測作者的寫作目的是什麼。後來看到《管錐編》英文選譯本的作者艾朗諾（Ronald Egan）的意見，很有道理。他說：

我也是研究了好幾年，才對錢先生的目的有了稍許瞭解。當然他的目的不止一種，是有多方面的，其一就是剛才提到的《管錐編》所繼承的隨筆傳統。以前中國最有學問的隨筆、劄記是清代的考證派學者寫的。我一直在想，錢先生寫《管錐編》的時候針對的是誰？他在跟誰辯論？我覺得錢鍾書就是在同清代學問最好的學者爭論。那麼爭論什麼呢？錢鍾書很反對考證派把文學當作歷史的觀念，這種觀念不承認文學有其獨立性和獨立價值。清代人研究杜甫，就必

須考出來他今天寫這首詩的生活背景，而受到他們影響的後世學者研究《紅樓夢》，也就一定得先把曹雪芹的家世背景弄個一清二楚。《管錐編》的一個很重要的主題就是引用西方文學的例子，來證明清代學者對自己國家的文學傳統的誤會。我覺得這也許是他最基本的目的。

錢鍾書的第二個目的是要指出不同的語言文字、審美原則或者思想中的相同趨向。我們當然對「人類普遍性」這樣大而化之的概括都有警惕性，錢鍾書自己就很警惕那種不同人文傳統中的大作品的生拉硬拽的比較，然而在單個思想或主題的層面上，錢鍾書便在不同領域和語言中如魚得水，他用盡可能多的不同來源的材料來展現一個主題的多個方面。許多現代學者不滿於傳統批評「只見樹木，不見森林」的弱點，而錢鍾書卻擔心他們只見森林不見樹木。《管錐編》就是一棵棵「樹木」，他關注這些樹木的方式空前絕後，在跨越時間和語言的同時，也盡其所能做到不忽略任何可能的材料。

理解錢鍾書，或者理解《管錐編》，都不是容易的事，只有讀完全書之後，才會豁然開朗。

錢鍾書是無錫人。他除了《管錐編》，還有《談藝錄》，但是一般人感興趣的是他的長篇小說《圍城》。《圍城》的故事發生於上世紀二十至四十年代。主人公方鴻漸是個從南方體面家庭走出來的青年，迫於家庭壓力，與同鄉周家女子訂親。他上大學期間，周家姑娘病逝。準岳父被方鴻漸所寫的唁電感動，願意資助他出國求學。方鴻漸在歐洲遊學時，遊手好閒，不理學業，為了糊弄家人，他買了個「克萊登大學」的假博士文憑。在回國的船上，他與留學生鮑小姐邂逅相遇，打得火熱，同時遇見女同學蘇文紈。到上海後，他在準岳父開辦的銀行任職。這時候，他獲得了蘇文紈的青睞，又和她的表妹唐曉芙一見鍾情，整日周旋於蘇、唐二人之間。抗戰開始後，方家逃難至上海。在朋友趙辛楣的引薦下，幾個人同赴三閭大學任教。後來方鴻漸與孫柔嘉訂婚，離開三閭大學回到上海，在一家報館任職。最後，方鴻漸夫婦與方家、孫家的矛盾激化，他深深地陷入感情的圍城。

憑心說，我不太喜歡《圍城》。我寧可讀佶屈聱牙的《管錐編》，也不想看妙語如珠的《圍城》。

明刻《百仙圖》中的彭祖錢鏗

三二　扶風馬氏

　　馬氏的得姓始祖是趙奢，乍一聽很奇怪。

　　戰國初，趙、魏、韓三家瓜分晉國，建立趙國。趙國的公子趙奢善於用兵，抗擊秦軍，大獲全勝，封於馬服，稱為馬服君。趙奢死後，又葬於馬服山，故子孫以馬服為姓，簡稱為馬。按照此說，馬氏歸根結底其實出自嬴姓，因為趙奢是帝顓頊裔孫伯益之後。馬服是趙國的屬邑，位於今河北邯鄲西北的紫山。西漢時，馬氏從馬服遷到扶風茂陵（今陝西興平東北），扶風成為馬氏的郡望。

　　關於馬氏的起源，說法頗多。

　　有說源於官位的。西周時有官名馬質，專管馬匹的徵收。《周禮・夏官・馬質》記載：「馬質，掌質馬。馬量三物，一曰戎馬，二曰田馬，三曰駑馬，皆有物賈。」馬質的後裔以祖先的官職稱謂作為姓氏，稱馬質氏，後來簡化為馬氏。

　　春秋時楚國有官名巫馬，負責給馬治病。古代巫、醫同義，因此馬醫亦稱巫馬。《周禮・夏官・巫馬》記載：「巫馬，掌養疾馬而乘治之。」巫馬的後裔稱巫馬氏，後省稱馬氏、巫氏。

　　魯國有官名馬廄人，後來齊國、晉國、燕國、秦國亦設此官職，專職養馬、馴馬，並教軍士駕馭馬匹。另外，周秦漢時期的官制，大都有司馬一職，主管對外軍事。司馬的後裔自稱司馬氏，也稱馬氏。

當然也有外姓改為馬氏的，這類例子不一而足。信奉伊斯蘭教的民族，姓馬的很多，因為馬、穆二字音近，明人常將穆罕默德譯作馬哈麻。這種譯法對後代的影響很大，清人徐松《西域水道記》、魏源《海國圖志》都將「穆」譯為「馬」，稱穆罕默德為「馬聖人」。在此情況下，很多回族人也選用馬姓。在清代，滿族馬佳氏也有改姓為馬的。

馬氏最初發祥於春秋戰國時的邯鄲一帶，戰國末逐漸散居關中。到漢代，今陝西興平茂陵一帶，也即扶風，成為馬氏繁衍的中心。由漢而晉，馬氏漸次分布於今河南、河北、山東、湖北、四川、甘肅、江蘇、浙江等地。同時也大舉遷徙西北，再東遷黃淮。唐末開始有河南馬姓人前住福建安家，並發展成望族。唐末五代時有馬殷從軍作戰，被封為王，建立楚國，包括今湖南全境、廣西大部，以及廣東、貴州一些地區，使得馬氏得到廣泛發展。宋以後福建、廣東的馬氏逐漸增多，明代進一步發展。清後期馬氏移居臺灣，並遠徙海外。現在馬氏主要分布寧夏大部、甘肅大部、青海東部、內蒙古西部、新疆烏魯木齊地區。

馬氏的主要郡望，有扶風郡、京兆郡、臨安郡、西河郡、廣陵郡、華陰郡、正平郡。

扶風郡，漢代稱右扶風。三國初以右扶風改置扶風郡，治所在（今陝西興平）。後屢有興廢。

京兆郡，漢代為京兆尹。三國初改置京兆郡，治所在今西安。唐時將雍州升為京兆府，京兆郡從此被京兆府取代。

臨安郡，北宋亡後，遷都杭州，改稱臨安。臨安郡實指杭州。

西河郡，古代所指不一，未詳馬氏郡望為何地。

廣陵郡，漢時或稱廣陵國（今江蘇揚州）。

華陰郡，唐代改華州置華陰郡，治所在鄭縣（今陝西華縣）。

正平郡，北魏先於臨汾置南太平郡，後改征平郡、正平郡，治所在今山西新絳。北齊、北周因之，隋時廢郡。

馬氏的主要堂號，有銅柱堂、絳紗堂、扶風堂、敦睦堂等。銅柱堂出自漢伏波將軍馬援，馬援遠征交阯獲勝，在交阯立銅柱表功。到唐朝，馬援的後裔

馬總做安南都護，在漢立銅柱的地方又新立兩根銅柱，五代時馬希範也立了銅柱。銅柱成為馬氏戰功的象徵。絳紗堂出自漢校書郎中馬融，馬融才高博洽，為世之通儒，曾設絳紗帳授徒，弟子常千餘人。以此，絳紗帳成為馬氏文化的標誌。

馬姓的堂號還有扶風堂、馴德堂、回升堂、孝後堂、睠眩堂、寶善堂、體仁堂、志誠堂、忠孝堂、樹德堂、裕本堂、誠忍堂、刻鵠堂、善述堂、書誠堂、敦遠堂、存德堂、文英堂、監茲堂、公明堂、衍慶堂、樂真堂、敦悅堂、靜業堂、藏拙堂、青雲堂等。

馬氏宗祠的對聯，多用馬氏典故。如：

「夫人賣餅；賢后含飴。」上聯出唐初大臣馬周，少年好學，精通《詩經》、《春秋》。下聯出東漢明帝皇后馬后，大將馬援之女，以賢德聞名後宮。

「龍虎出谷；鸞鳳沖霄。」上聯謂唐人馬燧，少有大志，苦讀兵書，屢立戰功，官至宰相，封北平郡王，圖形繪於凌煙閣，韓愈為寫碑銘，譽為龍虎。下聯謂馬周，唐太宗賜書有「鸞鳳沖霄，必假羽翼」之句。

「白眉繼烈；青海重光。」上聯言三國名士馬良。下聯言東漢衛尉馬騰。

「絳帳設教；銅柱立功。」上聯指東漢馬融。下聯指同時馬援。

「追贈學士；御封真人。」上聯出明禮部右侍郎馬愉。下聯出宋進士馬鈺。

「四家待詔；三代推官。」上聯謂南宋畫家馬遠，任畫院待詔，畫風遒勁嚴整，自成一格。下聯出清代學者馬驌，任淮安推官，治先秦歷史，著有《繹史》、《左傳事緯》等。

「宜城五兄弟；元曲四大家。」上聯出三國名士馬良。下聯出元代曲家馬致遠，與關漢卿、白樸、鄭光祖並稱「元曲四大家」。

「師皇乘龍去；伏波裹屍還。」上聯言黃帝時獸醫馬師皇，善治馬，後乘龍仙去，後世尊為獸醫始祖。下聯言東漢名將馬援，嘗曰：「男兒要當死於邊野，以馬革裹屍還葬耳。」

「少女素雄才辯；仙姑雅號清浮。」上聯指東漢馬融之女馬倫，少有辯才，嫁袁隗為妻，夫婦爭論，馬倫得勝。下聯指宋人馬鈺，進士及第，後得道術，

其妻仙去，人稱孫仙姑，號清浮山人。

「遠浦帆歸曲致遠；長春留引經季長。」上聯嵌元代曲家馬致遠名。下聯嵌東漢經學家馬季長名。

「骨氣乃有老松格；神妙直到秋毫顛。」此係徽商馬曰璐撰馬姓宗祠聯。

「具王佐才，築砦釣渭；步隱淪躅，授業著書。」上聯出唐代銀青光祿大夫馬周。下聯出宋代承事郎馬端臨。

「烏威聖德，萬古流芳英烈將；玉面神光，千秋垂澤崇仁軍。」此為清代烏面將軍馬信廟聯。馬信原是鄭成功部將，到臺灣進駐彰化縣之燕霧上堡，不幸陣亡，後人為他立廟。

「銅柱今猶未倒，願吾宗後裔繼承，再鎮邊疆傳祖跡；絳帷長可宏開，喜爾輩生徒環立，重披古典講儒經。」此係馬季常撰馬姓宗祠聯。全聯言馬援、馬融事。

馬氏的排行用字，各地有自己的習俗。如：

陝西陝南馬氏排行用字：「文成登元良，玉啟英進昌。忠孝全富貴，永遠正朝堂。」

雲南華寧馬氏排行用字：「文春安甲，家有本元。國中遠正，四德維新。」

山東陽谷馬氏排行用字：「永雲月世德，文修繼志成。保守廣進化，作述維令名。光耀功安順，忠孝吉慶祥。詩書長久續，興業代相傳。」

歷代馬氏名人甚多，如：

漢代名將馬援，軍事家，史稱伏波將軍，封新息侯，後病死軍中。其老當益壯、馬革裹屍的氣概，甚得後人崇敬。

儒家馬融，歷任校書郎、郡功曹等職。一生注書甚多，有《詩經》、《周易》等。嘗坐高堂，施絳紗帳，前授生徒，後列女樂。

文士馬良，兄弟五人都有才華，馬良最為出色。因眉中有白毛，人稱白眉馬良。諺稱：「馬氏五常，白眉最良。」

蜀漢名將馬超，少年成名。蜀漢建立後，官至驃騎將軍，有劍術流傳後世。

韋明鏵在揚州馬氏小玲瓏山館前

大唐宰相馬周，少孤好學，放浪不羈。因諫言有功，得太宗重用。有〈上太宗疏〉、〈陳時政疏〉、〈請勸賞疏〉傳世。

宋代西域天文星曆學家馬依澤，太祖時應詔入華，協助編製《應天曆》，後封爵世襲司天監。

真人馬鈺，曾遇重陽子王嘉，授以道術，後與妻同時出家。妻先仙去，馬鈺亦入羽化成仙。

南宋畫家馬遠，擅畫山水，多作一角、半邊之景，構圖別具一格，有「馬一角」之稱。與夏圭、李唐、劉松年合稱「南宋四家」。

元代曲家馬致遠，「元曲四大家」之一。以〈天淨沙·秋思〉最膾炙人口：「枯藤老樹昏鴉，小橋流水人家。古道西風瘦馬，夕陽西下，斷腸人在天涯。」

明代航海家馬歡，多次參加鄭和下西洋航行，擔任翻譯。著有《瀛涯勝覽》，為中國人認識世界的重要著作。

馬皇后，歷史上馬皇后有二。先有漢明帝皇后，係馬援之女，人稱馬皇后，曾著《顯宗起居注》。後有明太祖皇后，名馬秀英，人亦稱馬皇后，以輔佐朱元璋和大腳出名。

清代徽州鹽商馬曰琯、馬曰璐兄弟，在揚州東關街建街南書屋，藏書百櫥，揚名遐邇。凡南北文人過揚州者，馬氏必盛待之。編輯《四庫全書》時，馬氏多有貢獻。

語言學家馬建忠，著有《馬氏文通》，為中國第一部全面系統的語法著作。

詩人馬君武，革命家、教育家。他的詩指點江山，意氣風發，最有名的是

諷刺張學良的詩句「趙四風流朱五狂，翩翩蝴蝶最當行」。

　　學者馬寅初，經濟學家、教育學家、人口學家。曾任北京大學校長，所著《新人口論》是卓有見地的不朽之作。

　　京劇老生馬連良，代表劇目有《借東風》、《甘露寺》、《清風亭》、《四進士》等。與譚富英、奚嘯伯、楊寶森並稱「四大鬚生」。

　　在馬氏女性中，朱元璋的皇后馬娘娘在民間最出名。她的出名不是因為別的，首先因為她是大腳。揚劇有一齣戲叫《馬娘娘》，講述明朝開國皇帝朱元璋在金陵奠都後，對卑微的身世十分避諱，不容他人提及，有犯忌者必招殺身之禍。畫師何上清因畫了一幅〈赤足送子觀音圖〉，被人惡意篡改，誣陷他嘲弄皇上當過和尚和皇后有一雙大腳。朱元璋大怒，命將畫師問斬。馬娘娘知情後，規勸皇帝未果，情急中喬裝民女，星夜出宮，搭救畫師。軍士不明真相，將她抓進宮中，交皇帝親自審問。馬娘娘以民女不可與皇帝直面為由，背對朱元璋，用夫妻間私談過的故事勸諫丈夫寬容待人，勿失民心。朱元璋最終釋疑，赦免畫師無罪。

　　馬娘娘，名秀英，生於宿州閔子鄉新豐里。其父因仗義殺人，攜女逃往定遠，將女兒託付郭子興。郭子興夫婦把她收為義女，授以史書，教以女紅。馬氏長得雖不漂亮，但端莊溫柔，老成幹練，加上善解人意，知書識禮，所以博得眾人稱讚。元末紅巾軍起義，占據了濠州，即今鳳陽，在皇覺寺當和尚的朱元璋參加了紅巾軍。由於朱元璋有勇有謀，連立戰功，郭子興將義女馬氏許配他為妻。在馬娘娘的時代，女子都要纏足，可是她堅決不肯，家人也無可奈何。她當皇后之後，也曾為自己的大腳感到發愁，每與客人見面，總是用長裙將腳遮蓋起來。有一次，馬娘娘乘轎到南京街頭遊覽，忽然吹來一陣大風，將轎簾掀起，她的兩隻大腳暴露在光天化日之下。她急忙把腳縮回去，但路人早已看得一清二楚。此事傳開，轟動整個南京城，據說「露出馬腳」一詞就出自此事。

　　馬娘娘也干預政事。她堅持內侍不得兼任文武官職，以杜絕宦官亂政之弊。她建議不要大興土木，平時粗茶淡飯，帶頭縫織衣服。當臣下進貢珠寶等物，她就勸說朱元璋不要收受，因為元朝就是為此而失去江山。馬娘娘的這些意見，都被朱元璋所採納。朱元璋生性多疑，唯對馬娘娘十分尊重。馬娘娘故後，朱元璋不再立皇后。

　　我去浙江嵊州時，偶然路過馬寅初故居，入內參觀。故居整理得還算整潔，但是門庭冷落。馬家在當地是殷實之家，那麼大的房子，也盛不下少年馬寅初嚮往外部世界的心。馬家用錢供他外出讀書，以為他會回來繼承家業，光耀門楣，其實他的道路和絕大多數青年學子一樣，一旦離開窮鄉僻壤，就再也不會回來。馬寅初，是一個因為《新人口論》而被後人記住的學者。

　　我的外婆家叫馬家莊。這個村莊早就沒有了，併入了另一個較大的村莊，叫天星莊。馬家莊似乎不到十戶人家，卻分為大莊和小莊。外婆家住在小莊最西頭，西山牆外有路，常年拴著一頭黃牛，咀嚼乾草。東鄰張家似乎原是宰牛的，印象較深的是這戶人家有個精壯漢子，曾在他家那邊挖地洞通到我外婆家，竊取食物。這件事的處理結果極為低調，我的外婆和表哥都沒有和這家鄉人計較。可能他們覺得，縱然撕破了臉，還是要做鄰居，所以不如息事寧人。再往東去，又有一兩戶人家，已經沒有什麼印象，總之都是孤寡鰥獨、家徒四壁的樣子。從小莊向北，繞過一個大灣，是馬家莊的大莊。第一戶人家也姓吳，是我外公的堂兄弟家，我喊這家的長者為寶發舅舅。寶發舅舅給我印象最深的一件事，是我小時候有一次從他家門口路過，他喊我進門，讓我在一隻青花碗裡撒一泡尿，他當時就趁熱喝了。後來我知道，童子尿可以治療腰傷。再東邊的一戶人家姓葛。這家的女人特別漂亮，皮膚白，眼睛大，完全不像鄉下人。因為女人漂亮，經常受到男人的騷擾。女人的女兒更加漂亮，皮膚吹彈得破，說話氣息如蘭，簡直宛若天仙。女兒談了一個對象，不被母親看好，就自殺了，從此香消玉殞。在這個荒漠般的馬家莊，留下一段〈長恨歌〉般的哀傷故事。

　　馬家莊很少有什麼故事流傳，少女之死要算一件。

　　馬家莊沒有一家姓馬，也是很奇怪的。

韋明鏵在揚州馬氏街南書屋

三三　東萊蔣氏

　　幾年之前，我到揚州蔣王中學做講座，談到「蔣王」這個地名的來歷。蔣王出自漢末廣陵人蔣子文，因為他死後成神，故建蔣王廟祀之。同時，在南京東郊紫金山麓也有蔣王廟，因為蔣子文生前做的官是秣陵縣尉，秣陵即南京。朱偰《金陵古蹟圖考》記載：「蔣子文之廟，始興於吳，崇於晉，大於南齊，而衰於明。」

　　蔣氏出於姬姓，據說是周公旦第三子伯齡之後，以國名為氏。伯齡封在蔣邑，建立蔣國，是周朝的一個小國。蔣國被楚滅亡後，姬伯齡的後裔就以故國之名為姓，稱蔣氏，世代相傳。蔣國在汝南期思縣。也有人說，蔣氏可能源於子姓，是殷商之後。蔣氏族人多尊伯齡為得姓始祖，伯齡亦稱蔣伯齡。

　　一些少數民族漢化改姓時，也以蔣為氏。回族、苗族、瑤族、傣族、壯族、羌族、蒙古族、拉祜族、保安族、布朗族、土家族等民族均有蔣氏，來源多是唐、宋、元、明、清時朝廷推行羈縻政策和改土歸流時所改。滿族的蔣佳部，後來都改姓蔣氏。

　　河南為蔣姓的最初發祥地，楚滅蔣後，蔣姓除少部分留居原地外，大部外遷。秦漢時蔣氏遷入陝西、山東，以山東廣饒蔣氏繁衍最盛。漢末有蔣氏南遷江蘇宜興，再遷浙江奉化。唐初蔣氏進入福建，宋後進入廣東。元季有仕傑公始遷奉化武嶺禽孝鄉（即今溪口鎮），此乃蔣介石先祖。明清時，福建、廣東蔣氏移居海外。現在蔣姓人口主要集中於四川、湖南、江蘇，其次分布於廣西、

浙江、安徽、重慶、貴州等地。

蔣氏的郡望有東萊郡和樂安郡。

東萊郡，始置於西漢，治所在掖縣（今山東萊州）。東漢時移治黃縣（今山東龍口）。後改為國，唐改為州。

樂安郡，南朝宋始置，故址在今山東廣饒。

蔣氏的堂號有樂安堂，因蔣氏有一支遷往樂安，即今山東廣饒，在此發展為望族，故名。又有鍾山堂，三國時秣陵尉蔣子文死後成神，孫權在鍾山為其建廟，蔣氏因以鍾山為號。又有九侯堂，西漢名臣蔣翊以清廉出名，因不滿王莽專權，告病返鄉，終身不仕。其孫蔣橫隨光武帝劉秀南征北戰，功勳卓著，封為逡遒侯。後蔣橫遭到誤殺，昭雪後劉秀以王侯之禮葬蔣橫，並將蔣橫的九個兒子全部封侯，蔣氏因有九侯堂。

蔣氏的輩分，各地不一。如：

重慶九侯堂蔣氏的排行用字：「朝廷先現應，文員啟世新。熙和崇大化，蘭貴發奇英。靈峰高騰漢，方生萬代榮。」

湖南寧邑蔣氏的排行用字：「際忠成源河海兆，永朝世立國泰民。安湘啟祖傳嗣廣，英賢恆守應昌榮。」

湖南安化蔣氏的排行用字：「榮如永宗然彥孟，金朝加益顯忠誠。克立奇功修學業，英賢世守聖明君。」

廣西富川蔣氏的排行用字：「湘桂姬周裔，齊聯團結歡。英才期蔚起，敏學紹書香。」

安徽定遠蔣氏的排行用字：「克宏爾尚允，存思孝其正。文學華邦國，長太耀門庭。」

貴州遵義蔣氏的排行用字：「漢國君師懋廷源，安連學仕尚文昌。」

浙江義烏蔣氏的排行用字：「元亨茂貞，敬順和恆。常懷孝悌，永守誠明。恭寬敏惠，慈愛廉仁。綿延福澤，謹慎言行。」

江蘇徐州蔣氏的排行用字：「天尊士立，廣繼榮昌。光大孝友，志守忠良。振興百世，育化萬方。德仁遠傳，永保家邦。」

　　浙江奉化蔣介石家的排行用字是：「祁斯肇周國，孝友德成章。秀明啟賢達，奕世慶吉昌。」按蔣介石幼名瑞元，譜名周泰，學名志清，後改名中正，字介石。譜名周泰之「周」，就是排行用字。

　　蔣氏宗祠的楹聯，常用的如：

　　「九侯世澤；三徑家聲。」全聯指漢人蔣詡隱居故里，閉門謝客，子孫九人封侯。蔣氏庭中闢三徑，唯與高士來往。

　　「山亭世澤；玉渚名流。」上聯謂西周蔣伯齡受封蔣邑，古有山亭。下聯謂清代發明家蔣煜，製造多功能渾天儀，與范崇簡、胡長齡等名流比鄰而居。

　　「為社稷器；具文武才。」上聯言蜀漢蔣琬，諸葛亮稱其為社稷之器。下聯言曹魏蔣濟，素有文武之才。

　　「鍾山留祀；竹徑初賓。」上聯出蔣子文，封蔣侯，鍾山有其廟。下聯出蔣詡，院中栽竹，足不出戶。

　　「銅符鼎峙；玉筍聯班。」全聯指漢人蔣滿、蔣萬父子同時受詔，以蔣滿為淮南相，以蔣萬為弘農守。

　　「山亭綿世澤；荊渚頌名流。」上聯言蔣伯齡。下聯言蔣煜。

　　「雅言詩書執禮；益友直諒多聞。」此係清代書家蔣衡撰聯。

　　「花色遍四封之麗；竹陰留三徑之清。」上聯指唐人蔣沇，兄弟四人均為才吏。下聯指漢人蔣詡。

　　「賦秋河而得麗女；過清溪又訪小姑。」上聯指唐人蔣防。下聯指三國蔣子文妹。

　　「邦顯碧巖三絕畫；廷錫集成萬卷書。」上聯出明代畫家蔣時行，築樓於碧巖，三年不下，所繪〈真武像〉、〈上庵圖像〉、〈瀑布龍口聖像〉合稱三絕。下聯出清代學士蔣廷錫，欽命核定《古今圖書集成》萬卷。

　　「玉筍民班，丰姿可愛；瓊花直諫，赤膽堪嘉。」上聯云唐人蔣凝，風姿美儀，號水月觀音。下聯云明人蔣瑤，直諫武宗。

　　「科甲肇遂興之首，簪纓不二世族；閥閱自湖楚而上，鐘鼎第一名家。」此為宋文天祥為吉州龍泉南鄉衡溪蔣氏重修族譜所題。

在歷史上，蔣氏治家甚嚴，有家訓、家風、家規之類傳世。四川閬中的〈蔣氏家規〉十條，在某種程度上體現了蔣氏家族文化之一斑：

> 不孝父母，集族杖八十，罰跪三日。
> 冒犯尊長，集族杖四十，罰跪一日。
> 強嫁節婦，集族杖八十，送官法處。
> 兄弟就婚，集族杖八十，另行出嫁。
> 窩拐婦女，集族杖八十，令婦歸家。
> 夫婦活折，集族杖八十，仍令團聚。
> 一女兩聘，集族杖四十，仍歸前聘。
> 匪窩害人，集族杖四十，送官法處。
> 萬索加補，集族杖四十，送官法處。
> 設賭聚眾，集族杖四十，送官法處。

其中「夫婦活折」、「萬索加補」應該是當地方言，揣其意可能是夫妻吵架和借高利貸之意。

歷代蔣氏名人很多，略舉如下：

漢代將軍蔣橫，因戰功顯赫被封為九江太尉，死後被劉秀追封為九江侯。

三國名宦蔣琬，蜀漢進尚書令，遷大將軍，錄尚書事，後封為安陽亭侯，接替諸葛亮為丞相。

唐代宰相蔣伸，曾任戶部侍郎、兵部侍郎，拜為同中書門下平章事。

南宋進士蔣允濟，幼時家貧苦讀，兄弟二人同時考取進士，成為美談。

清代文人蔣士銓，江西鉛山人，進士。官至翰林院編修。

蔣夢麟，曾任北京大學校長，致力於整飭紀律，發展群治，以補本校之不足。認為教育的長遠之計在於取中國之國粹，調和世界之精神。著有〈中國教育原則之研究〉等。

蔣碧薇，徐悲鴻夫人，後嫁張道藩。

最後談談蔣子文的故事，事見東晉干寶《搜神記》：

蔣子文者，廣陵人也。嗜酒好色，佻達無度。常自謂己骨清，死當
為神。漢末為秣陵尉，逐賊至鍾山下，賊擊傷額，因解綬縛之，有
頃遂死。及吳先主之初，其故吏見文于道，乘白馬，執白羽，侍從
如平生。見者驚走。文追之，謂曰：我當為此土地神，以福爾下民。
爾可宣告百姓，為我立祠。不爾，將有大咎。是歲夏，大疫，百姓
竊相恐動，頗有竊祠之者矣。文又下巫祝：吾將大啟祐孫氏，宜為
我立祠。不爾，將使蟲入人耳為災。俄而小蟲如塵虻，入耳皆死，
醫不能治。百姓愈恐。孫主未之信也。又下巫祝：若不祀我，將又
以大火為災。是歲，火災大發，一日數十處。火及公宮。議者以為
鬼有所歸，乃不為厲，宜有以撫之。於是使使者封子文為中都侯，
次弟子緒為長水校尉，皆加印綬。為立廟堂。轉號鍾山為蔣山，今
建康東北蔣山是也。自是災厲止息，百姓遂大事之。

南京紫金山，一名鍾山，因蔣子文之故又名蔣山。蔣子文開始只是民間之
神，後來才封王封侯，成為正神。西晉時，蔣子文加拜相國，重修廟宇，再塑
金身。南朝時，蔣子文又加官進爵。劉宋時蔣王廟修葺一新，蔣子文官封相國、
蔣王。蕭齊時蔣子文再次晉級，躍為蔣帝。梁朝時大旱，詔令臣民到蔣帝廟祈
雨，果然如願，後來直接以「天子」視之。

蔣子文經歷了從人到神的過程，前後歷經漢、吳、宋、齊、梁、陳六個朝代。
這場眾目睽睽之下的造神運動，看起來像是一場鬧劇，其實也有值得深思之處。
一旦人們在現實生活中遇到不可預測的災禍，人們就會病篤亂求醫，到處找藥
方。這時候如有某種偶然的機緣，使得災禍消弭，這個偶然因素就會被人們賦
予神聖的光環。而當人們把這種心目中的神聖一步步偶像化的時候，就會把生
活中一切利好之事都歸功於神聖。神聖的地位越來越高，人們再也離不開他，
誰也不會懷疑他的萬能。如果有人膽敢懷疑神聖，他會被萬眾所指。然而現在
無論在南京，還是在揚州，當年香火繚繞、人頭攢動的蔣王廟，都早已片瓦不
存了。

另一個值得一談的是明代的揚州太守蔣瑤。揚州南門外街的缸巷，原名叫
遺愛坊。明正德年間，武宗南巡，隨從多擾民自肥，而揚州知府蔣瑤剛正不阿，
多所裁抑，民賴以安，揚州人因建「蔣公遺愛祠」於巷口，故名遺愛坊。後因
其地多缸行，遂稱缸巷。蔣瑤是明弘治進士，正德時，歷兩京御史。蔣瑤上奏

時政弊端七件事，其中說：「內府的軍器局有軍匠六千人，宦官做監督的人有二人，現在增加到六十餘人，每個人占軍匠三十人的耗費。其他各局都這樣做，軍隊怎麼會不耗費呢？」又說：「傳奉官和濫收校尉勇士也最好一併革除。劉瑾雖然已經被殺，權力還是被宦官掌握。」皇帝下旨詰問，並且說：「從今以後，有像蔣瑤一樣議論朝政的，不用再上奏。」不久，蔣瑤就離開京城，出任荊州知府，築黃潭堤，又調揚州任知府。

　　蔣瑤在揚州的事蹟，主要與明武宗朱厚照有關。這位朱厚照，也就是京劇《遊龍戲鳳》裡的那個調戲民女的正德皇帝。在歷史上，武宗是一個荒淫無恥的皇帝。他坐船南巡，沿途所經府縣為了討得他的歡心，莫不奢華迎接，花錢如同流水。拿淮安府來說，本是蘇北的窮府，但是知府薛贇硬是下足了血本，把水路沿岸的民房都拆了，以便安排更多人為武宗的龍舟拉縴。就連縴繩都用彩色絹帛擰成，其實都是民脂民膏換來的，然而武宗看了很高興。

　　武宗的龍船到了揚州，卻沒有得到這樣的待遇，因為揚州知府蔣瑤是個從不阿諛奉迎的強項令。蔣瑤生怕武宗南巡干擾沿河居民的日常生活，不但不沿河修建面子工程，反而駁斥那些勸他拆房子鋪路的人，說：「運河沿岸本不是御駕臨幸的地方，要扯船在岸邊扯就是了，為什麼要拆人家房子？不准拆房，出了問題我來負責。」過了幾天，武宗的特使江彬來揚州打前站。這個江彬是武宗的乾兒子，經常陪著武宗睡覺，兩人關係非比尋常，是個炙手可熱的人物。他大搖大擺來到揚州府衙，對蔣瑤說：「揚州富庶之地，民間必有富戶。接萬歲爺旨意，請貴府報個大戶名單上來，以便御駕臨幸的時候徵集些銀錢花用。」蔣瑤板著臉說：「揚州的大戶一共有四家，一是兩淮鹽運司，二是揚州府，三是運河鈔關，四是江都縣衙，要什麼錢就是這四家出。揚州百姓都很窮，沒有大戶。」江彬碰了個釘子，心裡不痛快，又問：「皇上還有聖旨，要徵募一批繡女上船，請貴府協助甄選。」蔣瑤面無表情地說：「揚州只有三個繡女，也都不在民間，就是我蔣瑤親生的三個閨女。如果非要選的話，就都選走吧。民間女子要從事勞動，沒工夫上船當繡女。」江彬一時語塞，怏怏地回去覆命。武宗知道了，也說不出什麼，這件事就這麼拉倒了。

　　後來張岱在《快園道古》裡寫道：

　　　武宗南巡，駕至淮安，太守薛贇拆去沿河民房，以便扯船，縴取絹

帛為之。及過揚州，太守蔣瑤曰：「沿河非臨幸之地，扯船自有河岸，何必拆毀民居？如有罪，太守自當之。」又江彬傳旨，命揚州報大戶，蔣曰：「揚州四大戶：一兩淮鹽運司，一揚州府，一鈔關，一江都縣。百姓窮，別無大戶。」彬又傳旨選繡女，蔣曰：「揚州止三個繡女。」江問何在，蔣曰：「民間並無，止知府親生三女，必欲選時，可以備數。」江語塞，事遂寢。

　　但是武宗要選繡女之事，在揚州民間卻引起了一場風波，也就是戲劇舞臺上曾經演出過的《拉郎配》一類故事。因為武宗要選繡女，誰也不願意讓自家的女兒被禁閉宮中，唯一的辦法是讓女兒早日出嫁。一時間，揚州市民搶著在最短的時間把女兒嫁出去，甚至在街上拉個單身男人就回家和女兒成親，實在不行就先把女兒許配給長工再說。隨後又傳言四起，說正德皇帝其實真正喜歡的是有夫之婦、寡婦和孕婦，不喜歡處女。這一來揚州城裡大亂，婦道人家四處逃難，擋都擋不住。蔣瑤沒有辦法，去找為武宗徵召婦女的督辦太監吳經。吳經仗勢欺人，對蔣瑤破口大罵，蔣瑤被罵急了，也和吳經對罵起來。吳經大怒，把這位敢為百姓說話的強項令撻了出去。而後吳經派人按照戶籍，明查暗訪，記錄在案，晚上就挨家去抓，據說所有記錄在案的婦女無一漏網。被抓的女子被圈在一起，供皇帝享用，一時間揚州城成了魔王肆虐的煙花寨。有一天，武宗命揚州城的歌姬舞女全部來獻藝，即史載所謂「帝閱諸妓于揚州」。看完表演後，武宗忙著與妓女廝混，沒有參加宴會。事後他想起自己沒有參加宴會，傳令將酒宴的費用折合成銀子交給他。揚州官員聽了目瞪口呆，無奈之餘，只好湊錢給皇帝送去。不過武宗卻又說：「朕不缺銀子花，你們就拿回去花吧。」居然還有這種戲弄臣下的皇帝。

　　《古今譚概》載，武宗南巡時，蔣瑤為揚州太守，不肯橫斂暴斂，以媚權幸。一日，皇上捕得一條大鯉魚，想把它賣給誰。左右近臣正要陷害蔣瑤，就說：「不如賣給揚州知府最好。」皇上就叫人通知蔣瑤，帶錢來買魚。蔣瑤把家眷、女兒的衣服、首飾一起包包紮紮帶來，匍匐跪下，對武宗說：「魚錢我實在付不出，唯有妻女的衣妝在此，一起送給皇上。臣死罪死罪！」皇上把蔣瑤看了半天，說：「你真窮到這個地步啊？我也不要這些破衣服爛首飾了。你快把魚拿走吧，魚錢我也不要了！」

　　如果說武宗南巡的荒唐行為只是野史的渲染，那麼《明史・蔣瑤列傳》是

這樣記載的：

> （蔣瑤）調揚州。武宗南巡至揚，瑤供御取具而已，無所贈遺。諸
> 嬖幸皆怒。江彬欲奪富民居為威武副將軍府，瑤執不可。彬閉瑤空
> 舍挫辱之，脅以帝所賜銅瓜，不為懾。會帝漁獲一巨魚，戲言直
> 五百金，彬即畀瑤，責其直。瑤懷其妻簪珥、袿服以進，曰：「庫
> 無錢，臣所有惟此。」帝笑而遣之。府故有瓊花觀，詔取瓊花。瑤
> 言自宋徽、欽北狩，此花已絕，今無以獻。又傳旨徵異物，瑤具對
> 非揚產。帝曰：「苧白布，亦非揚產耶？」瑤不得已，為獻五百足。
> 當是時，權幸以揚繁華，要求無所不至。微瑤，民且重困。駕旋，
> 瑤扈至寶應。中官丘得用鐵絙繫瑤，數日始釋，竟扈至臨清而返。
> 揚人見瑤，無不感泣。迨遷陝西參政，爭出貲建祠祀之，名自此大震。

大致翻譯一下，意思是武宗南巡到揚州，蔣瑤只是給皇帝提供隨行的用具而已，沒有贈送禮物。那些受寵的近臣都很生氣。江彬想搶奪富民的住房作為威武副將軍府，蔣瑤執意不可。江彬把蔣瑤關在空房子裡打擊差辱他，並且用皇帝所賜的銅瓜威脅他，蔣瑤也不為之懾服。恰逢皇帝打魚，獲得一條大魚，皇帝開玩笑言說價值五百金呢。江彬當即將魚送給蔣瑤，並且向他索要銀兩。蔣瑤懷揣他妻子的簪珥、袿服進獻，說：「金庫裡沒有錢，臣所有的只是這些。」皇帝一看笑了，然後把他打發走了。揚州府以前有瓊花觀，皇帝下詔索取瓊花。蔣瑤說自宋徽宗、宋欽宗被擄北去之後，此花已經滅絕，現在沒有可以用來進獻的。又傳旨徵收異物，蔣瑤都說不是揚州出產的。皇帝說：「苧白布，也不是揚州出產的嗎？」蔣瑤不得已，給皇帝進獻了五百匹。那個時候，因為揚州繁華。當權者的索求無所不包。如果沒有蔣瑤，百姓將會困苦不堪。皇帝返回京城，瑤隨駕送到了寶應。宦官丘得用以鐵繩捆綁蔣瑤，幾日後才釋放，竟然隨駕到臨清才許返回。揚州人看見蔣瑤，沒有不感動哭泣的。等到他升遷為陝西參政的時候，揚州百姓爭相出資修建祠堂來祭祀他，蔣瑤的名聲自此大震。

當代蔣氏名人，莫過於蔣介石了。以前看過《金陵春夢》一書，那是經過文學化了的蔣介石。除了從書本上認識蔣氏之外，我似乎有三次機會「走近」蔣介石。說起來很有趣。

第一次是在濟南看到民國時代的蔣介石肖像。1966 年 12 月，我因參加「紅

衛兵大串連」而到達山東濟南。到濟南時只剩我與另一個同學兩個人，其餘人都不願下車。我們住在十二中。在濟南的生活比較清苦，吃的是雜糧。記得是吃一種用玉米麵做的薄皮燒餅，以及用高粱麵做成的糊糊。濟南很大，也很古老，但印象中並不熱鬧。街上行人少，甚至找不到一片店。只有市中心的「東方紅」，商店、劇場、電影院全在裡面。當時濟南最出名的是「文革展覽會」，其中展出了蔣介石肖像。

　　第二次是在奉化溪口參觀蔣介石故居。2006 年 6 月，揚州市政協組織前往浙江、福建、安徽等地考察。第一站先到浙江，參觀蔣氏故居，包括豐鎬房、小洋房、玉泰鹽鋪。蔣宅位於溪口鎮上，地處四明山區。溪口鎮外有城樓，曰武嶺門，入門向左，拾級而上，可見文昌閣屹立嶺上。文昌閣西有憩水橋，據說蔣介石、宋美齡每返故里，都要在此垂釣觀魚。兩層小洋房是蔣經國居處，面寬三間。印象最深的是屋內有一石碑，鐫刻蔣經國手書「以血洗血」四字，表示他對日寇的痛恨，因為其母在日軍飛機轟炸下慘死。

　　第三次是在臺北遊覽蔣介石別墅。2014 年 11 月，我有臺灣之行，歷經臺北、新竹、嘉義、臺東、花蓮等地，其間去了蔣介石和宋美齡的別墅——士林官邸。官邸的周圍都是花園，遍植梅花和玫瑰，美不勝收。別墅裡有古樹、教堂、亭子，寬敞而安靜。我們隔著欄杆，看到蔣氏夫婦起居的小樓。有介紹說，士林官邸位於臺北市士林區福林路，早期屬日本占領時代總督府園藝所用地，後來成為蔣介石夫婦在臺灣的住處，也是臺北的第一座生態公園。2019 年 7 月，再去臺北士林官邸。有〈臺北士林官邸〉詩云：

　　　遠觀一片林，近察幾間亭。
　　　榮辱隨風去，是非任世評。

古今說海

蔣子文傳

說淵三十九 別傳三十九

蔣子文廣陵人也嗜酒好色佻達無度常自謂骨青死當爲神漢末爲秣陵尉逐賊至鍾山下賊擊傷額因解綬縛之有頃遂死及吳先主之初其故吏見文於道乘白馬執白羽侍從如平生見者驚走文追之謂曰我當爲此土地神以福爾下民爾可宣告百姓爲我立祠不爾將有大咎是歲夏大疫百姓輒相恐動頗有竊祀之者矣文又下巫祝吾將大啓祐孫氏官宜爲吾立祠不爾將使蟲入人耳爲災俄而有小蟲如鹿蝱入人耳皆死醫不能治百姓愈恐孫主未之信也又下巫祝若不祀我將有大火爲災是歲火災大發一日數十處火及公宮孫主患之議者以爲鬼有所歸乃不爲厲宜有以撫之於是使使者封子文爲中都侯次子緒爲長水校尉皆加印綬爲廟堂轉號鍾山爲蔣山今建康東北蔣山是也自是災厲止息百姓遂大事之陳郡謝玉爲瑯邪內史在金城其年虎暴殺人甚衆有一人以小船載年少婦以大刀挿著船挾暮來至邏將出語云此間頃來甚多草穢君載細小作此輕行大爲不

《古今說海》中的蔣子文傳

三四　濟陽江氏

江氏源自嬴姓、姬姓、子姓，也源自古老的江國。

古有江國，地在河南正陽東南。江國為楚所滅，子孫以國號為姓。江國是殷商至春秋時期建立的諸侯國，又名鴻國、邛國，以鴻鳥為圖騰。據史籍所載，伯益之三子江元仲，名恩成，字元仲，在夏啟時官至大理，受封於江邑，建立了江國。江國先依附於楚，後又與齊、宋聯合伐楚。東周時，江國受制於楚、齊、宋等大國，經常遭受淮河的水患。後來楚國出兵討伐江國，晉國為江國解圍。次年楚國再次討伐江國，江國終被消滅。江國的宗族逃亡外地，其後裔為了紀念故國，便以江為姓。一部分江國人被楚國強遷到江亭，即今湖北江陵，成為楚人。一部分江國人逃到陳國，今河南淮陽。還有些江國人向四方播遷，分散於北方各地。江氏的子孫因地立堂，就有了後來的濟陽堂、淮陽堂等。

一說江氏係翁氏所分。五代十國之一的閩國，有福建莆田人翁乾度將軍，曾與洪、江、方、龔、汪等五位將領義結金蘭。在戰爭中，結義的五人全部陣亡。翁將軍不忍心看到五位結義兄弟無後，便將六個兒子分別姓翁、洪、江、方、龔、汪六姓。其中，次子分姓江氏，他的子孫也繼續姓江。翁氏的六個兒子，後來都中了進士，史稱「六桂聯芳」。

一說江氏源於蕭姓。唐末宰相蕭遘遭遇戰亂，他的後裔渡新安江避難，族人得以保全。為了紀念渡江這一重要事件，蕭氏改姓江氏。或說蕭氏因為敗於黃巢，故指江為姓，便改姓江氏，亦稱「蕭江」。蕭江的後裔主要聚於江西婺

源的江灣。我曾去過婺源，那裡有新修的「蕭江祠堂」。

　　一些少數民族也有改姓江的。如蒙古族的江吉氏，明朝時改為漢姓江氏。藏族的土司，清朝也有改姓江的。臺灣的土著在日占期間，曾用日本姓荒木，待日本戰敗後全都改用漢姓江氏。

　　秦漢時期，江氏主要活動於河南、山東、湖北，後來向西、北、南發展，河北、山西、安徽等地也有了江姓的足跡。兩晉南北朝時，北方政權頻繁更迭，江氏向東南浙江等地遷移。唐宋之際，隨著中原居民的多次南下移民，江姓進入了贛、浙、閩廣大地區。如今江氏主要分布在長江流域及其以南地區，廣東、廣西、福建、湖南都有許多江氏，而以廣西最多。

　　江氏的郡望，主要是濟陽郡、淮陽郡。

　　濟陽郡，原為西漢所置濟陽縣，治所在今河南蘭考東北。晉時置濟陽郡，治所在濟陽，相當今河南蘭考東、山東東明南。東晉後郡廢。

　　淮陽郡，秦時所置。漢時為淮陽國，建都於陳地，今河南淮陽，後來一度改為陳州、陳國。隋唐又改為淮陽郡。

　　江氏的堂號，有夢筆堂、岷源堂、濟陽堂、餘慶堂、敦睦堂、忠廉堂、六桂堂等。其中的夢筆堂，出自江淹。南朝梁代的江淹，少有文名，世稱江郎。傳說江淹少時，夢見神人授以五色筆，醒來後文采煥發。其中的忠廉堂，因宋時江灝統領義兵捕盜有功，歷任柳州、象州兩州知府，為官忠廉，故名忠廉堂。

　　江氏有許多祖訓流傳，清代人撰寫的尤多。如：

> 遷者遷，守者守，各從其願。日後往來，詢問叔侄相認者，發福無疆；忘本背義者，貧窮夭折。
> 孝順者，壽長富貴；忤逆者，遭凶遇害。
> 教子誦讀，使知禮義；勤攻四業，各安本分。
> 貴顯莫得恃強凌弱，微賤切勿附勢趨炎。
> 如有行惡、偷盜、奸猾、騙人，如此不肖子孫，許房長覺察重處。
> 若移異地居住被勢豪欺壓，如誣盜、殺傷，及圖賴等情，各房長會眾，告官理究，毋得落人圈套。

與異姓同居共里，務要聽人編保，遵人約束，毋得違眾自立，以取
眾惡。

早納官糧，勿負私債。

富莫設娼宿妓，貧莫狗偷鼠竊。

莫因小忿而成大禍，莫貪小利以致大害。

凡我子孫，聽我俚言，慎毋忽略。

這些告誡都非常切用於日常生活。又如江鴻漸〈伯奎家訓〉云：

動其愛敬之心，養其淳良之氣。

毋不孝以戕天性，毋不弟以壞人倫。

毋驕奢以墮家聲，毋賭蕩以耗生業。

毋作奸以犯大辟，毋不軌以致參夷。

或有匪類，共相警誡。或有忤逆，共相勸諭。

以培瓜瓞椒蕃之祈，以振宗祧光裕之風。

江氏宗祠的楹聯，也近似於格言和家訓。如：

「望厓驍騎；文壇驕龍。」上聯指南齊驍騎將軍江敩，不為權貴低頭，時
人重其品格。下聯指南朝梁文學家江淹，才華橫溢，有《江文通集》。

「徙戎著論；止水鑒忠。」上聯謂西晉江統，官至散騎常侍。下聯謂南宋
江萬里，官至左丞相兼樞密使。

「生花夢筆；刻炬成詩。」上聯言江淹，曾夢人授以五色筆。下聯言梁江洪，
夜集賦詩，到時即成。

「千秋文藻富；五色筆花新。」全聯指梁朝文人江淹。

「釋詩風雅頌；為仕宋齊梁。」上聯云清人江永。下聯云梁人江淹。

「柏葉家風古；筆花春色新。」上聯指清人江春霖。下聯指梁人江淹。

「源從濟水家聲大；派衍淮陽世澤長。」此為莆田秋蘆梅洋江氏廳堂的楹聯。

「一經傳世基忠孝；百世聞風起孺頑。」此係清末陳寶琛為莆田江春霖故
居題聯。

「荔枝情味人猶覺；香雪玲瓏夢最涼。」此為清代畫家江石如撰聯。江石如，工翎毛花卉。

「濟世安民恩澤厚；陽春白雪品位高。」首字嵌江氏郡望「濟陽」二字。

「鄭子出遊，徒勞解佩；梅妃失寵，安用明珠。」上聯云仙女江妃二女，遊於江濱，遇到鄭交甫事。下聯云唐玄宗妃子江氏，因愛梅花，號為梅妃。

「文藻特新，竟符夢筆之異；膏油不繼，豈辭隨月之勤。」上聯謂江淹事。下聯指謂江泌事，江泌少貧，夜讀時隨月光升屋。

「俎豆幸千秋，諫議當年稱孝子；筆花開五色，文通有後繼書香。」上聯指東漢江革，曾背母避難，遇賊則以母親年老懇求，賊不忍犯，鄉人稱為「江巨孝」。下聯指南朝江淹事。

「兄宰相、弟尚書，聯璧文章天下少；父成仁、子取義，一門忠孝世間稀。」上聯說南宋江萬里、江萬頃兄弟，江萬里官至宰相，江萬頃官至戶部尚書。下聯說江萬里及其子江鎬、江萬頃及其子江鑒。元軍南侵，江萬里父子投水而死。江萬頃被元軍抓獲，不屈而死，其子江鎬也遇難。

歷代江氏名人很多。略如：

漢代繡衣使者江充，以其妹能歌善舞，嫁與趙國太子劉丹，成為上賓。江充謁漢武帝時，身著織絲禪衣，帽綴鳥羽作緌，走動時搖冠飛緌，頗有婦人意味，武帝感到他與眾不同。後因與太子有隙，為太子斬首。

西晉名臣江統，官至散騎常侍。作〈酒誥〉，提出發酵釀酒法。《晉書》贊道：「江統風檢操行，良有可稱，陳留多士，斯為其冠。」

南朝文學家江淹，六歲能詩，才華橫溢，〈恨賦〉、〈別賦〉尤為人傳頌。一日，夢見郭璞對其言道：「我有一支筆在你這兒放了多年，請還給我。」江淹將五彩筆還他，從此再無佳句，人稱江郎才盡。

文學家江蒨，官至尚書吏部郎、右將軍。幼而聰警，過目能誦。在政清約，務在寬惠。著有《江左遺典》。

北朝北魏丞相江瞻，政治家、軍事家，有逸群之才。懂醫學，通音律，擅書畫，能製兵器，曾推行木牛流馬、連弩弓箭等，逝後封為膠武侯。

　　唐朝舞蹈家江采蘋，善歌舞，能書畫，唐玄宗寵妃。幼時背誦《詩經》，少年善於詩賦，自比於晉朝才女謝道韞，號梅妃。

　　宋朝忠臣江萬里，自幼穎異，少有文名，官至左丞相兼樞密使。秉性峭直，力主抗元。元兵攻破饒州時，江萬里率子江鎬等投水殉國。著有《宣政雜錄》。

　　宋朝畫家江參，形貌清癯，平生嗜茶，長於山水畫，獨創「泥裡拔釘皴」，自成一家。高宗趙構召見，不意得暴病而卒，人惜未盡其才。有〈千里江山圖〉。

　　明朝翰林江灝，號稱「一日天子」。萬曆帝欲祝祭南郊，有病不能親往，擬派大臣代駕。文武百官戴上皇冠就頭昏，唯獨江灝安然無恙。江灝因此當了「一日天子」。

　　清朝學者江藩，號鄭堂，師承惠棟，將經學分為漢學、宋學兩派。阮元曾聘他任麗正書院山長。有藏書室曰炳燭室、半氈齋。著有《漢學師承記》、《宋學淵源記》等。

　　還有一位學者江永，徽州人，清代著名經學家、數學家、語言學家、天文學家、樂律學家，徽派學術開創者。生員出身，晚年入貢，博通古今，長於考據之學，音韻、樂律、數學、天文、地理無不精通，著有《古今曆法通考》等。前幾年我遊徽州，訪其故居，深為其博學感動。

　　關於江氏，還有一件軼事。清代揚州城磚中，有一種四面都有銘文，文字分別是：「兩淮運司江□重修」、「大清光緒二十四年」、「戊戌孟秋」、「經歷吳辦」。城磚數量既多，品質也佳。「光緒二十四年」為西元 1898 年。這一年，英商豐和銀行在揚州開設小輪公司，專保火險，是為揚州保險業之始。揚州郵政分局正式開業，地址設在磚街，是為揚州郵政業之始。一面是高築牆、深挖溝步步設防，一面是近代化、西方化步步逼近，形成了一種歷史轉型期的奇觀。

　　城磚上的「兩淮運司江□」究竟是誰呢？據考證，是清代兩淮鹽運使江人鏡。

　　江人鏡，字雲彥，號蓉舫，徽州婺源人。生於道光初，自幼聰慧。道光年間鄉試中舉，次年任鑲白旗漢學教習。咸豐初任內閣中書，後考取軍機京章，因功賞頂戴，陞內閣侍讀。同治年間授山西蒲州知州，到任後查禁溺女、勸儲積穀、捐薪助院、致力河防，得到皇上嘉獎。後任太原知府，代理山西按察使。其間，清理積案、減免徭役、大力賑恤、救活災民，廣為山西人稱頌。後任河

東鹽法道、河東道兵備、湖北鹽法道、江漢黃德道，兼管中外通商事務。光緒年間陞兩淮鹽運使，清除積弊，增收國稅，皇帝特下旨賞一品頂戴花翎。江人鏡任兩淮鹽運使後，便在揚州定居，共育十子七女。他本想回安徽老家安享天年，可惜沒等衣錦還鄉，就病逝揚州，享年七十七歲，最後靈柩運往婺源曉起村安葬。著有《知白齋詩鈔》。

江人鏡的生平，主要見〈蓉舫府君行述〉。此外，江人鏡自己寫過一首長詩，題為〈將發韶州，子箴囑予早日還都，明歲仍應禮部試，感其意厚，自悔蹉跎，因疊前韻以謝〉，回顧了自己的人生經歷：

> 我生隨緣窮水陸，十年六度踐場屋。
> 焦尾徒傷在爨桐，不材敢望千霄竹。
> 一官濫廁中書省，東塗西抹難免俗。
> 晴闉寥廓鴻鵠翔，倦羽不喬入幽谷。
> 到家未久強出遊，離愁滿載南浦舳。
> 妻孥怪罵行不歸，身如逋戶逃捉扑。
> 我行初見菊花黃，我歸將及菖蒲綠。
> 自歎命宮坐磨蝎，幼嬰憂閔悲風木。
> 寒儒菹飯難主張，客舍黃粱今又熟。
> 四十不作黑頭公，三刀枉說益州牧。
> 窮愁鬱鬱是東野，進退皇皇憐孝叔。
> 蓬山樓閣望逶迤，多少神仙美冠玉。
> 齒搖髮落漸衰零，嘲誚任人羞報復。
> 爭名僅得豹留皮，養拙尤防蛇畫足。
> 幾輩炎隆遭絕滅，唯有翰林擅清福。
> 同年諸子鼇頂行，下界峰巒皆俯伏。
> 感君厚意起褰裳，席帽未離慚我獨。

從詩句看來，江人鏡似乎對前半生的仕途並不滿足，其實他是受到朝廷重用的。據梁章鉅《樞垣記略》云：「十年十月二十三日旨：范運鵬、龔聘英、沈淮、

江人鏡……均著記名，以軍機章京用。」可見他的名字，直達於天聽。

　　江人鏡算是一個循吏，也即奉公守法的官吏。他精通鹽務，監修過《河東鹽法備覽》，並對兩淮所屬通州、泰州、海州的煎鹽產量預以核查，並將結果上報。江人鏡在揚州居住日久，感情甚篤，曾集句題揚州史公祠云：「天地有正氣；園林無俗情。」工整而典雅。同時，他在揚州還流傳不少有趣的故事。

　　揚州人撰過一部戲文《護印緣》，說江人鏡官江漢黃德道時，一日夜間衙中起火，家人從睡夢中驚醒，顧不上收拾細軟便慌忙逃出。喘息甫定，才想起官印尚在火中，若被燒毀，必受嚴懲。全家正在惶恐之際，有一個婢妾從容出列，自從袖中取出官印，原來她在眾人慌忙逃命時帶出了官印。江人鏡轉懼為喜，不久陞為兩淮鹽運使，便把這位護印的婢妾立為夫人。《清稗類鈔》云：「揚人士作《護印緣》院本張其事，謂夫人以護印得夫人，非尋常護印夫人比。」此戲歌頌了一個卑賤者的睿智，當據真實事件所編。揚州人又寫過一部小說《冷眼觀》，書中寫道：「那位三品大員就是前任兩淮鹽運司江人鏡都轉，不清楚是他第幾個兒子，卻同我們這位張年丈的大世兄甲榜同年，而且出在同門。他們兩人因同年同門的因，就結了一個同賭同嫖的果。泥金報後，凡金臺有名的男女窯子，沒有一處沒得他們的足跡。」似乎江人鏡的後代，口碑不好。

　　江人鏡的老家在安徽婺源曉起村，現在尚存三座豪宅，稱為榮祿第、進士第、大夫第。進士第建於康熙年間，咸豐間被太平軍所毀。其時江人鏡正在揚州，聽說老家被焚，親手繪製圖紙，並解銀兩重建。江宅風水極為講究，門前用石板鋪出龍形圖案，房屋正對南山，門口落腳石上雕刻雀、鹿、蜂、猴，寓意「爵祿封侯」。江家多出人才，其弟江人鐸官及四品。婺源江氏很多，不一定是同宗。傳說虹關江氏為了攀附大姓，到處通譜聯宗，後來找到了江人鏡。江人鏡向當地大姓詹氏瞭解情況後，得知虹關江氏地位卑微，回去便在祠堂前豎立一碑，告誡後代永遠不與虹關江氏交往。

　　江人鏡於光緒年間在揚州做官十年。這個時期的揚州城，西風東漸，動盪不安。他就是在此形勢下，用鹽稅來燒磚築城的。我書桌前這塊刻著「兩淮運司江□」的冰冷城磚上面，也許還留著江人鏡的手澤，可是大清江山已經不是用高高的城牆保得住的了。

三五　平原東方氏

相傳遠古時期，伏羲創立八卦。他的後代羲仲出生的時候，根據八卦圖推算是在震位，而震位表示東方，因此羲仲就以東方為姓氏。

東方氏的名人，似乎首推漢武帝時的滑稽家——東方朔。但奇怪的是，東方朔本來姓張，出生後三天母親病亡，父親也已早就去世。對於這個沒人過問的孤兒，鄰居因為他出生時東方剛亮，就起名為東方朔。而等他出了名之後，東方氏也名噪一時。在唐代，東方氏儼然成為平原郡的大姓望族。宋以後，東方氏漸漸式微。如今只在北京、山西、山東、臺灣等地，有少量東方氏散居。

總而言之，東方氏的始祖是羲仲，因為他出生時的八卦方位是東方，所以他不但姓東方，而且他的族人世代執掌東方青陽令。

東方氏的郡望和堂號，都比較簡單。郡望是平原郡，堂號有平原堂、四何堂。

平原郡，始建於西漢初年，治所在今山東平原。轄境相當於今山東平原、陵縣、禹城、齊河、臨邑、商河、惠民、陽信等地。東漢之後，或為國，或為郡。北魏時廢。隋唐時曾以山東德州為平原郡，治安德（今山東陵縣）。

平原堂，以望立堂。四何堂，出自東方朔事。有一次，漢武帝在祭祀灶神時把祭肉賜給眾臣，別人還沒有到齊，東方朔先割一塊肉拿回家了。皇帝命他自省，他說：「我這個人呀，受了皇上的恩賜，卻不等皇上割給我，何等無禮呀！我居然自己拔劍割肉，何等勇敢呀！肉雖然自己割的，但我並沒有多割，何等

清廉呀！割下肉不是我自己吃，而是拿回去給妻子吃，何等仁愛呀！」武帝笑曰：「我命你責備自己，你反而誇起自己來了。」隨即又賜給他一份肉。東方氏因此號稱四何堂。

東方氏有自家的楹聯，如：

「伏羲世澤；賜袍家聲。」上聯言東方氏出自伏羲之後。下聯言唐人東方虬賦詩先成，武則天賜以錦袍。

「亭標含象；學士玉堂。」全聯謂唐人東方顯，為含象亭十八學士之一。

「仙班金馬；跡顯歲星。」全聯指東方朔。上聯云東方朔嘗任金馬門侍中。下聯云東方朔為歲星精下凡。

「源自伏羲氏；望出平原郡。」全聯指東方氏的郡望和源流。

「金馬門擅長諷諫；含象亭標列英名。」上聯說東方朔，性格滑稽，善作辭賦，以直言切諫聞名。下聯說東方顯位列含象亭十八學士。

「東風萬里，三陽開泰；方圓九州，六合同春。」全聯首字嵌「東方」二字。

「詩韻鏗鏘，錦袍受賜；文章鄭重，象亭名高。」上聯謂東方虬，武后御賜錦袍。下聯謂東方顯，名列含象亭十八學士。

「切諫直言，強國大計遭冷遇；自責更譽，割肉行為獲褒揚。」全聯言東方朔事。

歷史上的東方氏名人，除了東方朔，還有一些。如：

唐朝史官東方虬，武則天時任左史，善於寫詩，人也風趣。他說，他的名字「東方虬」，可與古人「西門豹」作成絕對。武后遊洛南龍門時，命隨從文官賦詩，並且刻燭限時。結果東方虬最先作好，武后賜予他錦袍。陳子昂在〈寄東方左史修竹篇書〉中，稱讚東方虬的〈孤桐篇〉「骨氣端翔，音韻頓挫」，惜已失傳。

唐朝學士東方顯，開元年間位列含象亭十八學士之中。關於十八學士，有兩種說法。一指太宗時設立文學館，以杜如晦、房玄齡等十八人為學士，討論典籍，史稱「貞觀十八學士」；一指玄宗時在上陽宮含象亭，以張說、徐堅等十八人為學士，史稱「開元十八學士」。列入者均為一時名士。

此外，宋有學者東方辛，明有大臣東方正，事蹟皆不詳。

當代有演員東方聞櫻，在《紅樓夢》中扮演過探春。後擔任電影獨立製片人、電視劇導演和專題片編導等。作品獲飛天獎、金鷹獎等。

又有漫畫家東方月，曾是節目策劃人、主持人。著有漫畫集《城裡有條發呆的魚》，作者被譽為「美女豐子愷」。

關於東方氏，比較可談的就是東方朔了。

東方朔，字曼倩，西漢平原郡即今山東德州人，著名文學家、滑稽家。武帝即位後，徵召四方士人，東方朔上書自薦，詔拜為郎，後任常侍郎、太中大夫等。東方朔生性幽默，言談機敏，常在武帝面前談笑風生，並借滑稽之詞諷喻政治得失。可惜武帝只把他當做俳優看待，並不特別重用。東方朔有〈答客難〉、〈非有先生論〉等名篇，後人亦托其名為文。明人張溥輯有《東方太中集》。

司馬遷《史記·滑稽列傳·東方朔傳》云：

> 武帝時，齊人有東方生，名朔，以好古傳書，愛經術，多所博觀外家之語。朔初入長安，至公車上書，凡用三千奏牘。公車令兩人共持舉其書，僅然能勝之。人主從上方讀之，止，輒乙其處，讀之二月乃盡。詔拜以為郎，常在側侍中。數召至前談語，人主未嘗不說也。時詔賜之食於前，飯已，盡懷其餘肉持去，衣盡汙。數賜縑帛，檐揭而去。徒用所賜錢帛，取少婦於長安中好女。率取婦一歲所者即弃去，更取婦。所賜錢財，盡索之於女子。人主左右諸郎半呼之「狂人」。人主聞之，曰：「令朔在事無為是行者，若等安能及之哉！」朔任其子為郎，又為侍謁者，常持節出使。朔行殿中，郎謂之曰：「人皆以先生為狂。」朔曰：「如朔等，所謂避世於朝廷間者也。古之人，乃避世於深山中。」時坐席中，酒酣，據地歌曰：「陸沉於俗，避世金馬門。宮殿中可以避世全身，何必深山之中，蒿廬之下。」金馬門者，宦者署門也，門傍有銅馬，故謂之曰「金馬門」。
>
> 時會聚宮下博士諸先生與論議，共難之曰：「蘇秦、張儀一當萬乘之主，而都卿相之位，澤及後世。今子大夫修先王之術，慕聖人之義，諷誦詩書百家之言，不可勝數。著於竹帛，自以為海內無雙，

即可謂博聞辯智矣。然悉力盡忠，以事聖帝，曠日持久，積數十年，官不過侍郎，位不過執戟，意者尚有遺行邪？其故何也？」東方生曰：「是固非子所能備也。彼一時也，此一時也，豈可同哉！夫張儀、蘇秦之時，周室大壞，諸侯不朝，力政爭權，相禽以兵，并為十二國，未有雌雄，得士者彊，失士者亡，故說聽行通，身處尊位，澤及後世，子孫長榮。今非然也。聖帝在上，德流天下，諸侯賓服，威振四夷，連四海之外以為席，安於覆盂，天下平均，合為一家，動發舉事，猶如運之掌中。賢與不肖，何以異哉？方今以天下之大，士民之眾，竭精馳說，並進輻湊者，不可勝數。悉力慕義，困於衣食，或失門戶。使張儀、蘇秦與僕並生於今之世，曾不能得掌故，安敢望常侍侍郎乎！傳曰：『天下無害菑，雖有聖人，無所施其才；上下和同，雖有賢者，無所立功。』故曰時異則事異。雖然，安可以不務修身乎？詩曰：『鼓鍾于宮，聲聞于外。鶴鳴九皋，聲聞于天。』苟能修身，何患不榮？太公躬行仁義七十二年，逢文王，得行其說，封於齊，七百歲而不絕。此士之所以日夜孜孜，修學行道，不敢止也。今世之處士，時雖不用，崛然獨立，塊然獨處，上觀許由，下察接輿，策同范蠡，忠合子胥，天下和平，與義相扶，寡偶少徒，固其常也。子何疑於余哉！」於是諸先生默然無以應也。

建章宮後閤重櫟中有物出焉，其狀似麋。以聞，武帝往臨視之。問左右群臣習事通經術者，莫能知。詔東方朔視之，朔曰：「臣知之，願賜美酒粱飯大飧臣，臣乃言。」詔曰：「可。」已又曰：「某所有公田魚池蒲葦數頃，陛下以賜臣，臣朔乃言。」詔曰：「可。」於是朔乃肯言，曰：「所謂騶牙者也。遠方當來歸義，而騶牙先見。其齒前後若一，齊等無牙，故謂之騶牙。」其後一歲所，匈奴混邪王果將十萬眾來降漢，乃復賜東方生錢財甚多。

至老，朔且死時，諫曰：「詩云：『營營青蠅，止于蕃。愷悌君子，無信讒言。讒言罔極，交亂四國。』願陛下遠巧佞，退讒言。」帝曰：「今顧東方朔多善言。」怪之。居無幾何，朔果病死。傳曰：「鳥之將死，其鳴也哀；人之將死，其言也善。」此之謂也。

這是關於東方朔的正傳，另外還有許多軼事流傳。如：

公車自薦。漢武帝即位後，徵召天下才人。東方朔寫了三千片竹簡上書，

要兩個人才扛得動，武帝用兩個月才讀完。東方朔在自薦書中說，自己從小失去父母，靠兄嫂扶養成人，十三歲讀書，十五歲學劍，精通詩書，知曉兵法，如今已二十二歲，身高九尺三寸，眼睛炯炯有神，牙齒井井有序，勇敢、敏捷、廉儉、信義不下於古人，像我這樣的人應該能夠做天子的大臣吧？武帝讀後，認為此人氣概不凡，便讓他在公車署中等待召見。

待詔金馬。公車署薪水微薄，皇上又沒召見，東方朔很不高興。為了引起武帝的關注，東方朔故意對宮中的馬夫說，你們這些人既不能種田，又不能打仗，更不能治國安邦，對國家毫無益處，皇上打算殺掉你們，你們還不快去求情！馬夫大為惶恐，向武帝求饒。武帝問明原委，召來東方朔責問。東方朔終於有了面對皇帝的機會，他說，我是不得已才這樣做的，他們身高三尺，我身高九尺，我和他們的工資卻一樣多，總不能撐死他們而餓死小臣吧！聖上如果不願意重用我，乾脆放我回家，省得白費京城的糧食。武帝聽後捧腹大笑，於是調他到金馬門待詔。

初陞侍郎。武帝喜歡猜謎，一次把壁虎藏在罐子裡，卻沒人猜中是什麼。東方朔自動請求猜謎，說，它像龍卻無角，像蛇又有足，用肢體爬行，用眼睛凝視，不是壁虎就是蜥蜴。武帝看他猜中，賜給東方朔十匹帛。後來武帝讓東方朔猜其他的東西，東方朔每猜必中，都有賞賜。東方朔因而被武帝寵幸，但也引起郭舍人的嫉妒。郭舍人對武帝說東方朔狂妄自大，要求與東方朔一決高下。不料郭舍人出的謎語，東方朔都能猜中。武帝任命東方朔為常侍郎，東方朔終於得到了皇上的寵愛。

拜給事中。武帝常常出遊狩獵，時間從一天增至五天。縱然這樣，還不滿足，想修建上林苑。在估算興修苑囿所占農田的代價後，又派人劃出占地所屬縣邑的荒地以抵償農民。這時東方朔恰好在場，就向武帝諫言，說上林苑所選的地方物產富饒，地勢險要，用它來建林苑、絕非富國強民之計。東方朔列出不可修建上林苑的三個原因，又舉殷紂王、楚靈王、秦始皇大興土木導致天下大亂的例子，希望皇上能夠觀察天象，自省所為。武帝聽了，拜東方朔為一千石太中大夫之職，加給事中官銜，並賞賜黃金百斤。

歲更其婦。東方朔任郎官時，武帝時常賜食給他。東方朔每次吃完，就把剩下的肉揣在懷裡，打包帶走。東方朔把衣服弄髒之後，武帝又賞綢絹給他。

東方朔將武帝賞賜的財物，全部用於娶長安年輕漂亮的女子。每位女子娶回來一年，就被拋棄，再重新迎娶。

善哉大樹。武帝看見一棵好樹，問東方朔樹名，東方朔說：「此樹名叫善哉。」漢武帝暗中讓人標記這棵樹。過了數年之後，再次問東方朔此樹之名，東方朔回答說：「此樹名叫瞿所。」武帝於是說：「東方朔欺騙我啊，此樹的名字為何與之前說的不一樣呢？」東方朔回答道：「大為馬、小為駒，大為雞、小為雛，大為牛、小為犢，人生下來是兒子，長大就變成老子。昨日的善哉，今已長成瞿所。生老病死，萬物成敗，哪裡有定數呢？」漢武帝於是大笑。

怪哉小蟲。武帝游幸甘泉宮，看到馳道中有一隻紅色的小蟲，頭部的牙齒耳鼻都有，但是沒人認識。漢武帝於是讓東方朔來，東方朔看完之後說：「此蟲名叫怪哉。此地曾經關押了很多無辜的人，眾人哀愁怨恨，都仰首歎息：『怪哉怪哉！』藉此感動上天，因憤而生，所以名叫怪哉。此處必定是當年秦朝的牢獄。」武帝當即翻閱地圖，果然如東方朔所說。武帝又問：「如何驅趕這種蟲子呢？」東方朔回答：「但凡有憂愁的人，以酒則解愁，陛下用酒灌它自然就消失了。」於是武帝使人將蟲子放置在酒中，過了一會兒果真消散殆盡。

上林死鹿。武帝時有人因為擅自殺了上林苑的鹿，被有司判為死罪。東方朔對武帝說：「這個人確實該死，理由有三：一是使陛下因為一頭鹿而殺人，這是第一個該死的理由；讓天下人知道陛下看重鹿而輕人命，這是第二個該死的理由；匈奴有犯邊的急情，需要鹿的角撞死匈奴兵，這是第三個該死的理由。」武帝聽了之後不說話，然後赦免了殺鹿的人。

不死之酒。武帝齋戒七天，遣人帶數十名男女，去君山尋不死藥，後得不死酒而歸。武帝想要喝時，東方朔說：「我能識別這酒的真假，陛下請看。」說罷便飲了一口。武帝發怒，想要殺了東方朔。東方朔說：「陛下如果殺死了臣，就證明這不死酒是假的。如果這酒是真的，喝了能夠不死，那麼陛下就殺不死臣。」於是武帝就赦免了東方朔。

劫後餘灰。武帝鑿昆明池，挖了很深，挖出來的都是灰黑色的灰，沒有土。舉朝官員都不知道什麼原因。武帝召來東方朔，東方朔說：「臣愚昧，不知道這個原因，陛下可以去問西域的胡人。」武帝認為東方朔不知道，又難以找到西域胡人詢問。待到明帝時期，胡人來到洛陽，有人記起東方朔的話，便試著

去問那灰黑色的東西。胡人說：「天地大劫快要來臨時，就會有劫灰，那灰黑色的東西就是大劫之後餘下的灰燼。」世人才知道東方朔所言是真。

　　因禍得福。東方朔喝醉了酒，居然在殿上小便，因此遭到彈劾。武帝將其貶為庶人，讓他在宦者署待詔。後來武帝的姐姐隆慮公主之子昭平君因殺人被捕入獄，武帝在隆慮公主死前曾答應，用黃金千斤贖昭平君一死。但當昭平君真犯死罪時，武帝又不想違法，因此心中不快。這時東方朔卻舉杯向武帝祝壽，武帝認為東方朔不合時宜，便離席而去。傍晚時分，才詔見東方朔問其緣故。東方朔用陰陽五行的理論，闡述悲傷對健康的影響，說酒是最好的消愁之物，故以酒歌頌皇上的光明，並為皇上解憂。於是武帝任命東方朔為中郎之職，賞賜布帛百匹。

　　將死善言。東方朔舉薦自己的兒子做郎官，後又陞為謁者，經常奉皇上的聖旨持節出使。東方朔臨終前，規勸武帝道，「《詩經》中說『那些飛來飛去的蒼蠅落在籬笆上面，慈祥善良的君子不要聽信讒言，讒言沒有止境，四方不得安寧。』希望皇上遠離巧言諂媚的人，斥退他們的讒言。」武帝說，「今天東方朔說話竟是如此的正經」，對此感到驚奇。過了不久，東方朔因病去世。古人說：「鳥之將死，其鳴也哀。人之將死，其言也善。」說的就是這個意思。

　　後人總結東方朔一生的成就，是利用詼諧的方式進行勸諫，在興修上林苑和處置昭平君的問題上，東方朔都盡了人臣之責。東方朔擅長辭賦，但存世很少。山東德州陵城有東方朔墓，湖北黃石鐵山有東方朔牌樓，都是紀念東方朔的。

清刻《歲星記》中的東方朔

三六　梁郡西門氏

　　最先知道西門這個姓氏，是因為西門豹。西門氏的歷史名人，也首推西門豹。西門豹是戰國時魏人，他做官的地方常鬧水災，巫婆說是因為河伯發怒，叫百姓每年投少女於河中，獻給河伯，方可免災。西門豹得知後，憤然將巫婆拋入河中。他開渠排水，造福地方，百姓無不感激。

　　關於西門氏的來源，是因為有人住在西門，後人便以其住地為姓。當然，這是很早很早以前的事情，我也曾在揚州城西門住過，我的女兒還是姓韋，並不姓西門。因為住在西門而讓子孫姓西門的，必定是有相當身分的人。

　　比如西門氏的第一個源頭出於姬姓，因為春秋時鄭國有個大夫居住在西門，故以居邑為氏。據《通志・氏族略》記載：「鄭大夫居西門，因氏焉。」

　　第二個源頭也出自姬姓，因為戰國時衛國大夫石厚住在西門，故以居邑為氏。石厚是春秋時衛國大夫，也是歷史上著名的人物。

　　第三個源頭仍出於姬姓，戰國時魏國官吏西門豹的後人，以先祖的名號為氏。《姓苑》記載：「西門豹之後，改為西門氏。」

　　第四個源頭出於戰國時齊國大夫，因他住在西門，便以居地為氏。其子孫又有改為單姓西氏、門氏的，相傳至今。

　　如此看來，西門氏的始祖，知道名字的就是石厚和西門豹。

　　西門氏最早的發祥地，是春秋時的鄭國都城，即今河南新鄭。西門氏族人

長期在此居住繁衍。漢朝以後，西門氏以河南、安徽為主要集聚區。宋朝以後，西門氏在史籍中逐漸少見。如今在北京、上海、山東等地，有少數西門氏族人零星分布。

西門氏的郡望，第一是梁郡，第二是魏郡。

梁郡，初為梁國。漢高祖劉邦時分封梁國，治所在睢陽，即今河南商丘，範圍包括今商丘大部分地區及安徽碭山等地。三國曹魏時改為梁郡，隋開皇初年廢，後以梁郡為宋州。唐時稱為睢陽郡。

魏郡，也是漢初所置，治所在鄴縣（今河北臨漳），轄地跨今冀、魯、豫三省之界。五胡十六國時，魏郡轄地在今河南、河北、山東之間。隋朝改為相州魏郡，唐朝改為為相州鄴郡，魏郡之名則移給魏州。

西門氏的堂號都是以望立堂，如梁郡堂、魏郡堂等。

西門氏的歷史名人不多。如：

漢代有道士西門君惠，喜談讖緯之學。他曾對衛將軍王涉說：「劉氏當復興。」後來，劉秀果然建立了東漢。

唐朝有忠臣西門季玄，歷任神策中尉、右遷神策軍佐、右中護軍、右監門將軍、軍容使等。他對朝中佞臣特別痛恨，被人們讚為忠心正直。

西門氏的宗祠，也有通用的楹聯。如：

「源自鄭國；姓啟西門。」指西門氏的得姓源流。

「禁河伯娶婦；知光武興王。」上聯謂魏文侯時鄴令西門豹，主持開鑿水渠，引導漳河，灌溉農田，發展生產。下聯謂漢代道士西門君惠，光武是漢光武帝劉秀。

「西風瑟瑟，金聲玉振；門庭濟濟，人壽年豐。」首字嵌「西門」二字。

「引河灌田，庶民獲利；投巫於水，陋習始革。」言西門豹之事。

看來西門豹的確是西門氏最著名的人物。西門豹性急，《韓非子》云：

> 西門豹之性急，故佩韋以自緩；董安于之性緩，故佩弦以自急。故以有餘補不足，以長續短之謂明主。

　　因為西門豹性子急，所以他隨身佩戴一塊柔軟的皮子，一旦要發脾氣，用手摸摸軟皮，火氣就下去了。董安于性子慢，所以他隨身攜帶一張繃緊的弓弦，平時看看弓弦，就會提醒自己不可緩慢。

　　民間故事說，西門豹從小聰明好學，無論什麼，一學就懂，但是性格剛烈，脾氣急躁，得罪了許多人。他暗下決心，要把壞脾氣改掉。怎麼改呢？他想了個辦法，就是找一塊柔軟的皮子掛在腰間。遇到讓他生氣的事，他先摸摸柔軟的皮子，告誡自己絕不可發火，要像皮子一樣柔軟。這個法子也真有效，他變成了一個能夠冷靜觀察事情的人，於是國王派他到鄴城當官。

　　鄴城常鬧水災，巫婆說這是因為河神發怒，如果想要平息水災，必須給河神獻上錢財，特別是要獻上美麗的少女給他做媳婦。這樣過了一年多時間，鬧得大家人心惶惶，不少人搬家離開了鄴城。西門豹聽到這件事情，心裡根本就不信有河神，但他沒有像以前那樣急躁行事，決定把情況調查清楚再說。老百姓不知道他是新來的官，就把真相告訴了他。西門豹把情況掌握清楚後，召集亭長裡正開會，說：「給河神娶媳婦是大事，也是好事，到時候我要親自參加。」到了那天，漳河兩岸來看河神娶媳婦的人很多。河邊的一頂花轎裡，坐著一個十四五歲的小女孩。他的父母在旁邊放聲大哭，悲傷欲絕。打扮得妖裡妖氣的巫婆和她的幾個女徒弟卻對女孩說：「哭什麼呀，給河神做媳婦，可是幾輩子才遇上的好事情！」西門豹與一幫地方官員也來到了。他走到花轎前，掀起簾子，仔細端詳新娘子許久，然後嚴肅地對巫婆和官員說：「漳河之神是何等的瀟灑和帥氣，這麼醜陋的小女子怎麼可以配得上河神呢？」然後轉身對巫婆說：「麻煩大仙派人對河神說一聲，過些日子重新給他挑個漂亮的女子送來。」說完，就讓士兵把巫婆的大徒弟抬起來，一下子扔進滾滾的漳河。然後，他恭身站立，等候消息。過了一個時辰，沒有動靜，西門豹說：「大徒弟怎麼還不回來？是不是被河神留在那裡喝茶了，這不是誤了大事嗎？派二徒弟去催催！」於是抬起二徒弟，也扔進了漳河。又過了一個時辰，二徒弟也沒見回來。西門豹說：「唉，二徒弟怎麼也不回來呢？看來只有麻煩大仙親自走一趟了！」於是把巫婆也扔進了漳河。又過了一個時辰，巫婆也沒了影子。西門豹瞪著那些地方官說：「你們誰願意替下官走一趟啊？」那些官員嚇得雙腿直抖，連連求饒，個個保證以後再也不敢做欺騙老百姓的荒唐事了。這一次西門豹一點沒有急躁，他憑著聰明和才智，沉著冷靜地制止了為河神娶媳婦的鬧劇。

西門豹是個敢作敢為的人，曾被罷過官。他在鄴城時，為官清廉，嫉惡如仇，但沒有去討好魏文侯身邊的親信，所以這幫人對西門豹懷恨在心，在魏文侯面前說了很多西門豹的壞話。儘管西門豹治鄴有功，還是被罷了官。西門豹明白自己被罷官的原因，就向魏文侯請求續職一年，說如果這一年幹不好寧願處死。魏文侯這才將官印還給西門豹。接下來這一年，西門豹故意疏於政事，專事媚上，不料卻受到了魏文侯的稱讚。這時西門豹對魏文侯說：「去年我有政績，您卻收了我的官印。今年我只巴結您的左右，您卻對我讚賞有加。這種賞罰不分的官，我不想做了。」說完就辭官而去。魏文侯急忙對西門豹表示歉意。

作為一個能幹的官吏，西門豹死得很冤。據說他在修建水渠的時候，徵用了許多勞力，老百姓負擔沉重，怨聲載道。有人趁機向魏文侯進讒言，陷害西門豹。幸而西門豹用事實來洗刷自己，才免於一死。等到魏文侯的兒子魏武侯繼位，有人繼續進讒言，西門豹沒有逃過此劫，含冤而死。西門豹死後，他開鑿的水渠繼續造福人民，鄴城人在他當年治水的地方修建西門豹廟，後代人也不斷為他樹碑。

另一個西門氏名人，是小說《水滸傳》、《金瓶梅》的主人公西門慶。

西門慶是一個子虛烏有的人物。在《水滸傳》中，西門慶原是陽穀縣的落魄財主，後來開了一家生藥鋪。他為人奸詐，貪財好色，使得些好槍棒，因為勾搭潘金蓮，害死武大郎，最終被武松在所殺。在《金瓶梅》中，西門慶出身於破落戶，從小遊手好閒，因巴結官府而暴發，官至理刑千戶。他見商人遺孀孟玉樓有錢，便把她娶到家中做妾。他的結拜兄弟花子虛有個千嬌百媚的娘子李瓶兒，他便勾引李瓶兒，氣死花子虛。他用錢買通蔡京，巴結高俅，終於做到山東提刑所的理刑副千戶。他娶過李嬌兒、卓丟兒、孟玉樓、潘金蓮、李瓶兒、孫雪娥等小妾，淫過春梅、迎春、秀春、蘭香等丫頭，姦過宋惠蓮、王六兒、如意兒、賁四嫂、惠元等僕婦，嫖過李桂姐、吳銀兒、鄭愛月、張惜春等娼妓，又有外遇林太太、男寵書童兒，最後縱欲而死，年方三十三歲。

西門慶是一個具有重要現實意義的文學形象。他深知金錢萬能，在積聚資本的過程中無所不用其極。他的女婿陳經濟因為其父東窗事發，將家產轉移到丈人西門慶家暫存，最後被西門慶占有。他是如此地不學無術，但因為用金錢買通了高官蔡京，巴結上當道高俅，也能弄一個山東提刑所理刑副千戶的官做

做。西門慶最拿手的天賦是討好女人，也死於好色。西門慶的名言是：「咱聞那西天佛祖，也不過要黃金鋪地；陰司十殿，也要些楮鏹營求。咱只消盡這家私廣為善事，就使強姦了嫦娥，和奸了織女，拐了許飛瓊，盜了西王母的女兒，也不減我潑天富貴！」表現出了天地間最為無賴的那類暴發戶的嘴臉。

像西門慶這樣一個不畏天、不怕神的惡棍，山東、安徽兩省三地居然爭奪他的所謂「故里」，不過是因為文學名著會帶來旅遊門票收益的緣故。「西門慶故里」之爭，涉及到山東的陽穀、臨清和安徽的黃山，三家都打出「西門慶故里」的招牌，使得西門慶從文學作品中的歹人，化身成為文化產業的英雄。「王婆茶坊」再現的是西門慶和潘金蓮的巫山雲雨，「獅子樓酒店」看不見刀光血影卻唯有顛鸞倒鳳，連「李瓶兒之墓」也成了登高觀光的城市花園。文學搭臺，風月唱戲，使得西門慶居然獲得了他自己夢想不到的開發生機。這是文學界的悲哀，也是西門氏的不幸。

有人通過西門慶的買賣生涯，研究明代商業活動和商業經濟的特色，認為西門慶的經濟行為承載著經濟與文化的兩重意義。西門慶既是古代社會中前資本主義的商人形象，又是具有惡霸、特權和暴發戶特色的發育不完全的資本主義的商人特徵。西門慶的商業活動，一方面展現了晚明時期新興商人合夥經營、投資多元、股份制激勵、市場配置資源等經營理念，另一方面又暴露出嚴重的體制問題。關鍵在於，西門慶的經營方式既不是道義至上的傳統商業方式，又不是市場調節的資本主義經濟模式。在皇權專制的背景下，西門慶表現出了人性的複雜性和矛盾性。看看西門慶的商業活動，可以辨認出某些進步的因素，但更能發現專制政權下商品經濟是不可能自然而然地發展成資本主義經濟的。

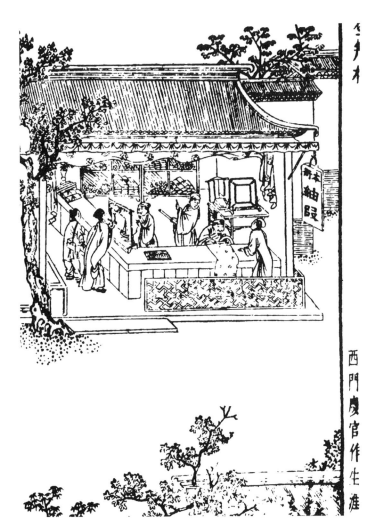

明刻《金瓶梅》中的西門慶

三七　河內司馬氏

　　司馬氏的姓，出自程氏。據說周朝時，有程伯擔任司馬之職，他的後人便以官職為姓。又說周宣王時，重黎之後程伯休父，官至司馬，掌管軍事，佐政輔國。後來程伯休父平定許方，立下功勞，周室許其以官職為姓，遂有司馬氏。另據有關資料，司馬遷的子孫在漢宣帝時被剝奪太史公的世襲職位，為了躲避迫害，部分司馬氏後裔改姓馮氏、同氏。元朝時，一些司馬氏改為單姓司氏。那麼，司馬氏其實與程氏、馮氏、同氏、司氏，都有血緣關係。

　　司馬氏的郡望並不複雜，也就是河內郡、偃師縣、溫縣幾種說法。

　　河內郡，地在古黃河以北。春秋末置郡，治所在懷縣（今河南武陟），轄地包括今河南黃河以北、京漢鐵路以西一帶。魏文帝時，從河內郡析置朝歌郡。西晉時移治野王（今河南沁陽）。隋唐時，河內郡即懷州。其後元代設懷慶路，明清設懷慶府，河內之名不變。民國時，改河內為沁陽。

　　偃師縣，因周武王東征伐紂時在此築城以「息偃戎師」而得名，今為洛陽下轄之地。夏、商、東周、東漢、曹魏、西晉、北魏等七朝在此建都。境內有二里頭夏都斟鄩遺址、尸鄉溝商城遺址、漢魏洛陽故城遺址和唐恭陵等。偃師南臨洛水、北靠邙山，因主要是東漢、北魏兩代都城，故稱漢魏洛陽故城。

　　溫縣，因境內有溫泉故名。據縣誌記載，泉流常溫，士忻以德，民利灌溉，今溫泉已因黃河湮絕數百年。溫縣是司馬氏的望族居地，境內有仰韶文化遺址、

龍山文化遺址十多處。相傳夏時此地為溫國，商時曾在此建都，周時為蘇國都城。戰國至秦漢之際，溫縣富冠海內，為天下名都。唐朝後逐步衰落，為僻邑小縣。宋代司馬光賜為溫國公，與溫縣郡望有關。

有人根據歷史上司馬氏名人的地理分布，將司馬家族分為四個地域，即：西部關中夏陽的司馬遷家族，中部夏縣的司馬光家族，河內地區的司馬懿家族，東部殷地朝歌的司馬昂家族。其中，司馬遷、司馬光是歷史上有名的史學家，司馬昂、司馬懿是歷史上有名的軍事家。西部的司馬氏多文采，東部的司馬氏有軍功，司馬氏亦文亦武，也是家族的榮光。

司馬氏的堂號，多以望立堂，如河內堂、偃師堂、溫縣堂等。

司馬氏在西漢出了司馬遷一家，真正顯赫是在東漢。漢安帝時有太尉司馬苞、將軍司馬鈞、尚書右丞司馬防等。進入三國後，司馬懿兄弟都是魏國大臣，煊赫一時，司馬懿的兒子司馬昭還建立了晉國。到司馬昭之子司馬炎時，晉朝統一中國，這時候司馬氏在歷史上也達到了巔峰。從此，河內郡成為司馬氏最出名的郡望。

司馬氏在歷史上建立了西晉和東晉，書寫了司馬世家的輝煌地位。但是經過兩晉南北朝之後，司馬氏的影響急劇下降。隋唐時的輿論，多對司馬氏不利，尤其是司馬懿父子的形象受到醜化。「司馬昭之心路人皆知」，成為狼子野心大暴露的流行俗語。宋遼金時，司馬氏有所復興，最著名的政治人物是司馬光。到元明清時期，司馬氏的名人不多。

司馬氏作為複姓，在南北均有分布。如河南洛陽、偃師、溫縣等地，又如陝西韓城、山西涑水、安徽宿松、湖南湘潭、山東蘭陵、江蘇金壇以及北京、上海，天津、河北、香港、臺灣等地，均有司馬氏族人散布。

歷史上的司馬氏名人，總數雖然不多，但也可謂人才濟濟。如：

孔子弟子司馬牛，名耕，一名犁，字子牛，春秋時宋國人，被封為楚丘侯。《史記・仲尼弟子列傳》說他「多言而躁」。傳說他兄長桓魋參與宋國叛亂，失敗後逃跑，司馬牛也被迫逃亡到魯國。故《論語》有云：「司馬牛憂曰：『人皆有兄弟，我獨亡。』」意思是有兄長猶如沒有一樣。他的同學子夏回答他說：「四海之內，皆兄弟也，君子何患乎無兄弟也？」

　　秦末武將司馬欣，原為縣史，後成秦軍將領。陳勝起兵後，司馬欣輔佐章邯作戰，後來投降項羽。秦亡後，司馬欣與章邯、董翳三人獲得關中之地，分別為塞王、雍王、翟王，《史記》、《漢書》將這三位秦將稱為「三秦」。司馬欣先降劉邦，後投項羽，反復無常。待劉邦「至櫟陽，存問父老，置酒，梟故塞王欣頭櫟陽市」，也算咎由自取。

　　西漢史學家司馬談、司馬遷父子。司馬談一直想寫一部貫通古今的史書。在他的教導下，司馬遷自幼學習古文，後又隨董仲舒學習《春秋》，跟孔安國學習《尚書》。司馬遷從做太史令後開始整理史料，準備寫作，經過十餘年才基本完成寫作計畫。這期間，除去艱苦的寫作，還忍受了肉體和精神的巨大痛苦。《史記》包括本紀、世家、列傳、表、書等體裁，約五十二萬餘字，正如魯迅所說，是「史家之絕唱，無韻之離騷」。

　　辭賦家司馬相如，因作〈子虛賦〉、〈上林賦〉受漢武帝賞識。他與卓文君的浪漫愛情，成為千古絕唱。在中國戲劇史上，以卓文君與司馬相如故事為題材的作品，令人矚目。元人鍾嗣成《錄鬼簿》載，關漢卿等寫司馬相如的劇作有三種。又據周貽白《中國戲劇史》統計，卓文君與司馬相如的戲曲多達十六種。

　　漢末名士司馬徽，精於道學、奇門、兵法、經學等，人稱水鏡先生。司馬徽為人清高拔俗，學識廣博，有知人論世之明，曾向劉備推薦諸葛亮、龐統等人。司馬徽從不說別人的短處，與人交談都說好話。鄉人向他問好，他回答：「好。」有人告訴司馬徽，自己的兒子死了，司馬徽也回答：「很好。」司馬徽的妻子知道後責備他，人家兒子死了，你怎麼說好呢？司馬徽說：「你的話也很好。」後人稱之為「好好先生」。

　　三國時權臣司馬懿、司馬師、司馬昭、司馬炎一家，位極人臣。司馬懿原為魏國大將軍，後殺曹爽而專國政。其子司馬師在司馬懿死後，繼為大將軍，殺曹芳，立曹髦。司馬昭繼兄長司馬師之後，也任魏大將軍。俗語云：「司馬昭之心，路人所知也。」此語出自魏帝曹髦之口，後司馬昭果殺曹髦，改立曹英，司馬昭自稱晉公。司馬昭死後，其子司馬炎建立晉朝。

　　唐代道家司馬承禎，自幼好道，無心仕途。師事嵩山道士，得受上清經法及符籙、導引、服餌諸術。後來遍遊天下名山，隱居天台山玉霄峰，自號天台

白雲子。與李白、賀知章、陳子昂、王維、王適、畢構、盧藏用、宋之問、孟浩然為「仙宗十友」。武則天聞其名，召至京都，親降手敕，讚其道行。善書篆隸，自為一體，號為「金剪刀書」。玄宗命他以三種字體書寫《老子道德經》，刻為石經。羽化後，追贈銀青光祿大夫，諡稱「貞一先生」。著有《坐忘論》，講道教修煉法，主張坐忘收心、主靜去欲。

宋代史學家司馬光，世稱涑水先生，官至龍圖閣直學士。主持編纂中國歷史上第一部編年體通史《資治通鑑》。歷仕仁宗、英宗、神宗、哲宗四朝，卒贈太師、溫國公，諡文正。為人溫良謙恭、剛正不阿，做事用功刻苦、勤奮不輟。「司馬光砸缸救人」的故事，家喻戶曉。蘇軾評價司馬光曰：「公忠信孝友，恭儉正直，出於天性。自少及老，語未嘗妄。其好學如飢之嗜食，於財利紛華，如惡惡臭，誠心自然，天下信之。」

司馬氏家族的排行用字，各地不同。如：

山西涑水司馬氏排行用字：「過前惟微，見之者明。我知既效，疇雲弗矜。」

湖南湘潭司馬氏排行用字：「開先承祖德，繼述裕家傳。鑑學宗資治，文章啟後賢。東浙源流遠，南湘惠澤長。地靈鍾後傑，百世頌其昌。」

湖北公安司馬氏排行用字：「憲點遵前哲，謀獻達玉堂。養成端正品，建樹寇鄉邦。」

司馬氏宗祠的對聯有：

「職官啟姓；河內閥閱。」全聯說司馬氏的郡望和源流。

「河內世澤；太史家聲。」上聯言司馬氏的郡望是河內。下聯言漢司馬遷繼父司馬談任太史令。

「龍門良史；洛邑相公。」上聯謂司馬遷是夏陽龍門人。下聯謂司馬光後來退居洛陽，繼續編撰《通鑑》。

「題橋志奮；警枕功成。」上聯指司馬相如誓志為官，自成都去長安時在城北昇僊橋柱上題道：「不乘高車駟馬，不過汝下也！」下聯指司馬光以圓木為警枕，稍睡則枕轉，醒來奮發讀書。

「通鑑傳名遠；史記享譽高。」上聯言司馬光著《資治通鑑》。下聯言西

司馬遷著《史記》。

「司空見慣渾閒事；馬到成功壯聲威。」此為嵌字聯，首字嵌「司馬」二字。

「涑水淵源之華胄；龍門金石之奇英。」上聯謂司馬光家居涑水，世稱涑水先生。下聯謂司馬遷生於龍門，所著《史記》藏之金匱石室。

「奇志題橋，果駕高車駟馬；知人稱鏡，由識伏龍鳳雛。」上聯說司馬相如立誓為官之事。下聯說司馬徽向劉備推薦伏龍、鳳雛之事。

「奉使稱榮，藉湔婦恥；恤貧卻女，慨助妻奩。」上聯言司馬相如與卓文君臨邛賣酒，為岳父恥笑，後作〈子虛賦〉、〈上林賦〉為武帝賞識，奉使西南，終於洗雪前恥。下聯言司馬光之兄司馬旦，接濟一個因罪罷官的人，那人將女兒送他為妾，他不但辭謝並且以妻子首飾幫助那人嫁女。

關於司馬遷受宮刑一事，常令後人痛惜。司馬遷飽讀詩書，滿腹珠璣，如此才華橫溢，漢武帝為何對他處以宮刑？原來漢武帝麾下有員愛將李陵，武藝高強，愛兵如子，頗得大家讚賞。一次出兵匈奴時，武帝命騎都尉李陵押運糧草，李陵向武帝建議，不如讓他率兵深入敵軍腹地，打他個措手不及。武帝同意李陵的計畫。李陵率軍從居延出發，馬不停蹄，直插匈奴心臟，將匈奴騎兵殺得四處逃竄。不料有個部下被俘，供出了李陵的實力，匈奴調動大兵，圍困李陵，李陵彈盡糧絕，被單于俘虜。武帝得知李陵被俘，龍顏大怒，當即廷議李陵之罪，眾大臣也隨聲附和。時任太史令的司馬遷為人耿介不阿，見眾人都落井下石，便挺身為李陵辯護，認為李陵不僅罪不當誅，而且應該褒獎，他插入匈奴心臟，把單于打得魂飛膽破，這是何等英勇，如果援軍早點到達，李陵說不定早已凱旋了。武帝沒有採納司馬遷的諫言，反而以蠱惑之罪將司馬遷打入大牢，並處以宮刑。

司馬遷在經歷了奇恥大辱的宮刑之後，居然從生理和心理的巨大痛楚中走了出來，繼續寫作《史記》。《史記》自五帝寫到漢武，誠為前所未有的巨著。一部《史記》，使得司馬遷萬古流芳。

司馬遷所受宮刑，俗言閹割。至遲在商代，就有了閹割男性生殖器的行為，當時可能是將陰莖與睪丸一併割除。秦漢時閹割技術較為完備，已注意到手術後的防風、保暖、靜養等護理措施。施行閹割的場所稱為「蠶室」，《漢書》

顏師古注曰：「凡養蠶者，欲其溫而早成，故為密室蓄火以置之。新腐刑亦有中風之患，須入密室乃得以全，因呼為蠶室耳。」總之，古人認為受宮刑者怕風，必須保暖，所以在暗室中燒火，以保持恆溫，猶如蠶室一般，因名「蠶室」。

司馬光勤學的故事，一直激勵著後人。朱熹在《三朝名臣言行錄》中寫道：

> 司馬溫公幼時，患記問不若人。群居講習，眾兄弟既成誦，遊息矣，獨下帷絕編，迨能倍誦乃止。用力多者收功遠，其所精誦，乃終身不忘也。溫公嘗言：「書不可不成誦。或在馬上，或中夜不寢時，詠其文，思其義，所得多矣。」

意思是司馬光年幼時，老是擔心自己記誦詩書以備應答的能力不如別人。大家在一起學習討論，別的兄弟已經會背誦，去玩耍休息了，司馬光還在室內獨自苦讀，直到能夠熟練地背誦為止。讀書時下的力氣多，收穫就會長遠，精讀和背誦過的書，就能終身不忘。司馬光曾經說過：「讀書不能不背誦，在騎馬行路的時候，在半夜難眠的時候，吟詠讀過的文章，思考文章的意思，收穫一定多。」

司馬光砸缸的故事，發生在河南光山，講司馬光用大石頭砸破水缸，救出掉在大水缸裡同伴。故事出自於《宋史》：

> 司馬光字君實，陝州夏縣人也。……光生七歲，凜然如成人，聞講《左氏春秋》，愛之，退為家人講，即了其大指。自是手不釋書，至不知飢渴寒暑。群兒戲於庭，一兒登甕，足跌沒水中，眾皆棄去，光持石擊甕破之，水迸，兒得活。

司馬光小時候就穩重如大人。他聽到老師講《左氏春秋》，心裡喜愛，放學後又為家人講他所聽到的，自己也明白了《左氏春秋》的要義，他讀書到了忘記了飢渴冷熱的程度。有一次，他跟小夥伴在後院玩耍，有個小孩失足掉到缸裡。別的孩子一見出了事，就都跑了，唯有司馬光急中生智，搬起一塊大石頭使勁砸缸，缸破水出，小孩得救了。

這個故事發生在河南光山。光山縣教育局申請將司馬光出生於光山的史實寫進中小學語文教材，經過審慎考證，終獲通過。原來教材對司馬光的介紹是：「司馬光，字君實，陝西夏縣（現在山西夏縣）人，北宋政治家，史學家。」

新修訂的語文改為：「司馬光字君實，陝西夏縣（現在山西夏縣）人，生於光
州光山（今河南光山），北宋政治家，史學家。」據歷史考證，光山確是司馬
光兒時成長的地方，司馬光砸缸的歷史典故終於落到實處。

三八　趙郡宇文氏

知道宇文這個姓氏，是因為在江都宮逼死隋煬帝的那個叛臣，名叫宇文化及。

宇文是複姓，來自匈奴族，出自魏晉時遼東匈奴南單于之後，後來漢化姓氏為宇文。

南單于的一個分支稱為鮮卑，在東漢三國時出現一個部落，自稱是炎帝神農氏的後裔。史學界一般認為，宇文部落是北匈奴被東漢擊潰西遷後，留在故地漠北的部眾東遷，與鮮卑人混居同化的族群。因此，宇文部落是源自匈奴，而後揉合了鮮卑血統的部族。此即《魏書》所云，宇文氏是匈奴種，「出於遼東塞外，其先南單于遠屬也」。

「宇文」的意思，就是天王。因土著人呼天為「宇」，呼王為「文」，合起來就是天王。東晉時，宇文部落進入中原，號稱宇文國。關於宇文國的記載極少，其風俗大約是男人在頭頂留髮，以為首飾，女姓身披長襦，並無下裳。他們在秋天採收有毒植物「烏頭」，塗在箭頭上，可以射殺禽獸。宇文部落在西晉時，與拓跋部落通婚。五胡十六國時，依附強大的後趙政權。後來，北周的皇族和臣子，都以宇文為姓氏，逐漸融入漢族，而且將宇文複姓帶入漢族之中。也有簡化為單姓宇氏、文氏者。北周時，曾賜姓臣下宇文氏。

宇文氏早期活動在北方，南北朝時逐步南遷，在河南洛陽形成宇文氏的聚集地。唐時他們入地為籍，遍及中原，但宋以後宇文氏已不大常見。今在河北、

陝西、北京、浙江、四川、臺灣等地有少量分布。

宇文氏的郡望，主要是趙郡和太原郡。

趙郡，為東漢建安年間所設，治所在廣阿（今邢臺隆堯），轄地包括今石家莊趙縣、高邑、贊皇和邢臺寧晉、柏鄉、臨城等地。隋朝時，移治到今河北趙縣。

太原郡，戰國時秦國所置，治所在晉陽（今山西太原），轄地在今山西五臺山和管涔山南部一帶。北魏時轄地在今山西晉中一帶。隋朝改晉陽為太原，另設晉陽，與太原同城。宋時改并州為太原府，明清以來皆稱府。民國時改為市，為山西省會所在，一直沿用至今。

宇文氏的堂號，都是以望立堂，如趙郡堂、太原堂。

宇文氏的宗祠楹聯，也與漢人一樣，講究用典和雅馴。如：

「巧思博學；善戰多謀。」上聯指隋朝宇文愷，多技藝，有巧思，曾興建大興城，開鑿廣通渠，營建東都城，著有《東都圖記》、《明堂圖議》。下聯指宇文愷之兄宇文忻，善戰多謀，封英國公。

「折草累石；正色立朝。」上聯謂南北朝時北周宇文深，幼時折草為旗，累石為營，後果為名將。下聯謂隋朝宇文弼，官至尚書左丞，為人正色，為百僚所憚。

「源自宇文國；望出太原郡。」全聯言宇文氏的郡望和源流。

「宇宙寥闊萬里；文明昌盛千秋。」此聯首字嵌「宇文」二字。

「觀兒戲料為良將；立戰功得沐侯封。」上聯指宇文深。下聯指宇文虬，少年從軍，因戰功封南安侯。

「六人稱王傳名遠；五州總管播惠長。」上聯說宇文氏在歷史上稱王者有六人。下聯說北周孝閔帝之子宇文康，總督五州軍事。

「幼歲攻書，不從筆硯為迂腐；少年受學，惟憑劍馬取公侯。」上聯謂隋大將軍宇文慶事。下聯謂北周宇文貴，嘗輟書歎曰：「男兒當提劍汗馬，以取公侯，何能為博士？」後仕魏為大將軍，封許國公。

宇文氏的名人，略舉如下：

北魏將領宇文肱，宇文泰之父。魏明帝時，聚兵攻殺破六韓拔陵部的軍隊。後率眾加入鮮于修禮的部隊，被魏軍擊敗，戰死。北周追尊其為德皇帝。

西魏將領宇文泰，在北魏分裂後，任西魏太師、大丞相、柱國大將軍。治軍整肅，深謀遠慮。在東西魏戰爭中，指揮作戰數十次，多獲勝利，為建立北周奠定了基礎。北周建立後，追尊為文帝。

西魏將領宇文測，宇文泰族子。宇文測性沉密，少篤學。任安東將軍，拜駙馬都尉、太子少保。

西魏將領宇文顯和，好讀書，擅馳射。與魏孝武帝有布衣之交。後任散騎常侍。

北周大臣宇文深，好讀兵書，胸有謀略。為政嚴明，抑制豪強，受人讚譽。

北周權臣宇文護，宇文泰之姪。早年跟隨宇文泰征戰，在與東魏的交戰中屢建戰功。曾任大冢宰，後被殺。

北周皇帝宇文毓，宇文泰庶長子。北周建國後任柱國，後被宇文護立為天王。被宇文護毒死後，諡明皇帝。

北周創建者宇文覺，宇文泰第三子。在堂兄宇文護扶持下代西魏稱天王，建國號為周，定都長安（今陝西西安）。即位後，不滿宇文護專權，後被宇文護廢為略陽公，又被殺，諡孝閔皇帝。

北周皇帝宇文邕，宇文泰第四子。生活儉樸，諸事希求超越古人，將華麗宮殿一律焚毀。征伐時躬親行陣，消滅北齊，將奴婢豁免為良人。崇尚儒教，令沙門、道士還俗。諡武皇帝。

北周宗室宇文憲，宇文泰第五子。性通敏，有度量。善於撫綏，留心政術，後晉爵為王。

北周宗室宇文招，宇文泰之子。幼聰穎，讀群書，好屬文，學庾信體，詞多輕豔。封正平郡公、趙國公。後為隋文帝所殺。

北周文人宇文逌，宇文泰之子。少好經史，解詩文，封滕國公。《周書》本傳云：「逌所著文章，頗行於世。」

北周皇帝宇文贇，法令嚴苛，自稱天元皇帝。大興土木，恣意聲色。諡宣

皇帝。

北周皇帝宇文闡，宣帝長子。先封魯王，後立為皇太子。即位時年僅七歲。被迫禪位於楊堅，諡靜皇帝。

隋代建築家宇文愷，性縝密，有巧思，歷任營建宗廟副監、工部尚書等職。主持規劃和修建長安城與洛陽城。著有《東都圖記》、《明堂圖議》等。

將領宇文述，隋初拜右衛大將軍，與宰相楊素共謀立楊廣為太子。性貪鄙，好饋贈。出征高句麗大敗，削職為民，後又起用。臨死前乞煬帝照顧二子化及、智及。

隋末年叛軍首領宇文化及，曾任太僕少卿。因反對煬帝久駐揚州，發動叛亂，縊殺煬帝，立秦王楊浩為帝，自稱大丞相。自知必敗，歎曰：「人生固當死，豈不一日為帝乎！」於是毒殺楊浩，即帝位於魏縣，國號許。後為竇建德所殺。

宇文化及之子宇文成都，被煬帝封為天保大將軍，稱為隋唐第二條好漢。曾在晉陽與李淵之子李元霸比武，輸給李元霸。所使鳳翅鎦金鐘，重三百二十斤，傳說為九天應元雷神普化天尊轉世，小說《說唐》多有描寫。

北宋學者宇文之邵，自強於學，不易其志，常為經史琴酒之樂，學者稱止止先生。司馬光等盛譽之，以為「位下而言高，學富而行篤」。著有《止止先生宇文公集》，已佚。

在這些人物中，隋朝宇文化及的故事因《隋煬帝豔史》等說部的流傳而廣為人知。《隋煬帝豔史》全名《新鐫全像通俗演義隋煬帝豔史》，題齊東野人編演，不經先生批評，敘述煬帝弒君篡位，誅戮賢臣，大建宮苑，不理朝政乃至亡國被殺的一生。有明末刊本，清代列為禁書。全書八卷，第三十九回〈宇文謀君貴兒罵賊〉專寫宇文化及謀反之事。

據書中所寫，經隋煬帝幾番折騰，國力大傷，烽煙四起，平民百姓揭竿而起，大江南北群雄並立。李密發布檄文，羅列隋煬帝罪狀，率兵攻打東京洛陽。劉武周進據汾陽宮，又攻陷定州、襄陽等郡，自立為帝。李淵率關右十三郡於晉陽舉事，殺奔關中，東京、西京危在旦夕。煬帝明知時局危急，卻無計可施，只是借酒消愁，及時行樂，還想遷都他地。禁軍中的將士，多為關西人，都思念家鄉，軍心動盪。就在此時，諸人推宇文化及為盟主，聯合舉事，煬帝於是

被宇文化及刺殺。而夏王竇建德、魏公李密與煬帝舊臣等，又共誅宇文化及，於是隋室滅亡。煬帝之死固然是他咎由自取，但宇文化及也起了助推作用。

《隋煬帝豔史》第三十九回是這樣寫的：

> 話說眾郎將議立盟主，司馬德勘首舉一人，趙行樞忙問是誰，司馬德勘道：「吾遍觀眾人，雖各有才智，然不足以壓眾，唯宇文將軍令兄諱化及者，及許國公之子，見任右屯衛將軍之職，氣概雄豪，方可為也。」裴虔通與眾人齊說道：「非此人不可，司馬將軍言之是也。但事不宜遲，便可速行。」遂一齊到宇文化及私室來見。
>
> 原來宇文化及乃宇文述之子，為人色屬內荏，好貪多欲。當日聞眾人來見，慌忙接入問道：「諸公垂顧，未知有何事故？」趙行樞說道：「今主上荒淫酒色，遊逸過度，棄兩京不顧，又欲再幸江東。今各營禁軍，思鄉甚切，日望西歸，皆不願從。我等眾人意欲就軍心有變，於中圖事，誅殺無道，以就有道，此帝王之業也！必須立一盟主，鉗束軍士。眾議皆以將軍位尊望重，可為盟主，故特來奉請。」宇文化及聞言，大驚失色，慌得汗流浹背，忙說道：「此滅族之禍也，諸公何議及此？」司馬德勘道：「各營禁軍，皆我等執掌，況今人心搖動，又兼天下盜賊並起，外無勤王之師，主上勢已孤立，誰能滅我等之族？」宇文化及道：「外雖如此，滿朝臣子豈無一二忠義智勇之士？倘倡義報仇，卻將奈何？諸公不可不慮。」裴虔通道：「吾觀在廷臣子，皆諂諛之人，不過貪圖祿位而已，誰肯傾心吐膽，為朝廷出力。即間有一二人，忠者未必有才，才者未必能忠。只一楊義臣，忠勇素著，近又削職去矣，誰能與我等為仇？將軍請放心為之，萬無一失也。」
>
> 宇文化及又沉吟半晌道：「公言固是，但主上大駕在此，玄武門驍健宮奴，尚有數百人，縱欲為亂，何由得人？倘先知覺其事，我等難免誅戮也。」眾人聞言，一時答應不出，俱面面相覷。只見宇文智及說道：「此事何難？宮奴皆司宮魏氏所掌，魏氏最得主上親信，今只消多將金銀賄結魏氏，叫他請主上驅放宮奴；主上在昏瞶之時，必然聽從。宮奴一放，再無慮矣。」眾人皆大喜道：「此等謀算，不減漢之張子房，何憂大事不成也。」宇文化及說道：「既蒙諸公

　　見推，今不得已而從之，禍福唯命也。」眾人大喜道：「得將軍俯
　　從眾望，可計日而富貴矣！」

　　第四十回寫「司馬德勘等一面逼勒煬帝出殿，即一面帶領甲兵，迎請宇文
化及入朝為政。此時天色才明，宇文化及聞知消息，驚慌得抖衣而戰，半晌不
能言語。裴虔通道：『將軍不必遲疑，大事已成，請速速入朝，以理國政。』
宇文化及見事已至此，料道推辭不得，只得內裡穿了暗甲，外面蟒袍玉帶，打
扮得齊齊整整，就像漢平帝時的王莽，漢桓靈時的董卓、曹瞞，滿臉上都是要
篡位的模樣」。一齣造反鬧劇，就此上演。

　　宋代學者宇文之邵，倒是個可傳之人。《宋史》有宇文之邵傳云：

　　宇文之邵，字公南，漢州綿竹人。舉進士，為文州曲水令。轉運以
　　輕縑高其價，使縣鬻於民。之邵言：縣下江上山地狹，人貧，耕者
　　亡幾，方歲儉饑，羌夷數入寇，不可復困之以求利。運使怒。

　　就是說，宇文之邵做文州曲水縣令的時候，轉運使把輕縑的價格抬高，讓
縣衙強行賣給百姓，以謀取利益。宇文之邵替百姓著想，認為曲水縣下臨長江，
上接高山，地勢狹窄，民生貧困，種地的人沒有多少，又正趕上收成不好，外
敵多次入侵，不可以再使老百姓困苦來謀求私利。轉運使聽了，大怒。

　　正好這時神宗即位，希望百官進言，宇文之邵於是上疏說，天下原本是一
家。祖宗創建基業、保持江山的方法，現在都在。陛下正為先帝守喪，那些諂
佞奸邪之輩隱藏著沒有動作，此時正好緬懷太祖、太宗等先皇的功德，好像他
們時時在自己身邊一樣。京城是中原百姓觀察效仿的地方，風俗應當淳樸厚道，
不要崇尚奸詐刻薄、浮誇奢靡。公卿大夫是百姓的表率，他們應該用良好的名
節勉勵自己，可是他們現在卻率先將勢利私念混雜在一起。希望陛下用崇尚節
義廉恥的風氣引導他們，讓他們懂得重視自己的品德修養。方圓千里的郡縣，
如果有利的事情未必能興辦，有害的事情未必能廢除，這應是轉運使、提點刑
獄的責任。方圓百里的縣城，如果有利的事情未必能興辦，有害的事情未必能
廢除，這是郡守的責任。以前的赦免命令，應該將百姓拖欠公家的賦稅一概免
除，可是有關部門操之過急，查得太嚴，結果造成上面的恩澤不能遍及於底層
百姓，所以窮苦百姓更加貧困。朝廷如果選擇賢才，擔任三司官職，稍微給郡

縣長官一點自主管理的權力，那麼百姓的疾苦就會消除了。在這之後，再借眾多各負其責的官員來保證宗室外戚的穩定，根據〈棠棣〉、〈角弓〉的意旨來促使家族親人的和睦，恢復已被廢棄的典章，提拔沉抑難伸的人才，疏遠諂媚阿諛的小人，招納忠誠正直的賢士。所有制定的政令，一定要和大臣們共同商議，來推廣其中的利好，而對發號施令作威作福的人嚴加限制。這樣，天下百姓盼望的太平盛世就可以拱手而待了。

可惜，宇文之邵的疏奏沒有得到回覆，他的報國之心無人能夠理解。宇文之邵歎息說：「我不可以再做官了。」於是就辭官回家，以太子中允的身分告老還鄉，當時他的年紀不滿四十。他勤奮讀書，探究經典，每天和朋友談論學問，並以彈琴飲酒為樂，隱居十五年後去世。

司馬光說：「吾聞志不行，顧祿位如錙銖；道不同，視富貴如土芥。今於之邵見之矣。」范鎮說：「之邵位下而言高，學富而行篤，少我二十一歲，而先我掛冠，使吾愧然。」這是兩位賢士對宇文之邵的推崇。

三九　長白完顏氏

完顏阿骨打的名字，在中學歷史課本上就有。當時奇怪怎麼會有這樣的名字，並不明白他作為金朝開國皇帝的歷史價值。阿骨打是黑龍江哈爾濱阿什河人，起兵反遼，建國號金，他是女真族歷史上的英雄。

女真，或作女貞，源自先秦的肅慎。漢晉稱挹婁，北朝稱勿吉，隋唐稱靺鞨，遼金稱女真，明清稱滿洲。女真在明初分為建州女真、海西女真、東海女真三部。後來又按地域分為建州女真、長白女真、東海女真、扈倫女真四部。《金史·本紀第一》記載：「金之先，出靺鞨氏。靺鞨本號勿吉。勿吉，古肅慎地也。元魏時，勿吉有七部：曰粟末部，曰伯咄部，曰安車骨部，曰拂涅部，曰號室部，曰黑水部，曰白山部。隋稱靺鞨，而七部並同。唐初，有黑水靺鞨，粟末靺鞨，其五部無聞。」阿骨打所屬的完顏氏，是滿族和錫伯族的古姓氏，也是部落名。

完顏氏的淵源，可以上溯至上古時北方的谷截，世居於長白山與松花江一帶，後分布於黑水靺鞨和渤海女真之間。完顏，是相當於「薩滿」的一種神聖稱號。在中國北方，把跳神的巫師呼為「薩滿」，其實是指神的化身。因完顏氏獨立自強，傲視群雄，故被視為神聖家族。金朝亡國後，完顏氏多改為蘇、顏、符、汪、王、院、完、顧、苑、銀、鄢、張、趙、魏、瀛等姓氏。近年來，又有完顏氏的後裔申請改回完顏複姓，民族也改回為滿族。

完顏的在古肅慎語中，有金子、金光、金色之意，引申為崇高、神聖之義。清皇室對完顏氏極為尊重，將完顏氏列為八旗氏族之首。

另據宋人宇文懋昭《大金國志》記載，阿骨打稱帝時採納渤海士人楊朴的建議，以王為姓，以旻為名，國號大金。「完顏」的快速讀音，與漢語的「王」字相近，實際上「完顏」就是「王」的發音。

又有一說，因完顏氏的故里在松花江支流蜿蜒河兩岸，故自稱「蜿蜒」，也即「完顏」。蜿蜒、完顏，音同。蜿蜒河在今黑龍江東北部綏濱縣境內。

還有說完顏出自郭姓的。郭阿林、郭仲元曾被賜姓完顏，即完顏阿林，完顏仲元。也有說出自李姓的。李霆、李耀珠曾被賜姓完顏，即完顏霆、完顏耀珠。

自從金代以來，因戰爭而遷徙的完顏女真人，以家族群聚式定居並成當地望族的地區有：安徽肥東、福建泉州、臺灣彰化、甘肅涇川等。安徽、福建、臺灣的完、苑、粘姓氏，經查都是金代女真宗室的完顏氏後裔。而金朝滅亡以後，其中一支東歸，後世子孫得到滿清的認可，被納入鑲黃旗。

完顏氏的郡望大致是：

一是長白，自先秦以來長白山就是完顏氏的世居之地，後來才遷往松花江中下游、遠東西伯利亞，直至朝鮮半島北部。明朝的王甲部世居吉林通化，英額部世居遼寧清源，佛阿拉部世居遼寧新賓，均係長白部。故長白是完顏氏最重要的郡望之地。

二是喜都，即今吉林長春，東北地區的蘇、王、符、顧、完、汪、顏、魏、苑等土著姓氏，多為喜都完顏氏的後裔。

三是阿城，即今黑龍江哈爾濱阿城區，乃是金源故地。

四是岐山，即今陝西岐山，為完顏准的後裔所居，有完顏氏的祠碑，和甘肅涇川的完顏氏後裔屬於同族。

五是涇川，即今甘肅涇川，為完顏宗弼後裔的聚居區。

六是肥東，即今安徽肥東。元末明初，金太祖四太子完顏宗弼的後代完顏佩跟隨朱元璋南征北戰，封為女真將軍，封地在今安徽肥東完顏牌坊村。

七是鹿邑，即今河南鹿邑渦北鎮完樓村等地，為完顏必重的後裔所居。鹿邑完顏家族所居村落，均冠以完字，如完樓村、完老家村、完天齊村、完觀廟村等。

八是廣信陵，即今廣東肇慶封開等地，那裡有完顏氏後裔數百人聚居。

女真興於東北白山黑水之間，唐時稱黑水靺鞨，以漁獵為生。因為遼國長期向女真索要狩獵用的猛禽海東青等貢物，導致女真叛亂。女真首領完顏阿骨打稱帝建國，國號大金，並消滅了遼國。自建金朝後，完顏氏即為金朝的國姓。女真姓氏有百餘種，分為白、黑兩種，以白為貴，以黑為賤。完顏氏既是皇族的姓氏，自然是白色姓氏中最高貴的姓氏。

金國建立後，完顏女真人以家族形式遷徙至山東青州、安徽肥東、福建泉州、甘肅涇川等地。金滅遼後，與宋對峙，很快席捲而南，滅亡北宋，統一了包括黃河流域在內的北方。金在與南宋、西夏鼎立期間，迫使西夏臣附，南宋求和，從而維持霸主地位。後來因統治集團腐朽，民族起義不斷，又受到蒙古帝國的沉重打擊，終至亡國。金的文化深受漢族影響，產生了元好問等文學家。女真文是金的官方文字，係根據漢字改製的契丹字拼寫女真語言而製成。

金和後來的清，兩者一脈相承。起先，宋徽宗趙佶時，金太祖完顏阿骨打建立了金國。其後，明神宗朱翊鈞時，後金大汗努爾哈赤建立後金。完顏氏在清代仍然倍受尊崇，例如道光間完顏麟慶曾任河道總督，其子完顏崇實、完顏崇厚均任盛京將軍，完顏崇厚因與沙俄簽訂《里瓦基亞條約》才被罷官。

完顏氏的名人略有：

金太祖完顏阿骨打，漢名旻，女真族，金朝開國皇帝，頒行女真文字。幼時和小夥伴遊戲，一人能抵過幾個人。一天，遼朝使臣坐在府中，見阿骨打手持弓箭射擊天上群鳥，連發三箭全中，不由驚惶四顧。阿骨打建立金國後，廢除部落聯盟長的制度，確立了皇權的統治。他直搗黃龍，大敗遼軍，但對宋比較尊重。《劍橋中國遼西夏金元史》云：「阿骨打是一名特別無情的、才能出眾的將領，他善於抓住對手因指揮失策、御眾過苛、組織渙散等因素而虛弱的機會來取勝。」

金熙宗完顏亶，字合剌，自幼隨遼代進士韓昉習漢文經史，常到皇家圖書館研讀中原典籍，還常同韓昉等人執射賦詩。完顏亶執政前期十分勤勉，後期嗜酒如命，不理朝政，濫殺無辜，為海陵王完顏亮所弒。金宋議和時，南宋成為金的屬國，對金稱臣。蔡東藩曾說，「金主亶始勤終怠，酗酒好色，身死亮手，咎由自取。」

金朝名將完顏宗弼，本名斡啜，又作兀朮，太祖完顏阿骨打第四子。兀朮有膽略，善騎射。多次擊敗宋軍，是金朝主戰派代表。金宋簽訂和議後，兀朮撕毀和約，大舉南侵，但在順昌、潁昌、柘皋鎮等地大敗，被迫退守開封。他利用南宋宰相秦檜，除掉宋將岳飛，迫宋稱臣，簽定和議，次年，宗弼還朝，獨掌軍政大權。在清人錢彩的《說岳全傳》中，完顏宗弼被寫成赤鬚龍轉世，頭戴一頂金鑲象鼻盔，金光閃爍，旁插兩根雉雞尾，左右飄分。其結局，是因被牛皋騎在背上而氣死。

海陵王完顏亮，字元功，自幼天才英發，深沉有謀，為熙宗完顏亶所忌憚，後弒君稱帝。完顏亮在位時，勵精圖治，遷都燕京，但殘暴狂傲，淫惡不堪。他企圖統一華夏，發大軍南征宋朝，卻在瓜洲渡江作戰時死於完顏元宜等手中。趙翼《二十二史箚記》評論道：「海陵荒淫，最為醜穢，身為帝王，採取美豔，何求不得？乃專於宗族親戚中恣為姦亂，甚至殺其父、殺其夫而納之，此千古所未有也。」

金章宗完顏璟，小字麻達葛，初封金源郡王，歷任尚書右丞相等職。即位後政治清明，後世稱為「明昌之治」。完顏璟崇尚文化，不重軍事，整日與文人飲酒作詩，不思朝政，為了日後亡國埋下隱患。南宋見金朝衰敗，以為有機可乘，出兵攻金，結果大敗。南宋向金求和，雙方簽訂和約。

金朝末代皇帝完顏承麟，女真名呼敦。因金哀宗不願做亡國之君，遂將帝位傳予他。下旨傳位翌日，舉行即位大典，大典未完，宋蒙聯軍已攻入城內。完顏承麟唯有草草完成大典，立刻帶兵出迎，死於亂軍之中。完顏承麟在位時間不足半日，是歷史上在位時間最短的皇帝。

金末名將完顏陳和尚，本名彝，字良佐。曾為蒙古軍所俘，後逃歸金朝，任宣差提控。他嚴於治軍，令行禁止，所轄忠孝軍勇悍善戰。後與蒙古軍戰於三峰山，兵敗求死。蒙古主帥勸降，陳和尚不屈，遂將他斫足折脛，豁口至耳，仍至死不屈。蒙古主帥欽佩其忠義，隆重葬之。明人李東陽有〈金大將〉詠之：「汝何官？金大將。汝何名？陳和尚。好男子，明白死。生金人，死金鬼。脛可折，吻可裂，七尺身軀一腔血。金人憤泣元人誇，爭願再生來我家。吁嗟乎！衣冠左衽尚不恥，夷狄之臣乃如此。」

據說在河南鹿邑和安徽肥東，聚居著中國大陸將近一半的完顏氏族人。在

老子故里河南鹿邑渦北鎮完樓村，有一片墓地，鹿邑完顏氏的祖先完顏必重就埋葬在這裡。墓地上的一塊石碑立於明萬曆年間，已經風化。數十年前，完顏家族對這塊墓碑進行了重修，村民認為他們的祖先就是金兀朮。完樓村舊時有完顏祠堂，為傳統廟堂式，有金代和滿族的特色。祠堂內正面掛完顏氏世代祖先畫像，當地人稱「影像」。

鹿邑的完顏氏家族現在都劃為漢族，單姓完。那是金亡後宗族四處逃生，為了生存而隱族易姓的緣故。多數的完顏氏改為「王」姓，唯獨鹿邑的這一支保留了「完」姓。上世紀，馬鋪鎮完老家村的完顏後人聽說安徽肥東縣政府批准了完顏牌坊村完氏的請求，將單姓「完」改為「完顏」，從漢族恢復成滿族的消息後，他們也向鹿邑縣政府提出申請。1987 年，鹿邑的完顏氏後人終於也將單姓「完」恢復為「完顏」，民族也從漢族改成滿族。

如今完顏氏大部已經漢化，只有少許舊俗得到保留。例如他們不吃馬肉和狗肉，因為馬是女真的主要坐騎，他們對馬有深厚的感情，狗也是他們的寵物。傳說努爾哈赤幼年時被明朝總兵追殺，他養的狗救了他的命。完顏氏村民土葬時，在棺材上放一把用柳條、麻繩和高粱稈做成的弓箭，箭頭正對棺材的前方，以示尚武之風。

完顏氏的祖先尚武，今鹿邑完顏氏家族的人也都性格豪爽。據說鹿邑的完顏氏村民有這樣的族規：不看《說岳全傳》等有關岳飛的小說，不唱《朱仙鎮》、《八大錘》等有關岳飛的戲曲。他們也不與岳姓通婚。甘肅涇川的完顏氏村民，也有「男人不娶岳姓女，女子不嫁岳姓男」的祖訓。1992 年，一個姓完顏的青年和一位姓岳的姑娘相愛，正當他們準備結婚時，卻遭到男方父母的堅決反對，村裡的族人也堅決反對。最後，因村裡一些開明人士的支持，有情人才終成眷屬。

完顏氏的書，有清代完顏麟慶所著的《雪鴻因緣圖記》。

麟慶姓完顏氏，字伯余，號見亭，清代滿洲鑲黃旗人，亦署長白人，女真後裔。曾任江南河道總督，遊歷揚州等地，將所歷所聞詳加記錄，並請畫家繪圖，以使生平鴻爪得以長留。《鴻雪因緣圖記》書中有圖數百，內容涉及山水、建築、人物、舟車等，鐫刻細緻，纖毫畢具。鄭振鐸《中國古代木刻畫史略》稱此書：「以圖來記敘自己生平，刻得很精彩，可考見當時的生活實況。」《鴻雪因緣圖記》有道光丁未年揚州木刻本、光緒丙戌石印本等。書中最特別的，

是記錄了作者在揚州文匯閣讀書的情形，為文匯閣留下了珍貴的史料。

那是 1840 年煙花三月、江南草長之際，清朝官員完顏麟慶在兩淮鹽運使司官員沈蓮叔和宋敬齋的陪同下，來到揚州城北的御書樓——文匯閣看書。年久失修而且人跡罕至的文匯閣，這一天因而有了一些人氣。文匯閣，一名御書樓，位於揚州天寧寺西園，乃是清代七大藏書樓之一。李斗《揚州畫舫錄》卷四記道：

> 御書樓在御花園中。園之正殿名大觀堂，樓在大觀堂之旁，恭貯頒定《圖書集成》全部，賜名文匯閣，並「東壁流輝」扁。壬子間奉旨：江浙有願讀中秘書者，如揚州大觀堂之文匯閣、鎮江口金山之文宗閣、杭州聖因寺之文瀾閣，皆有藏書。著四庫館再繕三分，安貯兩淮，謹裝潢綫訂。

這樣，揚州天寧寺的文匯閣、鎮江金山寺的文宗閣、杭州聖因寺的文瀾閣就成了清代貯藏《四庫全書》的「南三閣」，而同北京紫禁城的文淵閣、圓明園的文源閣、盛京皇宮的文溯閣、避暑山莊的文津閣等「北四閣」各自稱雄南北，成為康乾文治的象徵。據考，「南三閣」所藏《四庫全書》，每冊前頁鈐「古稀天子之寶」，後頁鈐「乾隆御覽之寶」，用太史連紙鈔寫，尺幅較「北四閣」書開本小，書衣裝潢也有不同。

文匯閣是一座三層樓的中國古典建築，它的一梁一柱都彩繪著書卷圖案。樓閣的最下層當中藏《古今圖書集成》，兩側藏《四庫全書》經部書籍，中間一層藏史部書籍，最上層藏子部與集部書籍。完顏麟慶在文匯閣讀書之後，在《鴻雪因緣圖記》二集繪了一幅《文匯讀書圖》以記其盛，並寫道：

> 文匯閣在揚州行宮大觀堂右，乾隆四十五年建。以恭貯《圖書集成》，賜今名，並「東壁流輝」額。閣下碧水環之，為卍字。河前建御碑亭，沿池疊石為山，玲瓏窈窕，名花嘉樹，掩映修廊。四十七年，《四庫全書》告成，高宗垂念江浙人文淵藪，特命多繕三分，頒貯浙江文瀾、金山文宗，與此閣為三，江南實得其二。典司出入，掌自鹽臣。尋又恐徒供插架，無裨觀摩，詔許願讀中秘書者，就閣傳鈔。嘉惠藝林，曠古未有！
>
> 庚子三月朔，偕沈蓮叔都轉、宋敬齋大使同詣閣下。亭榭半就傾落，閣尚完好，規制全仿京師文淵閣。回憶當年充檢閱時，不勝今昔之

感。爰命董事謝奎啟閣而入，見中供《圖書集成》，書面絹黃色；左右列櫥貯經部，書面絹綠色；閣上列史部，書面絹紅色；左子右集，子面絹玉色，集面絹藕合色。書帙多者，函用香楠。其一二本者，用版片夾開，束之以帶，而積貯為函。計共函六千七百四十有三。

謝奎以書目呈，隨坐樓下詳閱，得鈔本《滿洲祭天祭神典禮》、《救荒書》、《熬波圖》、《伐蛟捕蝗考》、《字孳》等書，囑覓書手代鈔。所惜余先百計購求五世祖存齋公所著《琴譜》十六卷，曾奉旨采入《四庫全書》者，滿擬此行如願，詎亦未經頒發，豈以滿漢合璧之故耶？姑志之俟考。

按照麟慶所述，1840 年的揚州文匯閣，「亭榭半就傾落，閣尚完好」。觸目之處，樓宇、水池、假山、花木，都還像樣子。他在閣中從容地看了書目，旋即索得鈔本《滿洲祭天祭神典禮》、《救荒書》、《熬波圖》、《伐蛟捕蝗考》、《字孳》等書，並且囑咐管理人代覓書手，為其鈔書。

文匯閣所藏的《四庫全書》，是乾隆三十七年開始設館，歷時十年才纂修完成的一套巨大叢書，分經、史、子、集四部，共收書約三千五百種，篇帙達七萬九千餘卷。儘管為了維護清廷的政治統治，許多古籍被館臣抽毀或刪改，以至於魯迅先生曾在〈買《小學大全》記〉等雜文中予以抨擊，但它畢竟是集中國古籍之大成的規模空前的叢書，因此自有其傳世價值。此書當年僅繕寫了七部，分別藏於北京、瀋陽、揚州、杭州等地。

乾隆是一個玩弄文字獄的老手。但憑心說，他對於揚州文匯閣的建設與使用不能說不重視。他一再下旨，強調閣中庋藏之書不是做樣子的，要允許讀書人閱讀和傳抄。對於揚州文匯閣，乾隆先後寫過四首詩歌詠之。一為〈文匯閣〉：「皇祖崇經訓，圖書集大成。分頒廣流布，高閣此經營。規擬范家制，工因商眾擎。亦堪匹四庫，永以貯層甍。」詩中所謂「規擬范家制」，是說文匯閣乃仿范氏天一閣為之。二為〈再題文匯閣〉：「萬卷圖書集成部，頒來高閣貯凌雲。會心妙處生清暇，撲鼻古香領淨芸。身體力行愧何有？還淳返朴念常勤。煙花三月揚州地，莫謂無資此匯文。」三為〈文匯閣，疊庚子韻〉：「天寧別館書樓簇，向已圖書集大成。遂以推行庋四庫，況因舊有庋重營。西都七略江干現，東壁五星霄際擎。卻待鈔完當驛致，文昌永古煥重甍。」四為〈命頒布四庫全書，

時許願讀中秘者抄錄無斷，詩以誌事〉：「發帑增鈔書四庫，更非捷徑為崇儒。擬公寒士廣聞見，預禁守臣嚴護符。褒博三倉實富矣，精英二酉任觀乎。欲期寰事敷文教，濟濟明廷治贊吾。」儘管今天我們無法得知有多少讀書人曾經到揚州文匯閣中看過那些「御頒」的圖書，但是平心而論，一個皇帝再三再四地表示要讓普通讀書人讀到那些中秘之書，並不像是「作秀」。令人欷歔的是，到揚州文匯閣讀過書並且留下記錄的人並不多。幾乎惟一的例外，就是完顏麟慶在《鴻雪因緣圖記》中留下的記載。

現在看來，完顏麟慶的《鴻雪因緣圖記》，差不多是揚州文匯閣存世期間最後的記載。十四年後，一支來勢凶猛的農民軍一舉攻入揚州，文匯閣及其藏書就一起毀於戰火之中了。

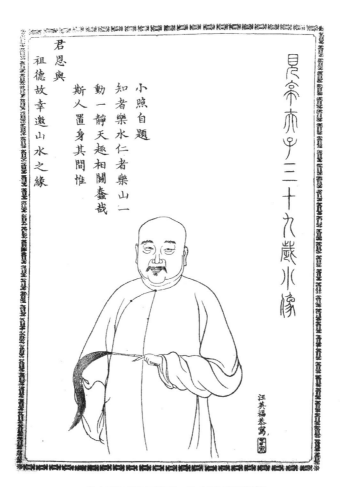

《鴻雪因緣圖記》作者完顏麟慶

四十　雁門拓跋氏

　　拓跋，鮮卑族姓氏，相傳為黃帝後裔。鮮卑是古老的族群，有學者從音轉的角度詮釋，認為鮮卑是《禹貢》中「析支」的音轉。史載黃帝娶妻嫘祖，生子昌意，然後繁衍出拓跋氏。複姓拓跋雖是古老的姓氏，但人口總數並不多。拓跋的意思，前人認為北方風俗稱「土」為「拓」，稱「后」為「跋」，所以「拓跋」的就是土地的後裔。

　　相傳黃帝有四個妃子，生了二十五個兒子，其中十二個兒子姓姬，十三個兒子改為其他姓氏。元妃西陵氏，號嫘祖，西陵氏之女，生昌意等三子。長子昌意住在若水，又生乾荒、安、悃三子。其中的悃，封於北方，就是拓跋氏的祖先。這些傳說雖不能盡信，但是在正史裡，也有近似神話的記載。如拓跋詰汾，是索頭部鮮卑族領袖，前任首領拓跋鄰之子，魏神元帝拓跋力微之父，據《魏書·序記》記載，拓跋力微是拓跋詰汾與天女所生的，頗具神話色彩。

　　據《魏書》記載，鮮卑拓跋氏的序幕是從西漢後期開啟的。此時的拓跋氏「遠近所推，統國三十六，大姓九十九，威振北方，莫不率服」。所謂「統國三十六，大姓九十九」，應該指拓跋氏族部落聯盟內部的各個小部落。

　　東漢初年，拓跋氏開始從北方向南方遷徙，但是山高水深，步履維艱。據說他們後來得到一種形似馬、聲類牛的神獸的導引，得以到達匈奴故地。此時拓跋氏的首領，名叫拓跋力微。《魏書·序紀》記載說，拓跋力微是拓拔氏的真正始祖，他在位五十八年，活了一百零四歲。

拓跋氏發展的里程碑，是北魏孝文帝拓跋宏遷都洛陽，入主中原，然後大力推行漢化政策。當時除了王室姓拓跋氏，其他的貴族都改為漢字單姓——元。王室之外的宗親，允許仍姓拓跋，但不與王室同氏。到西魏政權末代帝王元廓即位之後，又將元氏改回拓跋氏。隋朝統一中國後，嚴格華夷之別，拓拔氏嫡系仍然改為漢姓元氏，支系則改為長孫氏、李氏、王氏、鄭氏、金氏、趙氏等，世代相傳。

拓跋氏原住在黑龍江、嫩江流域，過著遊牧生活。西漢時匈奴潰敗西遷，拓跋氏進入匈奴故地，也即漠北。到拓跋力微時期，拓跋氏南下雲中，遷居盛樂（均在今內蒙古境內），與曹魏、西晉成為近鄰。後來，拓跋氏在此建立代國，後為前秦苻堅所滅。淝水之戰後，拓跋珪於重建代國，自行稱王，改國號為魏，史稱北魏。先建都平城（今山西大同），後遷都洛陽。北魏的統治區域，北至蒙古高原，西至新疆東部，東至遼西，南至秦嶺為界。拓跋氏建立的北魏，征服了中國北方及中亞局部，對中亞影響巨大。長期以來，中亞將北魏及北魏之後的中國北方，都稱為「拓跋國」。

一說，拜占庭人所稱的「桃花石」，可能就是拓跋或拓跋國的譯音。也有人說，拓跋氏係西漢李氏之後李穆所改。李穆是西漢名將李陵的後代，後出仕北周，累遷都督、大將軍、柱國大司空，被北周宣帝宇文贇賜姓拓跋氏。《周書·李穆傳》記載：「李穆，賜姓拓跋氏。」李穆的後裔，有沿襲拓拔氏的，更多的又改回成李氏。

拓跋氏的郡望，是雁門郡和潁川郡。

雁門郡，戰國時趙國所置，地在今山西代縣一帶。秦漢沿用。後多以雁門為郡、道、縣之建制。雁門關之稱，始自唐初，因北方突厥崛起，屢有內犯，唐朝駐軍於雁門山，在制高點鐵裏門設關城，戍卒防守。

潁川郡，戰國時秦國所置，地在今河南禹州一帶。其地有河，名為潁水，故名潁川郡。郡治在陽翟（今河南禹州）。南北朝時，東北魏移至潁陰（今河南許昌）。隋初廢，唐時改為長社，後又改許州為潁川郡。

拓跋氏的堂號，都是以望立堂，有雁門堂、潁川堂等。

拓跋氏的名人，多與北魏有關，如：

　　北魏道武帝拓跋珪，北魏王朝建立者，鮮卑族拓跋部人。先世建立代國，為苻堅所滅。他在淝水之戰後乘機復國，初稱代，不久改稱魏，擁有黃河以北地區，成南北朝對峙之勢。次年建都平城（今山西大同）。

　　北魏明元帝拓跋嗣，禮愛儒生，好學史傳，可稱是北魏開國以來的仁厚守成之主。對內鞏固統治，對外擴展領土，是北魏重要但短暫的皇帝。

　　北魏太武帝拓跋燾，字佛狸，任用漢人，納其謀略，整頓內政，屯田練武。先後攻滅諸部，統一北方。常親自率軍出征，決策雄斷，部署周密，講究戰法，臨陣勇猛，故多獲勝利。

　　北魏孝文帝拓跋宏，亦即元宏。親政後從大同遷都洛陽，將鮮卑姓氏改為漢姓，鼓勵和漢族通婚，參照南朝典章制定朝儀。他認為魏的祖先出於黃帝，以土德王，係萬物之元，故改姓元。

　　北魏大臣拓跋子推，京兆尹。作為元老，反對孝文帝推行改革政策，維護貴族豪強的根本利益。獻文帝無奈之下，打算讓位於拓跋子推，因人反對，才傳位於子。

　　北魏咸陽王拓跋禧，咸陽王。曾受遺詔輔政。為人驕奢成性，賄賂公行，以奴僕臣吏廣營田產，開採鹽鐵。後謀反叛，事泄被殺。

　　北魏任城王拓跋澄，能征善戰，驍勇異常。孝文帝推行漢化改革時，有貴族反對，發動兵變，孝文帝派拓跋澄率軍鎮壓，一舉平息叛亂。

　　射鷗都將拓跋幹，北魏將軍，機敏善悟，沉穩勇敢，善於騎射。太宗出遊白登山時，拓跋幹騎馬隨從。有雙鷗飛在空中鳴叫，太宗命左右射擊，無人能中。拓跋幹自請射擊，連中雙鷗，軍中稱其為「射鷗」都將。

　　高陽王拓跋雍，北魏孝文帝之弟，先封潁川王，後改封高陽王。屢遷司空，議定律令。富貴敵國，一食值錢數萬，有僮僕六千、使女五百，曾與河間王拓跋琛鬥富。

　　彭城王拓跋勰，北魏獻文帝之子。知識淵博，品行端正，清正廉潔，忠孝兩全。為北魏孝文帝漢化改革的積極支持者。

　　平陽公拓跋丕，因功拜東騎大將軍。在鮮卑宗室中，屬於元老貴族，年長北魏孝文帝四輩，為四朝老臣。其弟拓跋業與其子拓跋隆、拓跋超等，皆參與

抵制北魏孝文帝的改革，皆被鎮壓。

太子拓跋恂，漢名元恂，北魏孝文帝長子。素不好學，身體肥胖，因怕洛陽天氣炎熱，常思北歸。不願說漢語、穿漢服，對所賜漢族衣冠盡皆撕毀，堅持編髮左衽。

在拓跋氏的歷史人物中，北魏太武帝拓跋燾的小字——佛狸，最引人注意，因為宋人辛棄疾〈京口北固亭懷古〉曾經提到「佛狸祠下」。全詞是：

> 千古江山，英雄無覓孫仲謀處。舞榭歌臺，風流總被雨打風吹去。斜陽草樹，尋常巷陌，人道寄奴曾住。想當年，金戈鐵馬，氣吞萬里如虎。
>
> 元嘉草草，封狼居胥，贏得倉皇北顧。四十三年，望中猶記，烽火揚州路。可堪回首，佛狸祠下，一片神鴉社鼓。憑誰問：廉頗老矣，尚能飯否？

辛棄疾在另一首詞〈水調歌頭·舟次揚州和楊濟翁周顯先韻〉中，也提到佛狸：「誰道投鞭飛渡，憶昔鳴髇血汙，風雨佛狸愁。」佛狸祠舊在江蘇六合東南瓜步山上，清人陳維崧〈減字木蘭花·廣陵旅邸送三弟緯南歸〉詞云：「佛狸城下，兄弟禪房通夜話。」當年佛狸反擊劉宋，兩個月時間便從黃河北岸打到長江北岸，在江北瓜步山建立行宮。行宮後來成為廟宇，因為拓跋燾小字佛狸，所以民間稱它佛狸祠。老百姓似乎只把佛狸當作神祇奉祀，並不追究他的來歷。佛狸祠南宋時猶存，故辛棄疾說：「佛狸祠下，一片神鴉社鼓。」

另外，「佛狸」的讀音，按前人所注，「佛」字應讀如「弼」。「佛狸」其實就是「狴狸」，也就是狼。鮮卑人的圖騰是狼，拓拔燾的小名由此而來。

在拓跋氏的歷史人物中，最能讓人困惑不解的是北魏孝文帝元宏，和他的親兒子拓跋恂。父親是那麼銳意推行改革，兒子是那麼冥頑不化，乃至被父親先立為太子，後親自賜死。

拓跋恂，就是元恂，北魏孝文帝的太子，他的母親是孝文貞皇后林氏。拓跋恂出生後的第二年，林氏按照北魏「子貴母死」的慣例被賜死，拓跋恂由祖母馮太后養育。拓跋恂在十一歲的時候就立為太子，孝文帝對他的言談舉止、讀書行禮也都一一作了規定。然而這位太子不喜歡讀書學習，人又長得高大肥

壯，不習慣黃河地區的炎熱，尤其不愛穿他父親宣導的漢服。老師勸他，他就恨老師。終於，趁父親外出之機，殺死老師，打算與左右侍從逃回老家。他的父親聞訊趕回，大為震驚和惋惜，對外還要嚴守秘密。父親對兒子的過失並不留情，親自動手杖責，自己打完了，叫別人接著打，打了一百多下，兒子已是皮開肉綻，躺了一個多月才能起床。孝文帝召見群臣，商議廢掉太子之事，一些大臣照例磕頭求情。孝文帝說：「你們自責是為了自己，我所商議的是卻是國家大事。古人言，為大義可以滅親。如今這小子竟違抗父親，包藏禍心，今日不除去這小子，將來必留大患，朕死之後會重演西晉的永嘉之亂。」孝文帝毅然將兒子廢為平民，關押起來，派兵看守，衣服飲食等僅使其能免受饑寒而已。拓跋恂身處困境，頗為後悔，誦讀佛經，有意向善。

孝文帝本來還是很愛太子的，想為他娶司徒的長女為妻，但司徒的女兒還小，只好等長大再娶。於是就先給太子娶了兩個女孩做側室，這時太子只有十三四歲。孝文帝還想讓兒子自由一些，不必終日讀書，吃過飯可回宮中。但是大臣說，太子年幼，正是求學上進之時，不宜在白天貪戀後宮的歡娛，這樣也不利於太子身體的成長發育。孝文帝認為這話很有道理，就不讓兒子白天進入後宮。

這時候，孝文帝正在南征北戰，鼎新革故，大力號召朝野穿漢人服裝，行漢人禮儀。然而太子拓跋恂也真的很怪，他等父親再次外出，居然又與左右密謀反叛。這一次孝文帝下了決心，命人帶著詔書和毒酒，賜死兒子。拓跋恂死時，年僅十五，屍體用平常衣服和粗木棺材收殮，就地埋葬。

北魏孝文帝拓跋宏，這個北朝皇帝堅信自己是漢族後裔。而他的兒子，至死都認為自己是鮮卑人。

韋明鏵在寧夏拓跋氏陵前

四一　漆水耶律氏

　　多年以前，我獨自在圓明園盤桓。時至黃昏，忽然信步來到昆明湖東岸，只見墓塚一抔，殿房三間。細看之下，才知道是耶律楚材的墓祠。

　　耶律楚材墓是京郊著名古蹟，自元明以來詩人題詠不少。孰料當年墓前的石雕翁仲眼部，常被夏夜的流螢叢集，發出淡綠的螢光，鄉人以為不祥，便將翁仲推入水中。此後，耶律楚材墓祠漸為土石覆蓋，湮沒於荒草之中。直至清代修建清漪園，才在原地恢復舊觀。現在的耶律楚材祠，是雙層套院，院中三間北房是祠堂，內有一尊耶律楚材塑像。門前石碑刻著乾隆帝的御製詩，旁邊立著一個石翁仲。由此北行，又是一區院落，中有巨塚，乃是耶律楚材及其續弦蘇氏的合葬墓。這位元代有名的政治家，成了我真正走近的第一位契丹人。

　　耶律氏是遼朝的國姓，漢化後改姓劉。據有關資料說，耶律和蕭兩個姓氏，用漢字書寫是「耶律」和「蕭」，以契丹字書寫是「移剌」和「石抹」。「移剌」二字速讀，音近似於「劉」，所以耶律氏亦稱為劉氏。另一種說法更為可信，認為契丹族的姓氏，據《遼史‧國語解》所說，王族姓耶律氏，皇后姓蕭氏，當時已經分為兩姓。又據《遼史‧后妃傳序》所說，因為遼太祖羨慕漢高皇帝劉邦，故耶律兼稱劉氏，同時羨慕相國蕭何，故皇后稱為蕭氏。再據《契丹國志‧族姓原始》所說，契丹部族本無姓氏，只是各以所居地名呼之，王族所居之地名為世裡，「世裡」以漢語譯之，即是耶律。

　　契丹是北方古老的少數民族，原來屬於東胡族系。論其起源，則是源自東

胡的一個支系——鮮卑族。而鮮卑族中又有一個宇文部，契丹就是這個宇文部的分支。契丹這個名稱，最早出現在北魏時期，當時主要分布在遼水流域以北的潢河與土河一帶，過著漁獵畜牧的氏族部落生活。在北魏後期，契丹形成了八個部族，他們之間沒有什麼聯繫，只是向北魏朝廷進貢。到了隋朝時，由於突厥勢力擴張，對各部族征伐不止，契丹各部為了防衛突厥，開始互相聯絡，彼此支援，從而形成鬆散的部落聯盟。唐朝初期，契丹出現了以大賀氏為首的部落聯盟，在八部酋長中選舉一人為首領，成為盟主。盟主任期三年，到期改選，但大賀氏的人有連任的特權。契丹的首領後來率部歸唐，唐太宗授予旗鼓，表示對首領權威的承認。唐朝又在契丹地域設置行政機構，即松漠都督府，任命其首領為都督。唐玄宗時期，大賀氏部落聯盟瓦解，重建了遙輦氏部落聯盟，在被回紇統治了一段時期後，又重新歸附唐朝。但唐朝後期的衰落，給契丹的獨立發展提供了良機。唐朝末年，中原混戰，北方漢人紛紛逃入契丹，躲避戰亂。漢族的先進生產技術，對契丹的經濟發展起了促進作用。契丹八部中，迭刺部離中原較近，發展最快，勢力超過了其他七部。迭刺部的部落酋長一直由耶律氏家族世襲，這個家族屬於契丹社會的上層，地位僅次於聯盟首領。這時候的契丹，有了發達的牧業和農業，開始由原始社會向階級社會過渡。耶律氏在遼、金、宋時期發展到巔峰，元以後逐漸衰落。耶律氏族人為了躲避禍亂，紛紛改為其他的漢姓。

耶律氏的郡望，有漆水、遼西、漠北等。這些郡望的名字，有的只是大概的地理概念，並非實際的行政區劃。

漆水，古稱姬水，傳說中軒轅黃帝的起源地，在陝西中部偏西北，今武功有漆水河。又稱漆水河，渭河支流。耶律氏的郡望可能就是渭河支流漆水，在今陝西岐山附近。從《遼史》記載和存世的碑刻來看，契丹貴族中的耶律氏封爵多以漆水為郡望。如《遼史》記載的耶律頹昱、耶律海里、耶律撻不也、耶律阿思等，都是封的漆水郡王。

遼西，指遼河以西的地區，今遼寧西部及河北北部。戰國、秦漢至南北朝時設郡，治所在今遼寧義縣，後遷至今河北遷安、盧龍。關於契丹族的郡望，可以通過出土墓葬的有關資料得知一般情形。契丹墓誌雖然不多，但集中在遼寧阜新為中心的遼西南地區，以阜新最為集中。則遼西應是重要的郡望。唐人金昌緒〈春怨〉詩：「打起黃鶯兒，莫教枝上啼。啼時驚妾夢，不得到遼西。」

漠北，又稱嶺北，指中國北方沙漠、戈壁以北的廣大地區。清代特指烏里雅蘇臺將軍轄區，清末通稱為外蒙古。現分屬於今中國、蒙古、俄羅斯、哈薩克斯坦等。

耶律氏的名人，實則就是遼國的耶律皇族。主要是：

遼太祖耶律阿保機，名億，乳名啜里只，遼朝開國君主，遼德祖耶律撒剌長子。耶律阿保機勇善射騎，明達世務，統一契丹其他七部。任用漢人，制定法律，改革習俗，創造契丹文化，發展農商經濟。建元神冊，廟號太祖，葬祖陵。

遼太宗耶律德光，小字堯骨，遼太祖次子，遼國第二位皇帝。將官分為南北，北官以契丹舊制治契丹人，南官以漢人禮制治漢族人。又整訂賦稅，獎勵耕織，發展生產。滅亡後晉，改國號契丹為遼。

遼世宗耶律阮，字兀欲，遼朝第三位皇帝。曾從遼太宗伐晉，封永康王。即位後，改元天祿。後為耶律察割所殺。

遼穆宗耶律璟，乳名述律，遼太宗長子，遼朝第四位皇帝。曾封壽安王。耶律璟是有名的昏君和暴君，後為近侍所殺。

遼景宗耶律賢，遼世宗次子，遼朝第五位皇帝。遼穆宗被侍從殺死後，耶律賢被推舉為帝，改元保寧。他在位期間，設立機構，寬減刑法，讓百姓有伸冤之處。又重用漢官，革除弊制，遼國出現中興。

遼聖宗耶律隆緒，小名文殊奴，景宗長子，遼朝第六位皇帝。改元統和，改國號契丹。整治弊政，改革法度。屢敗宋軍，訂立澶淵之盟，兩朝各守舊界。精射法，曉音律，好繪畫。

遼興宗耶律宗真，小名只骨，字夷不堇，遼聖宗長子，遼朝第七位皇帝。通曉音律，愛好儒學，豁達大度。改元景福。平削後黨，用兵西夏，對宋施壓，兵戈不息，使得遼朝日益衰落。

道宗耶律洪基，小字查剌，遼興宗長子，遼朝第八位皇帝。改元清寧，改國號為大遼。為人昏庸，忠奸莫辨，迷於酒色，但好漢文化，多作詩賦。

遼天祚耶律延禧，小字阿果，遼道宗之孫，遼朝最後一位皇帝。曾封梁王、燕國王等。改元乾統。在位期間政治腐敗，人心渙散，內外交困，而耶律延禧無所作為，一味享樂。女真族起兵反遼，遼朝滅亡。

　　就對後世的影響之深而言，耶律楚材應是契丹、蒙古時期的知名政治家。耶律楚材輔弼成吉思汗父子三十餘年，以儒家之道治國，為蒙元的建立奠定了基礎。後來耶律楚材遭到排擠，漸失信任，抑鬱而死。追封廣寧王，諡號文正。有《湛然居士集》。

　　成吉思汗廣羅人才，得知耶律楚材足智多謀、深謀遠略之後，便下詔請他參政。耶律楚材經過數天的跋涉，終於趕到成吉思汗的行在。成吉思汗見他身長八尺，美髯宏聲，喜不自勝，用蒙古族語稱他為「吾圖撒合里」，即美髯公，而不直呼其名。成吉思汗指著耶律楚材對其子說，「此人乃天賜我家，此後軍國庶政，當悉委之。」耶律楚材為蒙元效力三十年，一半時間當承相，凡是軍國大事無不參與決策。他為元朝制定法度，扼制豪強，保佑黎民。元軍攻克汴梁後，欲將守城的百萬宋朝軍民全部殺掉。耶律楚材得知後，立即向太宗表示堅決反對。耶律楚材說，元軍風餐露宿，南征北戰，目的是為了獲得土地和人民。如果只有土地，沒有人民，土地又有什麼用呢？太宗還是猶豫不決。耶律楚材繼續說：「奇巧之工，厚藏之家，皆萃于此，若盡殺之，將無所獲。」太宗這才同意耶律楚材的意見，避免了一場屠城慘案。耶律楚材是元代推行文治的先行者，他保護經史典籍，恢復科舉制度，推舉儒生參與國家治理。他提議在燕京設立編修所，在平陽設立經籍所，編輯印刷經史，使文獻得以保存。

　　耶律楚材逝世於蒙古高原。遵照他的遺願，遺體運回燕京故里，安葬在玉泉山下，今昆明湖濱。他死後，家中只有「琴阮十餘，及古今書畫、金石、遺文數千卷」而已。

　　耶律楚材的詩，韻律流暢，情調蒼涼。王士禎《池北偶談》稱其文集「多禪悅之語。其詩亦質率，間有可采者」。如〈庚辰西域清明〉詠道：

> 清明時節過邊城，遠客臨風幾許情。
> 野鳥間關難解語，山花爛熳不知名。
> 蒲萄酒熟愁腸亂，瑪瑙盃寒醉眼明。
> 遙想故園今好在，梨花深院鷓鴣聲。

　　耶律姓氏現在幾乎銷聲匿跡。倒是西安城南有個村子，因為村民姓耶律而引起轟動。村子叫耶柿坡村，全村有千餘村民，都堅信自己是契丹後人。村中

長者保存有耶律氏先祖容像，村中的孩子也起四個字的名字。很多姓耶的村民願意恢復耶律姓氏。有個在西安出生的孩子，名字叫耶律奇奇。

四二　滿洲愛新覺羅氏

　　距離我們最近的那個王朝，是愛新覺羅氏家的清朝。相傳在遠古時代，天女佛庫倫在長白山附近的湖裡洗澡，神鴉銜來一枚紅色的果子，佛庫倫食後身體沉重，不能升天，不久產下一個男嬰，體貌奇偉，落地能言。佛庫倫對兒子說：「汝以愛新覺羅為姓，名庫布里雍舜。」這是關於愛新覺羅氏起源的神話。那個男孩後來成為愛新覺羅家族的祖先。

　　愛新覺羅是清朝皇室的姓氏，因此變得無比尊貴起來。其實在滿族姓氏中，愛新覺羅原來是個小姓。滿族的八大姓，是佟佳氏、瓜爾佳氏、馬佳氏、索綽絡氏、赫舍里氏、富察氏、那拉氏和鈕祜祿氏，沒有愛新覺羅氏。古代女真人無所謂姓氏，都以部族的名字為姓，如完顏部的姓完顏，葉赫部的姓葉赫。努爾哈赤的遠祖是愛新部的，又是遠支，也就姓愛新覺羅。愛新覺羅在滿語中的意思，「愛新」是指黃金，「覺羅」是指地方。「愛新覺羅」的意思，等於說是像金子一般高貴的地方。

　　滿洲的姓氏分成兩部分，一部分是姓氏，一部分是基於血緣宗親關係的族名。在愛新覺羅的姓氏中，愛新是族名，覺羅是姓氏，兩者的關係類似於漢族的某姓和某家族的關係，如韋姓與京兆韋氏、張姓與清河張氏。除愛新覺羅外，屬於覺羅這一姓氏的還有舒舒覺羅、通顏覺羅、伊爾根覺羅等，源於同一始祖。但因為愛新覺羅努爾哈赤建立了後金，遂成望族，愛新也變為姓氏的一部分。

　　有一個疑問經常困擾後世學者，就是愛新覺羅雖是清朝的國姓，但在滿文

資料中很少見到這個姓氏。在《滿文老檔》和《滿洲實錄》中，愛新覺羅這個字眼只出現過三次。以至於有學者認為，愛新覺羅這個姓氏有沒有可能是由清朝皇室創造出來的？

愛新覺羅氏本是人數很少的家族。在皇太極時期，愛新覺羅家族不過百人。順治時皇族成員四百餘人，康熙時近五百人，雍正時超過千人，嘉慶時超過四千人。清朝滅亡時，愛新覺羅皇族後裔已達兩萬人。自努爾哈赤建立後金起，到末代皇帝溥儀為止，後金與清朝一共存在將近三百年。其間有十幾位皇帝和眾多后妃，所以他們的子孫遠遠超過常人家庭。如今，據說姓愛新覺羅的人多達三四十萬。

愛新覺羅氏的歷史人物，有後金開國大汗愛新覺羅努爾哈赤，清朝開國皇帝愛新覺羅皇太極，清朝入關的順治皇帝愛新覺羅福臨，康熙皇帝愛新覺羅玄燁，雍正皇帝愛新覺羅胤禛，乾隆皇帝愛新覺羅弘曆，嘉慶皇帝愛新覺羅顒琰，道光皇帝愛新覺羅旻寧，咸豐皇帝愛新覺羅奕詝，同治皇帝愛新覺羅載淳，光緒皇帝愛新覺羅載湉，清代末代皇帝愛新覺羅溥儀等。

近代愛新覺羅家族的名人，略有：

醇親王愛新覺羅載灃，溥儀的生父，宣統年間任攝政王。載灃為人謹慎，性情溫和，清亡後長期賦閑在家，因風寒病逝。

海軍大臣愛新覺羅載洵，溥儀的六叔，清亡後在北京、天津閒居。溥儀建滿州國時，載洵拒絕擔任偽職。

軍咨大臣愛新覺羅載濤，溥儀的七叔，也拒絕到偽滿洲國任職。

親王愛新覺羅溥傑，溥儀的胞弟，曾隨溥儀前往東北。後任中華人民共和國全國政協文史資料研究委員會專員、中華人民共和國全國人大常委會委員等職。

鹽政大臣愛新覺羅載澤，清亡後積極謀劃復辟，後來在窮困中鬱鬱而終。

慈禧所立大阿哥愛新覺羅溥儁，道光曾孫，清亡後揮霍無度，坐吃山空，窮窘而死。

書畫家愛新覺羅溥儒，又名溥心畬，道光曾孫，與張大千並稱「南張北溥」。清亡後專事繪畫，因畫技精湛而聞名。後輾轉至臺灣。

溥儀的伴讀愛新覺羅毓崇，乾隆六世孫，一直在溥儀身邊當差。偽滿洲國覆滅後，毓崇在長春靠撿破爛為生。

在歷史的長空中，愛新覺羅氏像顆一閃而過的流星。它曾經被萬眾仰視，光焰萬丈，曾幾何時，它就像歷代亡國的姓氏一樣，成了為人忌諱的詞。據說溥儀退位時承諾過，愛新覺羅家族的人從此改姓為趙、艾、駱、羅、金、毓、肇等。實際上，滿清皇族的後裔對愛新覺羅這個姓氏各懷複雜的態度。有人諱莫如深，也有人感到驕傲。

清亡之後，愛新覺羅家族風流雲散，血統的純正無從談起，家譜的續修也沒有可能。1937 年之前，在所謂的「康德」年間曾修過一次家譜，將宗室都羅列其中。後來經遼寧民族事務委員會批准，愛新覺羅密雅納支派恢復了愛新覺羅的家廟，在每年的陰曆五月十三舉行家族祭祀。但是，清朝的最後三代皇帝因為近親結婚，幾乎無後，所以皇室直系子孫很少。參加愛新覺羅家廟祭祀的，都是遠近的宗室之後。清亡後，宗室多改為漢姓，愛新覺羅氏多改成金姓、趙姓或其他漢姓。

愛新覺羅家族的大部分後人，覺得自己和愛新覺羅這個姓氏已經沒有什麼關係。祖先的榮耀與屈辱都已消散殆盡，油鹽柴米成為生存的主要內容。他們走過故宮的紅牆，想要進去看一眼，也照樣要掏錢買票。然而與此同時，也有一些人熱衷於炫耀自己身上攜有愛新覺羅氏的血統，似乎「愛新覺羅」四個字能讓他們擺脫庸常，雞犬升天。

愛新覺羅氏統治中原之前，並無按輩分用字之說。到康熙時，才效仿漢人按輩分取名。康熙的兒輩用「胤」字排行，孫輩用「弘」排行，曾孫輩用「永」字排行。乾隆根據自己的一首詩，決定此後用「永」、「綿」、「奕」、「載」等字排行。道光時定「溥」、「毓」、「恆」、「啟」諸字，咸豐時定「燾」、「闓」、「增」、「旗」諸字。到溥儀時，又增加了「敬志開瑞，錫英源盛，正兆懋祥」等字。

我對於愛新覺羅家族的瞭解，先是看了溥儀的《我的前半生》。那不是一個皇帝的本紀，更像是一個罪犯的懺悔。這本書是「文革」結束時出版的，當時還很稀見，後來被南京一個同事借去，歸還我時已經破爛不堪。愛新覺羅溥儀是清朝的末代皇帝，退位後繼續住在紫禁城，後來才被馮玉祥趕出來。書中

有一段描寫給我的印象很深。根據當時優待皇室的條件，溥儀退位以後仍可保持皇帝的尊號，民國政府對待溥儀要採用外國對待君主的禮儀，每年還要給溥儀四百萬元費用。直到 1924 年，直系軍閥將領馮玉祥在北京發動政變，把賄選總統曹錕趕下臺，同時把末代皇帝溥儀驅逐出紫禁城，取消了對皇室的一切優厚待遇。

馮玉祥是派部將鹿鍾麟到紫禁城去趕走溥儀的。鹿鍾麟到紫禁城時，溥儀還在故宮打網球。他聽到消息後十分震怒，派人與鹿鍾麟據理力爭。但是接下來的消息讓溥儀膽戰心驚，因為鹿鍾麟下了最後通牒，二十分鐘之內溥儀不撤離紫禁城，馮玉祥將會從西山朝紫禁城開炮！數十年後，被特赦的溥儀遇到了老冤家鹿鍾麟，鹿鍾麟才向溥儀說出當年的真相，說自己當年僅帶了一支二十人的手槍隊，威嚇溥儀在西山架炮轟炸紫禁城完全是唬人的。此時溥儀恍然大悟，雖然不無尷尬，但又談笑如初。

我只見過一個愛新覺羅家族的人，那就是啟功。啟功也是愛新覺羅氏的後裔，是雍正的九世孫。但啟功本人不承認自己姓愛新覺羅。他對我說過，曾經有人給他寫了一封信，信封上寫的是「愛新覺羅啟功親收」，啟功就在信封寫上「查無此人」四字退回了。啟功說，他不吃祖宗的飯，不做八旗子弟。王羲之從來不說自己是瑯琊王之後，他在歷史上的地位是自己掙得的。啟功訪問揚州時，有關方面組織了一個座談會，請啟功隨便談談，我也參加了。那一天，他主要談了清代文化。他一再強調，揚州是清代文化的精華或者核心，無論研究經濟、學問、藝術，離開揚州就無從談起。

愛新覺羅氏最偉大的皇帝，是康熙和乾隆。但即使是乾隆盛世，也不像宣傳的那樣雄偉和大度。我讀國英國人馬戛爾尼的《乾隆英使觀見記》，看到了另一個乾隆。乾隆末期，大英帝國派遣以喬治・馬戛爾尼勳爵為首的龐大代表團，以給乾隆祝壽的名義出使中國。這是華夏帝國和大英帝國的第一次正式接觸。英國的本意是為了通商貿易，乾隆卻以為是蠻夷朝拜，造成了戲劇性的外交衝突。

以喬治・馬戛爾尼勳爵為正使、喬治・斯當東男爵為副使的英國訪華使團，是喬治三世國王派遣往中國的。訪華團成員共有八百多人。1792 年 9 月 26 日，他們乘坐英國皇家戰艦獅子號、印度斯坦號等幾艘船遠渡重洋，前往遙遠的中

國，在澳門附近拋錨等候。乾隆得悉後十分高興，任命欽差專門接待。但後來在熱河，中英雙方因朝見的禮儀問題發生了嚴重分歧。按照清廷規定，外國使臣朝見中國皇帝必須三跪九叩，而馬戛爾尼認為朝見時只能向中國皇帝行單膝下跪的英式禮節。這一事件使得雙方關係蒙上了抹不掉的陰影。後來乾隆得知英國要求派人常駐北京，當即嚴拒，並敦促使團趕快起程回國。乾隆五十八年九月初三日，乾隆任命侍郎松筠為欽差，專門護送英國使團一行起程離京。使團沿運河南下，到達廣州，然後由廣州啟航回國。馬戛爾尼訪華失敗了，也可以說，英國人第一次感受到了乾隆的傲慢。

《乾隆英使觀見記》有民國初年劉半農譯本。劉半農在譯本中，穿插列舉了馬戛爾尼身邊一些隨行者的言論。劉半農自序云：「自西人航海東來，壯遊之士，筆其聞見以告邦人子弟者，馬可波羅而後，繼起之書，已千五百餘種。不佞備餘涉獵，所讀亦六十餘種，於中紕繆駁雜，肆為妄談者居十一二；而撿拾浮言，結構一本臆測者居五六……而吾尤愛《乾隆英使觀見記》一書，書凡三卷。英使馬戛爾尼自述。凡純皇之政見起居，內庭服御之侈靡，朝臣之庸瑣，有司百僚之趨蹌奔走，酬應供張之繁縟，編戶齊民之活計疾苦，罔不按其目擊耳食所及，一一記之。」《乾隆英使觀見記》的主要內容是寫英國使團與清朝官員之間的外交事務。也寫到中國城鄉風貌，如寫直隸省清河鎮：「清河乃一小鎮，有城牆衛之，自清河前行，一路景色絕佳，道路亦平坦極利行車。而人民勤儉、誠實之狀復與英國人民相若。吾行至此，恍如置身於英國疆土之中，不禁感想系之矣。」馬戛爾尼置身於中國，卻感到自己彷彿回到了英國，可見他對中國並不含有敵意。然而就因為雙膝下跪還是單膝下跪的問題，乾隆就把他的團隊攆走了。

語言和文化的隔閡，尤其是社會制度和意識形態的隔閡，阻斷了中英之間的正常交流。英國女王是派人來和大清皇帝建交的，可是在愛新覺羅皇帝的詞典裡，除了「普天之下，莫非王土；率土之濱，莫非王臣」之外，沒有國際平等交往的概念。

2019 年 2 月修改，10 月再改

2021 年 5 月改定於江蘇揚州

主要參考書目

漢・司馬遷等著，《二十五史》上海：上海古籍出版社，2005。

唐・林寶著，《元和姓纂》北京：中華書局，1994。

宋・鄧名世著，《古今姓氏書辨證》南昌：江西人民出版社，2006。

清・彭定求編，《全唐詩》北京：中華書局，1960。

清・黃本驥，《歷代職官表》上海：上海古籍出版社，1982。

唐圭璋編，《全宋詞》北京：中華書局，1980。

臧勵龢等編，《中國人名大辭典》上海：商務印書館，1921。

臧勵龢等編，《中國古今地名大辭典》上海：商務印書館，1931。

魏勵編，《中國文史簡表彙編》北京：商務印書館，2007。

《筆記小說大觀》揚州：廣陵古籍刻印社，1983。

國家圖書館出版品預行編目資料

中國文化研究叢書. 第一輯4,中國古代郡望研究 / 韋明鏵著. -- 初版. -- 臺北市：
蘭臺出版社, 2024.06
　　冊；公分. --(中國文化研究叢書. 第一輯；4)
ISBN 978-626-96643-9-9(全套：精裝)

1.CST: 中國文化 2.CST: 文化史 3.CST: 中國史

630   112008792

中國文化研究叢書第一輯4

中國古代郡望研究

作　　者：韋明鏵
總 編 纂：党明放　盧瑞琴
主　　編：沈彥伶
編　　輯：沈彥伶　凌玉琳
美　　編：陳勁宏
校　　對：楊容容　盧瑞容　古佳雯
封面設計：陳勁宏
出　　版：蘭臺出版社
地　　址：臺北市中正區重慶南路1段121號8樓之14
電　　話：(02)2331-1675或(02)2331-1691
傳　　真：(02)2382-6225
E-MAIL：books5w@gmail.com或books5w@yahoo.com.tw
網路書店：http://5w.com.tw/
　　　　　https://www.pcstore.com.tw/yesbooks/
　　　　　https://shopee.tw/books5w
　　　　　博客來網路書店、博客思網路書店
　　　　　三民書局、金石堂書店
經　　銷：聯合發行股份有限公司
電　　話：(02) 2917-8022　　傳真：(02) 2915-7212
劃撥戶名：蘭臺出版社　　　　帳號：18995335
香港代理：香港聯合零售有限公司
電　　話：(852) 2150-2100　　傳真：(852) 2356-0735
出版日期：2024年6月 初版
定　　價：全套新臺幣18000元整（精裝，套書不零售）
ISBN：978-626-96643-9-9

近代中日關係史

一套10冊，陳鵬仁編譯　　定價：12000元（精裝全套不分售）

精選二十世紀以來最重要的史料、研究叢書，從日本的觀點出發，探索這段動盪的歷史。是現今學界研究近代中日關係史不可或缺的一套經典。

第一輯
ISBN：978-986-99507-3-2

第二輯
ISBN：978-626-95091-9-5

中國藝術研究叢書第一輯　党明放 總編纂

　　從考古和人類學的角度看，各種生活內涵形成特有文化，藝術是其中之一。中國藝術博大精深是文化根源，在民族綿延數年中，因歷史悠久數量繁多且內容豐富，有大量珍貴的古籍文獻留存。今蘭臺出版社廣邀海內外各藝術領域研究專家，將藝術文獻普查、整理和研究成果，出版成《中國藝術研究叢書》，每輯十冊；擬以第一、第二輯、第三輯，陸續出版，除發揚前人文獻成果外，並期待文化藝術有所增益。

作者：
陳雪華、易存國、
柏紅秀、賀萬里、
張　耀、張文利、
李浪濤、黃　強、
劉忠國、羅加嶺

全套10冊不分售 精裝本
定價：新台幣18000元
ISBM：978-626-95091-6-4

《臺灣史研究名家論集》

　　這套叢書是四十三位兩岸台灣史的權威歷史名家的著述精華，精采可期，將是臺灣史研究的一座豐功碑及里程碑，可以藏諸名山，垂範後世，開啓門徑，臺灣史的未來新方向即孕育在這套叢書中。展視書稿，披卷流連，略綴數語以説明叢刊的成書經過，及對臺灣史的一些想法，期待與焦慮。

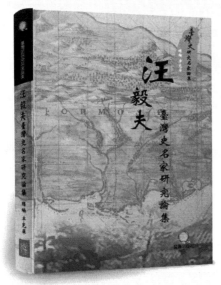

一編 ISBN：978-986-5633-47-9

9 789865 633479 28000

臺灣史研究名家論集（套書） 定價：28000

王志宇、汪毅夫、卓克華、
周宗賢、林仁川、林國平、
韋煙灶、徐亞湘、陳支平、
陳哲三、陳進傳、鄭喜夫、
鄧孔昭、戴文鋒

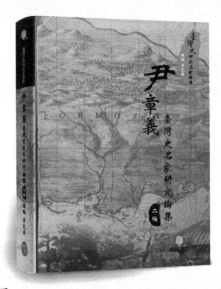

二編 ISBN：978-986-5633-70-7

9 789865 633707 30000

臺灣史名家研究論集二編 （精裝）NT$：30000

尹章義、李乾朗、吳學明、
周翔鶴、林文龍、邱榮裕、
徐曉望、康　豹、陳小沖、
陳孔立、黃卓權、黃美英、
楊彥杰、蔡相輝、王見川

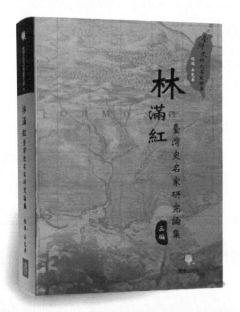

三編 ISBN:978-986-5633-70-7

尹章義、林滿紅、林翠鳳、
武之璋、孟祥瀚、洪健榮、
張崑振、張勝彥、戚嘉林、
許世融、連心豪、葉乃齊、
趙祐志、賴志彰、闞正宗

9 789865 633707 30000

臺灣史研究名家研究論集二編 （精裝）NT$：30000

錢穆著作選輯最後定稿版

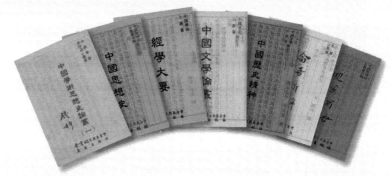

本版特色

1. 全書在觀點上和研究成果上已多不同於其他書局所出的同名書。
2. 對原書標點進行整理，全書加入私名號、書名號及若干引號，以顯豁文意，方便讀者閱讀。
3. 字體加大，清晰明顯，以維護讀者之視力。
4. 《經學大要》為首次出版；《中國學術思想史論叢》原八冊，新增了（九）、（十）兩冊，補入現代部份，選輯四十九本書，共新增文章二百三十餘篇，在內容上，本選輯是錢先生畢生著作最完整的版本。

ISBN:957-0422-00-9
錢穆叢書系列套書 定價:2850元
一、中國學術思想史小叢書（套書）定價：2850元

ISBN:957-0422-12-2
錢穆叢書系列套書 定價:1230元
二、孔學小叢書（套書）定價：1230元

ISBN:957-0422-17-3
錢穆叢書系列套書 定價:1780元
三、中國學術小叢書（套書）定價：1780元

ISBN:957-9154-64-3
錢穆叢書系列套書 定價:1460元
四、中國史學小叢書（套書）定價：1460元

ISBN:957-9154-62-7
錢穆叢書系列套書 定價:880元
五、中國思想史小叢書甲編（套書）定價：880元

ISBN:957-9154-63-5
錢穆叢書系列套書 定價:1860元
六、中國思想史小叢書乙編（套書）定價：1860元

ISBN:957-9154-61-9
錢穆叢書系列套書 定價:2390元
七、中國文化小叢書（套書）定價：2390元

ISBN:957-0422-11-5
八十憶雙親．師友雜憶合刊本 定價:290元
《八十憶雙親．師友雜憶合刊本》定價：290元

勞榦先生學術著作選集

　　勞榦是居延漢簡研究的先驅，他的相關考證和專題論文也開啟了此後研究的先河。漢代邊塞遺留下來的這些簡牘文書，內容十分豐富。它們直接、生動地記錄了大約從西漢中晚期至東漢初，當地軍民在軍事、法律、教育、經濟、信仰以及日常生活各方面活動的情形，為秦漢代史研究打開了一片新天地。

　　《勞榦先生選集1~4冊》，收錄其論著十一類一百二十四種，共分四冊出版，展現了勞榦先生畢生的研究成果，突出了論者之精華，為廣大學仁提供了研究之便利，更是對勞榦先生學術風範的繼承和發揚，意義非凡。

16開圓背精裝 全套四冊不分售
定價新臺幣 18000 元
ISBN：978-986-99137-0-6